U0926719

The Theory of National Maritime Deterrence

国家海上威慑论

主　编　左立平
副主编　禹大勇　尹　锋

时 事 出 版 社

目 录

下篇　世界主要国家海上威慑思想与实践

导 言

自从出现海上战争以来，海上威慑就成为一个国家依靠其海上实力实现政治、经济、军事目的的表现形式，成为解决国家或政治集团之间冲突的一种重要手段。可以说，有人类，就有战争；有战争，就有海战；有海战，就有海上威慑。海战是威慑思想产生的根源，海战赋予海上威慑理论崭新的内涵。

一般来说，海上战争理论是以打赢战争为核心的理论，其目的就是要打赢战争，取得胜利。而海上威慑理论则不同，它的目的是立足打赢战争，力争遏制战争。

海上威慑是以实现国家海上安全利益为目标，通过武力威慑、间接压力等手段，使敌对方慑服。海上威慑的核心含义是：运用海上军事力量，以战争或非战争的方式，慑服对方，获取战略利益最大化。达成海上威慑效应主要有三个重要条件：第一，海上威慑必须具备有效的海上军事力量，使得对方意识到，一旦发生战争，没有胜利的把握或者损失惨重得不偿失，因此两害相权取其轻。主动性的威慑更需要强大的威慑力，才能使对方屈服。海上威慑是同海上军事实力成正比的，军事实力越强大，威慑效应就越佳。第二，要有使用这种实力的决心，尤其要使对方相信己方可能使用武力的决心而产生顾虑和畏惧。第三，要把自身的威慑力有效传递给对方。海上军事力量可能是进攻性的，也可能是防御性的，决心则关系到威慑的可信性，而良好的信息理解和沟通则是海上威慑可信性与有效性的保证。换句话说，就是要做到“可信性”、“稳定性”和“共有信息”这三点。此外，要使海上威慑产生巨大效果，应善于审时度势、创造条件、抓住时机，运用政治、经济、外交、军事等综合因素平衡互补，使海上军事力量的威慑作用发挥到最大限度。

历史上，西方列强多次依仗海上实力，在世界各地肆虐横行，以先进的坚船、利炮、洋枪为工具，用血腥的屠杀从心理上来慑服被压迫民族。亚洲、非洲、拉丁美洲的许多国家，都曾是帝国主义炮舰的威慑目标。甚至到21世纪的今天，许多中小国家仍然面临着霸权主义国家炮舰政策的威胁。不过，殖民主义时期的炮舰政策与今天的海上威慑有着重大的区别，炮舰政策带有赤裸裸的战争讹诈和侵略特征，而今天实施海上威慑的出发点，则是着眼于慑止战争的爆发。

当前，制约海上局部战争和武装冲突的手段、方式不断发展，人类正逐步控制战争的规模和强度，以和平的方式解决海上武装冲突，谋求安全与发展，力争在斗争中尽量减少生命和财产的损失。通过威慑来遏制战争，谋取相对稳定的和平环境，求得经济上的巨大发展，已成为各国政治家、军事家最明智的选择。特别是随着核武器和远程精确制导武器的不断发展，先进武器装备的威慑作用日益增强，导致数千年以“战而胜之”为主导的实战地位发生动摇。而海上威慑思想已汇聚成强劲的理论潮流，构成了世界许多国家军事安全的主体内容，日益成为和平时期带有普遍意义的一种军事理论和战略，并被实际运用。

进入21世纪，海上方向安全形势复杂多变，引发海上局部战争和武装冲突的因素越来越多。为了遏制战争和武装冲突的爆发，海上威慑作为一种战略思想和军事理论，已经不是霸权国家的专利，强者可以实施海上威慑，弱者也可以实施海上威慑。采取海上威慑可以给对手一个强烈的信息，更加明确地显示遏制战争的决心，使潜在的战争对手认识到，一旦冲突升级，必将受到严重军事打击，这本身就是一种威慑。

信息化条件下的海上局部战争，海战场的透明性、打击的精确性和远程性，使海上威慑的地位和作用日益突出，海上威慑作为一种制止战争、维护和平、显示力量和决心的手段越来越引起人们的重视。人们已经强烈意识到，未来海上军事斗争的着眼点不仅限于应付战争、赢得战争胜利，更要着眼遏制战争爆发，阻止战争升级，这就要依赖于海上威慑力量。

当今世界，海上威慑是被广泛应用于维护国家不断拓展的海洋利益、实现国家军事战略的重要手段。海军是国家主要的海上军事力量，也是国家海上方向重要的军事威慑力量，现代科学技术的发展为实施海上威慑行动提供了极为丰富的手段。海军作为机动性强的军种，能够在彼此连通的海洋中自由航行，给实战和威慑行动提供了有利条件，海上威慑成为世界各国进行对敌威慑最常用的手段。理论是实践的先导，先进的军事理论历来是海上力量发展的前提条件。当今时代，世界各国无不高度重视海上威慑理论的创新与运用，因为军事理论研究领域的较量，往往是敌对双方未来海战场对抗的预演，是争夺海上优势和战略主动权的无声战场。国家海上威慑理论充满了辩证的哲学观，是掌握“战争与和平”艺术的最高阶段。科学的海上威慑理论，能够正确地指导海上军事威慑行动，极大地提高海上军事威慑的效能。目前，海上威慑理论问题在我国还处于研究的初始阶段，是一个新兴的理论研究领域。随着科学技术的迅猛发展，海战形态的急剧变化，海上威慑理论研究已引起人们的高度重视，并取得一些重要研究成果。但作为前沿理论问题，海上威慑理论研究尚欠系统和完整，因此，我们要适应时代发展要求，拓展理论研究视角，深入研究海上威慑问题。

探讨研究海上威慑思想历史演变和世界各国海上威慑理论与实践，是一项非常有意义的工作。在新世纪新阶段，适应时代发展的客观要求，研究海上威慑问题，是对海上军事指导规律认识的深化，也是亟待解决的重大问题。经过多年的研究和积累，我们开始尝试性地对海上威慑理论内涵、世界主要国家海上威慑思想的形成和发展、海上军事威慑力量建设特点和发展趋势，以及海上军事威慑典型范例进行了初步研究，书中有一些新颖之处，未必成熟和完善，旨在引起军事专家和学者的广泛关注，促进海上威慑理论的完善和发展，对于掌握未来海上军事斗争主动权、维护国家发展的重要战略机遇期，具有重大而现实的理论指导意义。

国家海上威慑是当今我军军事理论研究工作的一个新的领域，可参考的文献和研究成果非常少，更谈不上专著了。从 2006 年起，我们就开始系统梳理和研究了古今中外有关军事威慑的理论与实践，结合信息化条件下海上军事斗争的现实需求和发展趋势，提出适用于海上威慑的一些思想和观点，其目的是为军事理论研究工作贡献自己的微薄之力，为中国海军建设发展和兵力运用提供有价值的参考，期望军内外对海上威慑理论给予更多的关注，研究出更多新的成果。

在本书编写和出版过程中，得到了有关领导、专家和学者的热情指导和帮助，书中也参考和借鉴了军内外相关的资料、图片等研究成果，尤其是时事出版社的领导为本书顺利出版给予了大力支持，责任编辑杨安哲付出了辛勤的劳动，在此一并表示最衷心的感谢！由于时间仓促，水平有限，书中难免出现疏漏和错误之处，我们真诚希望各位专家、学者和同行批评指正。

作　者

2012 年 5 月

上　篇

国家海上威慑基本理论

第一章

海上威慑的内在机制

任何理论都不是从天而降，它像胎儿孕育于母腹之中，有一个形成和发展的过程。海上威慑理论是随着威慑的运用而产生，随着威慑手段的丰富而不断深化。威慑作为人类社会一种斗争样式，古往今来，从未停止过。海上威慑是威慑的重要组成部分，是威慑在海上方向的新发展，是以海上军事实力为后盾，通过威慑构成一种强大的力量，使对方无法承受其严重后果，而不敢贸然采取损害对方国家利益的军事行动。

海上威慑作为一种战略思想、一种军事理论，其内涵十分丰富。实现有效的海上威慑，一般要具备力量、决心、信息传递这三个重要条件。其中，力量是实施有效威慑的基础，使用威慑力量的决心是威慑力量得以发挥作用的前提，通过各种信息渠道把威慑信息传输给对方，使潜在的对手产生畏惧，是产生威慑作用的必要条件。以上三者有机统一，使海上威慑的内在机制优化，威慑效能就更加明显。

威慑理论对战争与和平的影响是深远和深刻的。由于海上威慑由多种要素构成，在不同环境、不同条件下实施威慑，各要素的影响力也不相同。把握海上威慑慑止战争的功能，就要搞清其概念、基本要素、特性、方法、手段以及内在关系，要透过现象看本质，探索研究其特点和规律，充分运用海上威慑力量，更好地指导海上局部战争和武装冲突，为维护国家海上安全和发展服务。

一、海上威慑概念的界定

目前，国内外学者对“威慑”一词有不同的理解。

《辞海》解释为：“以声势和威力相慑服。”

《现代汉语词典》的解释是：“用武力使对方感到恐惧。”

《辞源》则解释为：“以武力使之畏服。”

国外学者对“威慑”（Deterrence）一词也有不同的理解。如联合国专家小组在其《安全的概念》研究报告中指出：“威慑这个安全概念的目标是，通过使用武力的威胁，以阻止敌方利用军事手段来实现其目标，或者敌方如果这样做即加以惩罚，从而阻止可能的敌方不致发起战争。事实上，它就是设法让敌人相信，侵略行为的风险与代价超过这类行动所能获得的好处。”

美国托马斯·谢林在《武器与影响》中对“威慑”作了如下定义：“利用潜在的力量使潜在的敌人相信，为了自身的最大利益，他应当避免采取某些行动。”

可以看出，英文中的“威慑”一词主要是阻止对方采取某些行动，只有被动的涵义，即威慑是旨在防止出现某种结果（战争或侵略）。而“威慑”一词在中文中包含了主动性和被动性两个方面，除了阻止对方的敌对行动外，还有威逼他人服从于自己意愿的含义。由此可见，上述对“威慑”的理解是从不同角度进行诠释的。

综合分析，“威慑”的定义应作如下表述：

国家或政治集团以实力为后盾向敌方施加压力，以求得不采取战争行动就可以达成一定的目的。通过实力的威胁，构成一种心理上的障碍，使其认识到由于面临无法承受的后果而不敢贸然行动，或使其行动有所收敛或被迫停止某些行动，从而达到征服对手的目的。

把“威慑”思想运用到军事斗争实践，就产生了军事威慑。所谓军事威慑，就是为达成政治、军事、经济等方面的目的，巧妙地运用军事力量，以暴力或非暴力手段，从心理上遏制对方的威慑行为。

海上威慑是军事威慑的重要组成部分，海上威慑可定义为：在国家利益受到严重威胁或损害时，而又不适宜直接采用战争行动的情况下，国家运用海上军事力量，在特定海域有针对性地使用非暴力或暴力手段，向敌方施加压力，震撼其心理和意志，力求不采取战争手段而实现预定的政治和军事目的。

很显然，实施海上威慑首先是一种国家行为，而国家是由人民、土地、政府、主权四个要素构成，定居的人民、固定的领土和一定形式的政府是国家存在的物质形态，主权则表现为无形的国家意志。第二，实施海上威慑是海上军事力量所为，这支威慑力量的主体是海军。第三，实施海上军事威慑的目的是，通过显示力量或准备使用武力的决心，迫使对方不敢采取敌对行动或使行动升级的军事行为，从而实现政治和军事目的。

海上威慑既不是虚张声势的无力恫吓，也不是威慑双方直接兵戎相见，用战争解决问题，而是以雄厚的实力为基础，通过各种手段的巧妙运用来震慑对手，同时做到理性的自我克制，在力度与行动的把握上恰到好处。

“海上威慑”、“海上震慑”、“海上慑服”是有区别的：

“海上震慑”是指利用一系列方法和技巧，在特定战略和军事影响点上，取得应有的“震慑”水平，达成心理、无形及有形的效果，其实质是震撼与威慑，核心是不战而胜，起源于“不战而屈人之兵”的威慑理论。海上威慑的基础是海上实力，只有通过强大的实力和实战，才能迫使对方不战而降；海上震慑强调通过实际行动使对方感到恐惧，而海上威慑则强调通过示强产生的威力使对方恐惧。“海上慑服”的意思是“因恐惧而顺从”或者“使恐惧而屈服”。海上威慑强调的是过程，而海上慑服强调的则是结果。

海上威慑从不同的角度可以有不同的分类方法：

1. 按照海上威慑力量分类，海上威慑可分为海上核威慑和海上常规威慑。

2. 按照海上威慑行动的海域分类，海上威慑可分为近海威慑和远海威慑。

3. 按照海上威慑对象分类，海上威慑可分为普遍威慑和特定威慑。

4. 按照海上威慑时间分类，海上威慑可分为平时海上威慑和战时海上威慑。

5. 按照海上威慑强度分类，海上威慑可分为高强度的海上核威慑、中强度的常规威慑、低强度的有限海上威慑。三个层次的威慑作用虽然不同，但它们之间相互联系和影响。从总体上讲，强度大的威慑对国家的安全影响最大。在对抗中，双方的威慑强度一般是对等威慑，如果是不对等威慑，则威慑效果作用不明显，威慑作用难以发挥。反之，低强度的常规威慑对核威慑的直接威慑作用很小，但不同强度的威慑作用是相互补充的，低强度的威慑失败，必然可能导致战争或武装冲突升级。

6. 按照海上威慑攻防性质分类，海上威慑可分为进攻性威慑和防御性威慑。海上进攻性威慑，是通过威慑手段进行要挟，迫使对方害怕遭受无法忍受的报复而放弃抵抗的决心，从而夺取本来要通过战争才能获取的利益。

西方军事理论家约米尼指出，一旦要决定进行战争，首先要确定的第一个问题，就是进行进攻性战争还是防御性战争。

基辛格认为，由于害怕迫在眉睫的攻击和报复力量，即使在威慑双方势均力敌的时候，也可以发生先发制人的战争。

海上进攻性威慑，就是通过实战来打击敌海上、陆上目标，从而实现己方的军事威慑目的。一般情况下，海上进攻性威慑具有先发制人的特点，目的是使对方认识到威慑方所具有的强大进攻力量和打击能力。海上威慑就其整体而言，是一种非战争行为，但并不一概排斥武力行动。当形势需要时，海上威慑完全有可能诉诸武力，增强威慑的可信度，以“小”的实战达成“大”的威慑目的。但是，如果进攻性威慑一旦失败，就会失去战略主动权，使进攻性军事行动成为冒险的行动。因此，实施海上进攻性威慑，要求实施者在行动之后即使遭到对方打击，仍具有足够的海上军事力量进行报复性反击。由于实战与威慑界限日益模糊，有时海上进攻性威慑是用来达到进攻作战所要达到的目的，具有积极的性质，一般需要具备强大的攻击能力方有可能达成。

海上进攻性威慑具有威慑与实战的双重性和相互转化的灵活性。海上进攻性威慑与海上作战行动有本质的区别，海上作战行动主要追求的是军事目标，而海上进攻性威慑则主要追求心理效果，使敌方在心理上受到震撼，进而达到威慑的目的。

海上防御性威慑是通过威慑手段慑服对方，使之预感到未来的危险或消耗远远大于想得到的利益而放弃某种进攻性行动，从而捍卫本国的利益不受侵犯。这一类型的海上威慑是国家或政治军事集团在对方主动发起威胁行动后，为维护本国安全和发展利益进行反击的威慑行动。海上防御性威慑的实施，需要威慑方拥有足够的海上防御能力，使对方进攻时无法实现其预期的目的而自我克制，放弃进攻。威慑效应产生的关键，则在于防御意图的可信性和防御物质准备的有效性。有时海上防御性威慑是用来达到防御作战所要达到的目的，具有后发制人的性质，立足点是进行反击。

关于海上威慑的攻防性质，目前存在两种观点：一种观点认为，海上威慑的宗旨在于遏制和防止海上局部战争和武装冲突的发生，主张后发制人，使敌人慑于可能遭到难以承受的报复而不敢发动进攻，因此，海上威慑是一种纯粹的自卫、防御性战略；另一种观点认为，海上威慑是海上实力的体现，以进攻性核武器为基础，追求威慑力量的优势，特别是第一次打击力量的优势，并以此威胁、讹诈、恫吓对方，迫使其屈服，从这个意义上说，海上威慑战略比一般的实战战略更具有潜在的进攻性含义。

海上威慑同海战一样具有双重作用，既可以是进攻的，也可以是防御的，问题在于所要达到目的的性质。

一般来说，不战而胜有两种涵义：一是通过海上威慑手段使对方放弃进攻企图，达到维护本国战略利益不受侵犯；二是通过海上威慑手段使对方放弃抵抗的决心，夺取那些需要通过战争才能获取的战略利益。

前者属于防御性威慑，后者则属于进攻性威慑。从历史上看，以强凌弱试图以战争威胁他国而获取自身利益的进攻性威慑，是与当今世界的和平与发展主题相违背的，而以自卫为目的的防御性威慑具有现实意义。

在判断海上威慑战略的攻防性质时，不能把威慑手段的攻防性质等同于威慑战略的攻防性质。海基核导弹是一种进攻性的威慑手段，太空反导弹系统是防御性的威慑手段。但是，以进攻性核武器为手段的威慑战略可以是防御性战略。判断海上威慑战略性质不能简单地以威慑手段的攻防性质来决定，而应根据它所要达到的威慑目的来确定。

当然，也不能把海上威慑行动的攻防性质混同于威慑战略的攻防性质。在战略实践中要达到威慑的目的，可根据情况采取攻防两种手段，或择其中之一，或两手兼而用之。威慑行动的攻防性质，同威慑战略的攻防性质有时是一致的，有时也可以是不一致的。

例如，1987 年，两伊战争中袭击运输船的升级，威胁到美欧在海湾的石油命脉，以美国为首的西方诸国在海湾采取了大规模的护航行动，大力推行炮舰政策，对伊朗进行威慑。就护航本身而言，属于“防御”性的威慑行动。但是从本质上看，美国在海湾护航是为了增强在该地区的军事存在，争夺在海湾地区的势力范围，这种威慑目的的进攻性是显而易见的。

海上威慑基本状态主要有两种：海上直接威慑状态和海上间接威慑状态。在激烈的海上斗争中，国家间的关系是复杂多样的，既有相互进攻或一方进攻一方防御的关系，又有相互竞争的关系，这些不同的斗争形式反映到威慑战略层面，就形成了不同的威慑状态。

海上军事斗争存在许多不确定因素，不可能按照等级递进方式发展，大多数情况下表现为海上直接的或间接的威慑。这种效果的产生需要直接与间接威慑相互配合、同时使用。如果能够根据威慑自身的特点，掌握好时机及规律，示形造势，就能让被威慑方产生畏惧，取得行动的预期效果，争取更大的主动权。

海上直接威慑是指威慑对象中的一方企图通过进攻手段达到战略目标，而另一方则采取报复威胁来迫使对方放弃进攻企图。这种海上威慑是根据对方海上军事行动进行的威慑，表现为一方力图阻止另一方对自己的行动，是处理紧急危机情况下的一种战略选择。针对的是特定对象，具有目的性和针对性强、有更大主动权的特点，威慑方能够利用时间、空间和兵力等方面的优势，取得较多的主动和有力的威慑效果。但是，由于威慑方采取进攻行动的意图不明确，处于防御地位的被威慑方要判定对方的进攻企图就有很大困难，而且威慑对抗的局势也容易失控，因此，这种威慑状态不是一种经常存在的现象。具体说，海上直接威慑状态形成的条件有以下四个：

一是在两个敌对国家中，其中一个国家企图采取进攻手段夺取对方海域内的战略目标。

二是面临对方进攻的国家必须清醒地认识到对方的进攻企图。

三是面临对方进攻的国家必须明确地表示，将采取有力的报复行动挫败对方的进攻企图，使其得不偿失。

四是准备进攻的一方在考虑到对方可能的报复后决意放弃原定

的进攻计划。

以上四条是构成海上直接威慑状态的基本条件，缺一不可。

实际上这四个条件是很难同时满足的。因为，尽管海上直接威慑是处理海上军事危机和武装冲突的一种选择，但由于大多数国家都没有处于随时计划采取进攻行动的状态，所以，处于防御地位的国家要判定对方的进攻企图有诸多困难。可见，海上直接威慑状态在和平时期不是一种常见的现象，大多数情况下，国家之间的海上斗争形式多表现为间接威慑。

海上间接威慑是指威慑对象通过保持强大海上军事力量以及非实战运用来调节双方的对抗关系，但任何一方都不打算立即使用武力，而利用军事、外交、科技、经济上的优势对威慑对象构成海上威慑，甚至可以借助第三方力量遏止对方的海上军事行动，达到威慑目的。这种海上间接威慑是以强大的军事实力为基础的，更加注重谋略的运用。在恰当的时机，巧妙运用各种斗争策略，伐谋伐交，成为海上间接威慑的关键。在多数情况下，敌对国之间在和平时期一般处于间接威慑状态。

构成海上间接威慑状态的条件有以下三个：

一是在两个对立的国家中，至少不排除其中一个国家在今后有利时机使用武力或以武力威胁达成进攻性目的。

二是受到间接威慑的一方意识到对手的企图，因而保持足够的海上军事实力、创造有利的战略态势，使对方不能获得使用武力或进行武力威胁的机会。

三是受到间接威慑的一方，不打算在短期内把诉诸武力作为唯一选择。

在海上间接威慑状态下，通过海上军事力量的发展和非实战运用来调节国家之间关系，从中寻求国家安全。由于目前大多数对立国家没有处于临战状态，而是处于各种“亚危机”的冲突和对抗之中，因此，海上间接威慑状态是一种较为普遍的现象。

海上直接威慑同海上间接威慑有明显的区别：

1. 从对抗目标上看，处于海上直接威慑状态的国家，一方是企图侵犯对方的海上战略利益，另一方是力图维护本国的海上战略利益；处于海上间接威慑状态的国家，则是谋求争夺海洋战略优势，以便为今后夺取或维护海上战略利益创造条件。

2. 从时间上看，在海上直接威慑状态下的国家间冲突是着眼于解决眼前的海上战略利益；在间接威慑状态下的国家间冲突则是着眼于争夺长远的、未来的海上战略利益。

3. 从威胁样式上看，在海上直接威慑状态下，对抗双方分别面临使用武力进攻和武力报复的威胁；在海上间接威慑状态下，对抗双方面临的是对方发展海上军事力量、建立军事联盟等所构成的威胁。

海上直接威慑状态同海上间接威慑状态常常相互转化。海上间接威慑失败可以使两国关系激化，而转为海上直接威慑状态；海上直接威慑成功又可以使两国关系缓和，而转为海上间接威慑状态。

就一个国家而言，关键在于准确判断与敌对国家对抗冲突的性质，采取正确的威慑决策，使海上直接威慑状态不致升级为战争状态，并在此基础上逐步创造条件，实现海上直接威慑状态向海上间接威慑状态的转换。

海上威慑还可以分为海上对称威慑与非对称威慑。海上对称威慑是指军事冲突双方之间使用相同的威慑手段，进行对等威慑。为了取得海上威慑的效果，在有些情况下，威慑方因害怕受到对方的攻击而最终先发制人，首先发动战争，以获得战场上的主动权优势。在一方先发制人发动战争的情况下，很难判定哪一方是真正的威慑方和被威慑方，因为当存在着海上对称的威慑关系时，双方都力图慑止对方的进攻。

就海上非对称威慑而言，构成威慑关系的双方的海上军事实力差距大，主要发生在有核武器国家与无核武器国家，以及核大国、中等核力量与弱小核力量国家之间。在有核武器国家与无核武器国家的威慑关系中，后者通过恐怖主义、化学武器、生物入侵等行为对前者实施海上非对称威慑，威慑的手段可能更为隐蔽与难以防范。在有核国家之间的威慑关系中，尽管因为海上力量的非对称性会引起海上非对称威慑，但是与使用不同威慑手段相比较，海上对称威慑具有相对的确定性，因为双方在手段的使用上基本是相同的，而海上非对称威慑则具有很大的不确定性，常常导致海上威慑行动的失败。

二、海上威慑的基本要素

亨利·基辛格在《选择的必要》一书中写道："威慑需要兼备以下因素：有力量、有使用力量的意志和潜在的侵略者认识到这两点。"

基辛格概括出威慑的三个要素：力量、决心和信息传递。基辛格的概括有一定的道理，但由于威慑目标是威慑主客体对抗的焦点，所以威慑目标也应该是构成威慑的基本要素之一。因此，海上威慑的基本要素包括：海上威慑目标、海上威慑力量、使用海上威慑力量的决心和海上威慑信息的传递。

美国前国务卿亨利·基辛格

这四个要素是构成海上威慑的必要条件，既有有机联系，又相互影响，缺少任何一个要素，海上威慑就起不到应有的作用。

（一）海上威慑目标

海上威慑目标是海上威慑所要达到的预期结果，可分为总体目标和具体目标。总体目标通常表现为遏止敌人入侵，慑止敌方对己方安全利益的侵犯，让敌人服从己方的意愿或要求等。具体目标则是针对所应对的事件而言的。一般情况下，海上威慑的总体目标不会有太大变化，具有相对的稳定性，而具体目标则有很大的变化性。

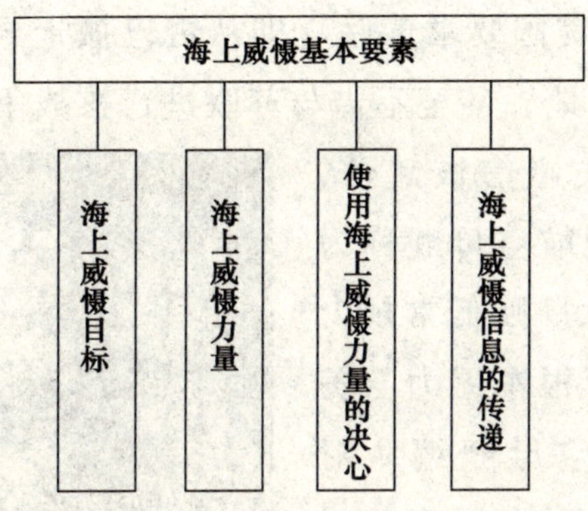

海上威慑的目标是由国家最高领导层来制定的，并受国家对外政策、经济利益关系、敌我力量的对比和可选择的海上威慑手段等因素的制约。海上威慑目标的设定直接关系到海上威慑的效果，如果目标定得过高，而军事威慑的实力不够，海上威慑就达不成预期目的。同样，如果目标定得过低，而又涉及己方的重大利益，则不能有效维护己方利益。

（二）海上威慑力量

力量是实现威慑的基石，是威慑的物质基础。海上威慑力量是遂行海上威慑任务的各种力量的统称，通常由海上核力量、海上常规军事力量及海上后备力量组成。海上威慑力量受部队战备水平、训练水平、武器装备水平、后备力量的多寡和动员能力的大小等因素的影响。

没有一支强大的海上威慑力量，海上威慑便无从谈起。缺乏实力的海上威慑，是一种自欺欺人的威慑，充其量不过是虚张声势。一旦威慑失效，将无力承担心理负担和战争风险。

1962年，苏联赫鲁晓夫政府暗中将核导弹运到了古巴，这等于在美国的后门口安上了一门大炮，直接威胁到了美国本土的安全。对此，美国总统肯尼迪采取了强硬的措施，派遣海军舰队对古巴实施封锁，并让陆战队员在古巴海面整装待命。参加这次封锁行动的共有483艘舰船，对古巴实行了弧形封锁，严密控制了古巴东北500海里的海域。美国要求苏联立即从古巴撤走导弹，否则将登陆古巴，拔除导弹基地，甚至不惜与苏联进行核战争。

由于赫鲁晓夫迷信核武器，轻视常规力量，把航空母舰称为“浮动的棺材”，大肆贬低常规力量，所以苏联海军根本无力与美国海军的强大航空母舰编队对抗，无法打破美国对古巴的封锁，在美国强大海军的威慑面前只好让步，不得不撤回部署在古巴的导弹，并屈辱地接受了美国的检查。

前苏共总书记赫鲁晓夫

这是美国通过对苏联实施海上威慑取得的重大胜利。美国海军从古巴事件中进一步认识到了海上强大力量对争夺世界霸权的重要作用。美国强大的海上力量具有巨大的威慑作用，可用于推行美国的政策，可用于挫败苏联的进攻。在古巴导弹危机中，美国海军起到了关键性的威慑作用，使美国在全球战略中的地位得到了进一步的巩固和提高。

事实证明，没有实力的威慑不仅是脆弱的，更是非常危险的。在实施海上威慑时，巧妙运用威慑力量显得更加重要。

（三）使用海上威慑力量的决心

通常所说的决心，是指为实现某个战略目标的坚决意志，是达到威慑目的的基本要素之一，是决策者在必要时作出的使用海上军事力量对敌实施威慑的决策。使用海上威慑力量的决心受国家的政治制度、军事力量、经济实力、公众舆论影响力、民众对战争的承受力、决策机构的运作效率等诸多因素的影响。

海上威慑力量是客观物质的存在，但是，如果不具备使用力量的决心，那么，威慑力量也只不过是一把挂在墙上的剑，不足以产生使人畏惧的威力。有了使用力量的决心，在遇到威胁时把威慑之剑高悬在对手的头上，才能形成强大的震慑力。所以，实力和使用力量的决心是威慑的双翼，缺一不可。基辛格在《选择的必要》一书中写道："如果有一种要素不存在，威慑就不起作用。实力不论多大，如果没有诉诸武力的决心，它也无济于事。"

基辛格提到的决心侧重于实施威慑的意志，但在实践中，使用力量的决心必须通过实际的行动和具体方案来体现，而不是停留在抽象的语言表达上。实施海上威慑，必须建立不容对手怀疑的具体行动计划，表明自己的决心绝不是一种恫吓。如果对手置若罔闻，一意孤行，必定受到实际的打击和惩罚。这样就会使对手获得确实的信息，了解己方发出的并非无力恫吓，而是一种现实压力，从而最终达到威慑目的。

海上威慑的根本目的是为有效维护国家的根本利益，当国家利益被敌方侵犯，而政治外交等其他手段不能有效制止敌方行动时，就要有效显示使用武力的决心。敢战方能言和，如果在形势危急时表现得软弱无力，势必进一步助长对手的势头。

1982年的英阿马岛战争中，英军组成了以"竞技神"号和"常胜"号航空母舰为核心的特遣舰队，装备有先进的"海鹞"式垂直起降战斗机，"山猫"、"海王"式直升机和"海狼"、"轻剑”、“吹管”等新式导弹，不仅向阿根廷显示了英国海空军的战斗力，弥补了英军某些不足和远涉重洋的辛苦，而且还以实际行动表明了英国敢战的决心。4 月 25 日，英国“山猫”式反潜直升机使用 AS－12 导弹和深水炸弹，将阿根廷潜艇“圣菲”号击成重伤；5 月 2 日，英核潜艇“征服者”号将阿根廷巡洋舰“贝格拉诺将军”号击沉。英军以强大的军事力量震慑了阿根廷守军，促使已攻占马岛的阿根廷官兵不战而降。

“决心”在海上威慑要素中具有举足轻重的作用，往往决定着威慑的成败：坚决、果断、正确的决心，可以抓住有利的时机，投入较少的力量，收到较大的威慑效果；而优柔寡断，犹豫不决，无主见，无决断，往往坐失良机，使威慑效应付之东流。即使军事力量再强大，如果在敌人面前没有果断确定使用军事力量的决心，也不能起到有效遏制战争的作用。因此，必要时应敢于以武力来捍卫国家主权，提高海上威慑的可信程度，有效遏制战争爆发。即使战争不可避免，亦可迅速夺取战争主动权。

一般来说，影响实施海上威慑决心的主要因素有以下几个方面：

1. 形势不利。在实施海上威慑过程中，内外形势不尽如人意。有时出于政治斗争的需要，即使条件不十分成熟，形势不十分有利，也必须运用威慑手段。由于决策前后形势的变化，常常干扰决策者的心理，加上国际社会的强大压力，都可能迫使决策者举棋不定，放弃运用威慑手段。

2. 情况不明。在威慑过程中，双方力求隐蔽企图，大量散布虚假信息，使决策者真假难辨。情报信息的不足和失真，都会影响决策者下定决心。在这种情况下，如果决策者缺乏深刻的分析判断能力，不能透过现象抓本质，就会使决策失误。

3. 海上力量变化。海上力量是威慑的基础，无力的威慑是脆弱的，难以达到威慑目的。但是，海上威慑力量动态性强、可塑性大。当双方力量悬殊时，变化也许不大。但是，当强弱对比相差无几时，双方力量的大幅度变化往往成为威慑决策的筹码，成为影响下定决心的主要因素。

4. 心理定势。定势是心理活动的一种准备状态，这种准备状态容易使人对事物以某种习惯的方式作出反应。决策者在选择方案和下定决心时，其思维和心理很容易受到以往经验的制约和影响，难以作出令人满意的创造性决策。

（四）海上威慑信息的传递

海上威慑是存在于威慑者与被威慑者之间的行为，海上威慑的目的，必须通过有效的信息传递来实现。威慑与战争不同，战争是把军事实力转化为暴力，并向对方实施军事打击，而威慑则是军事实力转化为各种信息，传输给对方，以遏制对方的心理和行为。实力再强，决心再大，如果没有让对手知道并相信己方拥有足够的海上威慑力量，以及确定了使用海上威慑力量的决心，如果没有将海上威慑信息可靠地传递到对方，就不可能达到威慑的目的。军事上“透明度”的增加，不断向对方显示实力，让对方了解自己的实力，已成为现代世界军事的一种流行方式。这些看起来完全不符合过去的军事原则，却反映了威慑中信息传递的重要意义。

海上威慑信息一般具有以下特点：一是对同一客体多次施加影响；二是能深刻地影响人的心理、精神和思想观念；三是能起到武力所起不到的作用，它不破坏物质财富，也不直接杀伤敌人的肉体，但可以瓦解敌人的士气，使敌人放下武器；四是作为心理战的重要组成部分，既是一种战略心理战，也是一种战术心理战。

信息的传递是沟通威慑者和被威慑者的纽带，也是海上威慑力量转化成心理攻击的桥梁。信息的传递必须具备两个条件：

1. 要保证信息渠道的畅通，以确保威慑信息的可信度。由于信息技术的普及，当前传播威慑信息的渠道很多。信息通道是否畅通，是关系到威慑能否成功的重要一环，必要时可以通过多种渠道进行传递，以增强信息传播的可信性。海上威慑的可信性，首要的是威慑者要通过显示自己的海上实力，使被威慑者确实认识到有一种强大的潜在威胁或利益冲突存在，同时还要在海上威慑过程中千方百计慑服对方，可以发表这样或那样的声明和宣言，使对方认识到当前海上冲突扩大化将产生严重的后果，迫使对方寻求解决问题的新途径。在实施海上威慑过程中，还要使对方接受威慑信息后，对威慑信息确信无疑，才能产生威慑作用，达到威慑目的。从某种意义上讲，衡量海上威慑作用的最终标准，不在于威慑信息的强弱，而在于被威慑者接受信息后的信服程度。信息传递的可信性高，威慑效果就好；可信性低，威慑效果就差。

2. 要防止信息的传递过程中产生误解，防止对方认为接受到的信息只是一种虚张声势的恫吓。由于威慑双方之间意识形态、文化传统、政治制度、外交政策等方面的差异，要使威慑信息在传输过程中不失真，不被对方误解，就必须事先通过侦察情报等各种手段，针对对手的价值观念、主要领导人的决策方式乃至性格特点等情况进行了解，以防止威慑信息传递到对方后却产生对威慑信息的误判。在威慑过程中，一旦对方接收威慑信息后，还必须对威慑信息确信无疑，才能产生威慑作用，达到威慑目的。

三、实施海上威慑的过程

实施海上威慑主要是通过威慑信息的传递，对可能发生的海上局部战争和武装冲突产生影响。实施海上威慑的直接目的是为了减少对方进一步采取对抗行动的可能性，向对方显示对抗的风险程度，迫使其打消继续对抗的决心。

一般说来，在实施海上威慑的过程中，A 要告诉 B，如果 B 采取侵犯 A 利益的行动的话，A 就要惩罚 B。因此，A 是以报复来威胁 B。但是，A 的想法如果能够成功传递给 B 的话，A 就要让 B 相信两点：一是 A 有能力来有效地实施报复；二是 A 言出必行，说到做到，A 会按照自己的意图去报复 B。很显然，如果 A 的威慑能力是可信的，那么 B 就会被这种强大的威慑力吓得不敢轻举妄动，因为可能出现的损失比预想的收益要大得多。因此，在实施海上威慑中，进攻性力量的目的不在于消灭对手，而在于让对手知道如果 B 采取对抗行动的话，B 就会被 A 消灭。

通常海上对抗双方，一方主要实施海上威慑，而另一方处于被威慑的状态，进行反威慑或者称为反遏制。

实施海上威慑的逻辑过程实际是，威慑与反威慑双方对行动风险进行分析、判断、决策的过程。一般可以描述为：

传递威慑信息——被威慑者接收威慑信息——被威慑者进行风险分析和采取行动。

一般来说，实施海上威慑可能出现以下几种情况：

1. 如果被威慑方不采取任何行动，那么威慑方威慑成功。

2. 如果被威慑方采取的威慑行动力度不够，那么威慑方威慑成功；被威慑方采取行动，威慑方进行风险分析和决策行动。

3. 如果不继续采取威慑行动，则威慑失败。

4. 如果继续采取威慑行动，则继续传递威慑信息，直至海战和武装冲突结束。

在海上军事对抗中，威慑与反威慑的风险分析和决策是一个复杂的过程，至少要经过以下几个步骤。

第一步：双方要对自己实施的海上威慑行动的风险性作出明确判断。

被威慑方需要考虑的问题：

1. 己方实施威慑行动目标的价值和意义；

2. 根据威慑方作出的各种不同反应，己方可能遭受的损失；

3. 威慑方采取各种报复行动的可能性，包括不采取报复行动的可能性；

4. 在承受各种报复行动的情况下，己方实现战争目标时可能出现的情况。

威慑方的风险分析需要考虑的问题：

1. 己方通过海上实力威慑要维护的目标（如某个海区）的价值和意义；

2. 采取威慑行动所付出的代价；

3. 维护这些目标成功的可能性；

4. 己方采取报复行动后，对方放弃继续采取进攻行动的可能性。

在海上局部战争（武装冲突）全过程中，威慑方对进攻者采取一系列报复行动的总和，不仅包括对最初的挑衅行为作出反应，而且也包括对进攻者随后一系列行动作出反应。依据敌情、我情，对被威慑一方得失的评估，也是对海上局部战争（武装冲突）全过程风险和利益的分析。就威慑方而言，一般选择预期风险损失最小、预期效果最大的报复方式和手段，向对方实施强有力的海上军事威慑。

第二步：威慑双方制定各种军事行动预案，每种预案包括行动的目标，对方的反应及对己方可能造成的损失，己方实现目标的可能性。然后对各种方案的利弊、风险进行定量分析评估。

第三步：威慑双方进行战略决策，选定最佳方案，并付诸实施。

第四步：威慑双方在计划实施过程中，及时根据信息反馈，判断对方的威慑和反威慑意图，对原定方案或预案进行调整补充，作出继续对抗或中止对抗的决策。

如果被威慑方决意将自己的计划付诸实施，其结果不论是哪一方获胜，都只能说明原先所采取的海上威慑宣告失败，反之，表明海上威慑取得成功。

海上威慑的成败，既与双方的海上实力有关，但又不仅仅取决于双方的海上实力。既要有理性分析，又要有讹诈恫吓的成分，在一定条件下，只要有一方分析判断失误，就可以导致海上威慑行动的失败，而不必经过兵戎相见的实际较量。

1962 年古巴导弹危机的结局充分说明了这一点。当时，苏联采用了瞒天过海的手法，将中程核导弹运进古巴，从而把美国本土直接置于苏联核武器的打击之下。这一公然的挑衅行动在美国朝野掀起了轩然大波。肯尼迪立即召开最高级会议，紧急商讨对策。经过反复权衡利弊得失，肯尼迪在不采取行动、采取外交行动、离间苏古关系、封锁古巴、空袭摧毁导弹、入侵古巴六项方案中选择了封锁古巴的方案。同时，肯尼迪危言耸听地向苏联威胁道："在核战争中，甚至胜利的果实也是到嘴的灰烬，然而到了必须面对这种风险的时候，我们也决不畏缩。"

苏联在危机中对可能导致的严重后果未能做到深思熟虑，"东窗事发"之后，赫鲁晓夫对美国可能采取的报复行动和己方可能付出的代价更是作出了过高的估计，轻信了肯尼迪的战争讹诈，终于在美国的威慑面前示弱，从古巴撤出了全部导弹。但赫鲁晓夫做梦也没有想到，就在双方剑拔弩张的最后关头，肯尼迪为避免战争已准备作出重大让步，即由联合国建议：美国从土耳其撤走导弹，以换取苏联从古巴撤走导弹。结果，苏联在两强对抗中蒙受了一次"胯下之辱"，而美国则取得了胜利，达到了预期的效果。

值得注意的是，在海上威慑过程中，威慑实施方与被威慑方之间还形成了一种心理作用。首先是威慑方拥有决定性武器，对被威慑方产生震慑效应，使后者意识到，当自己试图采取改变现状时会遭受对方惩罚和报复的可能性。其次，也是最重要的，威慑方必须传递可靠的信息，表达明确的决心，让被威慑方知道，一旦现状因为被威慑方行动而受到改变时，其遭受惩罚和报复的必然性。因此，在实施海上威慑的过程中，威慑方与被威慑方之间实际上是一种心理上的较量。

四、海上威慑的主要特点

海上威慑作为遏制战争爆发、限制战争规模与升级的重要军事手段，越来越受到世界各国的重视，世界各主要国家纷纷调整本国的海上战略，使得海上威慑在海上军事斗争中的地位不断上升。同时，海上威慑作为威慑战略的重要组成部分，以其所独有的特性，在海上局部战争和武装冲突斗争中发挥着重要作用。

（一）海上威慑运用的博弈性

海上威慑是海上军事力量的搏杀，更是谋略智慧的较量，海上威慑本身是一个充满博弈的领域，是威慑者和被威慑者之间施展智慧的场所。

在海上威慑过程中，为了实现军事、政治、经济等方面的目的，威慑双方巧妙地运用海上军事力量以暴力或非暴力的手段，从心理上遏制对方的行为，展开博弈的较量。海上威慑通常与政治、经济、军事、外交、文化等多领域密切联系，威慑方与被威慑方呈现出综合博弈的动态威慑态势，有关威慑各方不是依次而是同时综合选择各种海上威慑手段和力量，再根据威慑行动的效应，灵活控制己方的威慑行动，最终通过综合运用多种威慑手段，实现其既定的战略目的。

列宁曾一针见血地指出："没有不用计谋的战争。"

在古今中外的海上军事斗争中，指挥员在海战中施计用谋，进行心理较量占有重要的地位，是决定海上军事斗争胜败的关键。海上威慑与反威慑是敌对双方斗智斗谋艺术的集中表现，谁想在海上军事斗争中制胜对手，谁就要技高一筹，谋高一招。在敌强己弱的情况下，要想慑止对方的行为，就必须在谋略上高人一筹，达到震撼敌心理、动摇敌决心的目的。海上威慑从表面上看是海上军事实力和决心的展示，实质上则是指挥员意志和决心的体现，是敌对双方指挥员智慧的较量。

运用海上军事手段实施海上威慑，解决双方的冲突，这其中也涉及到军事谈判。在维护国家安全利益的军事谈判中，既有“零和博弈”，又有“非零和博弈”。利益的摩擦使得国与国之间的关系在竞争中相互对抗。在围绕海洋权益的争夺中，海洋利益是一个定量，所以一方所得往往正是另一方所失，这是一种“零和博弈”。而将海上争端和冲突视为一个谈判过程，意在强调争端双方之间除了存在利益分歧外，寻求双赢结果也是共同利益所在，这样有助于摆脱非敌即友的传统思维模式。

（二）海上威慑目标的广泛性

海洋的全球连通性和国际性，使得某一个拥有海岸线的国家，可以与世界上任何一个拥有海岸线的国家为邻。世界上大多数国家都拥有海岸线，这就意味着世界上绝大多数濒海国家都可能成为另一个濒海国家海上威慑的目标。海军是高度合成的国际性军种，是唯一具备在海、陆、空多维空间活动能力的军种，在海上具备较强的机动能力和作战能力。一支现代化的、兵种构成完整、具备综合作战能力的海军，具有反舰、防空、反潜、袭岸、信息战，远、中、近程，全空间、全天候的作战能力。从这个意义上说，海军作为实施海上威慑的主力军，可以对敌方海上、陆上、空中、水下目标构成巨大威胁，这种海上威慑力量的威慑方式是全方位的。

第一，对海上目标威慑的广泛性。早在1982年通过的《联合国海洋法公约》中就规定了海军舰艇在公海自由航行的权利，这就使得一国的海军舰船兵力可以通过广阔海洋空间对另一国舰船构成威胁。

第二，对陆上目标威慑的广泛性。海军通过精确打击能力的发挥，所具备的“从海到陆”攻击能力可在数百甚至上千千米的海空、海面或水下，对敌方陆上目标实施毁灭性打击，从而对敌重要目标的安全构成威胁。

第三，对战略、战役、战术多层次目标威慑的广泛性。海上威慑力量不仅能进行常规威慑，而且具备核威慑能力。不仅可以用于平时遏制海上武装冲突和海上军事危机，也可以用于慑止敌人的侵略，迫使敌方服从己方的意志，防止战争升级。实施海上常规威慑由于受制约的因素少，规模容易控制，可以应对小规模的武装冲突以及敌方对己方潜在利益的侵犯等。以核力量为后盾的海上核威慑，可以慑止敌方对己方的大规模入侵以及使用大规模杀伤性武器和生化武器威慑。

(三) 海上威慑兵力的多样性

海军是海上力量的主体，是实施海上威慑的主要力量。由于海军是一个高度合成的军种，在海上兵力中，可以执行海上威慑任务的有航空母舰编队、两栖打击编队、导弹核潜艇和海军远程航空兵。海军编成内的陆战队、航空兵和战略导弹核潜艇部队，分别类似于陆军、空军和战略核导弹部队。因此，海军往往被称为“小三军”。在一些强国海军中，海军陆战队、海军航空兵和战略导弹核潜艇部队这三个兵种所占的比例都很大，具备强大的立体综合打击能力。海军各兵力可担负的任务各不相同，不仅能够在海上寻歼敌舰队，切断其海上运输线，还可以从沿海方向打击对方的内陆纵深，对敌岛、敌岸上目标实施武装占领，还能以战略导弹核潜艇对敌实施战略核威慑和核反击。

(四) 海上威慑手段的灵活性

海上威慑运用的灵活性是由海军兵力机动性强、通用性广的特点决定的。海军兵力具有很强的机动性，可以根据政治需要，既可公开或隐蔽在公海上长期停留，又可利用海洋四通八达的特点，在适当的时间和地点选择适当的方式对敌实施威慑，还可以在事态朝着不利于己方的方向发展时撤离某一海区，从而可以避免在陆上部署兵力所带来的政治纠纷与军事风险。海军兵力具有通用性广的特点，可以同时执行多项任务，舰艇不需要重新编配，就可以执行不同的任务。因此，实施海上威慑可作为应对不同程度海上危机的重要手段。

海上威慑的强度可控。海上威慑的强度不是固定的，而是随着军事威慑双方的具体情况变化而改变。海上威慑强度的大小可以根据威慑对象、威慑能力等灵活确定。海军兵力是攻防一体的有机结合体，其进攻性主要表现为以海军诸兵种实力为后盾，以核武器、常规武器等进攻性力量为基础，通过发挥海上力量整体或局部优势慑服对方，其防御性表现为通过运用威慑手段，使对方放弃从海上方向进攻企图。海上威慑还具有与实战灵活转换的特点，能够在威慑行动失败后迅速转入实战。

海上威慑手段的多样。在运用海上威慑的过程中，可以充分运用谋略，灵活使用威慑手段达成威慑目的。如举行海上军事演习、海上训练、海上巡逻警戒、舰艇出国访问、海上兵力部署调整、海战场建设、海上侦察、新武器试验和展示等。此外，组织军舰护航、远洋科学考察、海上兵力的前沿配置等，都是海上威慑的运用手段，可以起到不同程度的威慑作用。在实施海上威慑时，可以根据对方的薄弱环节和己方预定目标，灵活选择合适的兵力，运用合适的方式，对敌实施不同强度的军事威慑行动。海上威慑行动还可渗透到其他战役行动，如海上封锁战役、打击敌海上编队战役等，争取实现最佳的威慑效果。

（五）海上威慑作用的有效性

由于现代军事科技的迅猛发展，舰载武器对陆上目标的打击能力和精确度大大提高。当今世界上70%的大中城市和人口都生活在距海岸线200千米范围以内，也就是处于海上力量最有效的打击范围内。因此，海上力量能对敌方陆上重要军事目标形成较大的威胁，取得较好的威慑效果。世界主要大国都把海上威慑力量当做国家军事威慑力量的重要组成部分。冷战后，美国将海军作为实现政治目的重要工具，把海上威慑当做主要的威慑手段，多次动用海上力量实施威慑。

1986年美国袭击利比亚之前，有意在锡德拉湾进行了几次小规模的海上冲突，向利比亚的卡扎菲政府施加威慑。海湾危机爆发时，美国航空母舰战斗群首先进入海湾，置伊拉克于有效攻击范围之内，形成强弓待发之势，起到了很好的威慑效果。

1988年2月，美苏军舰在黑海发生碰撞事件，美国以行使国际水域无害通行权为由，穿越苏联12海里领海区。这一挑衅行动对美国来说并不具有实战价值，对苏联来说，是否作出反应也没有很大的实战价值。但是，美国的挑战是一种具有威慑价值的行动，如果苏联对此毫无反应，就可能助长美国得寸进尺的意图。相反，苏联以军舰冲撞美舰，向美提出警告，就是一种有效的海上威慑。

强大的海上军事力量只是海上威慑成功的必要条件而不是充分条件，没有实力当然谈不上海上威慑，但一个国家到底拥有多大和多强的海上实力，才能对对手构成足够的威慑，或者与对手形成稳定的威慑关系？如果把海上威慑看做是一种在战略互动结构下双方相互影响的过程，可以发现，依靠单一力量本身并不能够对另外一方的行为产生巨大影响。有效的威慑有时并不仅仅取决于威慑者，而取决于受威慑方对威慑方力量的看法。要理解海上威慑的有效性，必须超越海上军事力量本身，更多地去关注双方沟通与相互影响的因素。

海上威慑的有效性受到三大因素的影响：即“可信性”、“稳定性”和“共有信息”。

影响有效威慑的第一个因素是海上威慑的“可信性”。在任何海上威慑情势下，威慑方必须确立威胁的可信性，让被威慑方认识到，一旦主动发动进攻，威慑方的报复和惩罚会随之而来。因此，可信性不仅仅依赖于武器装备的质量与数量，也依赖于被威慑方对武器装备的看法以及自己意图和动机的评估。

影响有效威慑的第二个因素是“稳定性”。威慑双方除了确定实施报复或者受到报复的可信性以外，还必须确定双方都不会因为恐惧而发动预防性的或者先发制人的打击，否则海上威慑作用就会失灵。一方面，有效的海上威慑依赖威慑双方对突然袭击的恐惧，双方都处于同样的恐惧心理下，但是双方都知道任何一方采取打破这种状态的行动都会导致威慑的崩溃。这也是美苏在冷战时期“相互确保毁灭”战略的逻辑。另一方面，威慑的稳定性本质上是如何在安全困境和恐怖平衡下维持威慑双方在敌对状态下的合作，这也就是“自己活也让别人活”在有效威慑中的意义。

影响有效威慑的第三个因素是“共有信息”。所谓威慑关系中的“共有信息”，简单而言，就是威慑方知道，被威慑方也知道，其他各方也知道。这些“知彼知己”的信息帮助威慑双方知道“什么可以做，什么不可以做”。有效的海上威慑需要双方在战略互动过程中，实现信息的传递，因为有效的海上威慑，不单是威慑方自己行动的结果，也是威慑方与被威慑方行动的共同结果。

（六）海上威慑的有限性

为了维护国家安全利益和发展利益，通常实施海上威慑行动才能达成一定的威慑目的，但由于受到种种因素的制约，海上威慑行动只能在一定条件下发挥有限的作用。

海上威慑的目的有限。为了达到一定的战略目的，并非都能通过海上威慑的作用来实现。信息化条件下的海上威慑，其目的表现得更加明显，战争目的既不是为了消灭对方或占领对方的领土，也不是为了消灭对方或对方的军事机器，而是使对方屈服，从而获取最大的政治、经济、军事等国家利益。

海上威慑的对象有限。在海上方向，运用一定的威慑方式和威慑力量，通常只能对特定的对象产生威慑效应，并不是对任何对象都能达到同样的威慑目的。海上威慑是存在于威慑者与被威慑者之间的一种特殊行为，不是所有对象都会接受威慑者的条件，对有些对象，强大的海上威慑力量也无能为力。也就是说，相同的海上威慑力量，针对不同的威慑对象，其效果往往不同。一定的海上威慑手段只有针对特定的对象，在特定的条件下才能发生威慑作用。随着时间的推移和质与量的变化，各种客观条件的制约，海上威慑手段的运用也发生变化，海上威慑只有针对特定的对象才能产生作用，否则就失去了应有的威慑效果。

海上威慑的时间有限。“海上力量”这个威慑基本要素的变化，常常会改变威慑的天平。就海上威慑本身而言，威慑双方强弱力量的转变，会逐渐削弱或增强威慑所产生的效应。就双方而言，一方在威慑中占有优势，但随着时间的流逝，出现了某种变化，威慑的效果可能失去，使得威慑双方的地位可能发生变化。由于受到时间、空间、力量和技术水平的制约，不是所有的矛盾和危机都能够通过威慑就能得到解决，必须结合其他力量和手段。人们很容易把海上威慑看成剑拔弩张的紧张对抗，甚至是决战的前奏，其实并非如此。海上威慑行动毕竟不是发动战争，而是划分权力、确定相互地位的手段。与战争把实力转化为暴力，直接用物质的力量相互摧毁的行为不同，海上威慑虽然同样能够对政治、经济、军事和社会产生一定影响，但其破坏性比实战要小得多，难以代替实战去解决海上武装冲突和矛盾。因此，海上威慑运用所取得的效果又是有限的。

海上威慑的效果有限，特别是对于实力较强的对手，仅仅依靠威慑不一定能完全实现预定目标。但是，可以在局部海域夺取一定的优势，形成钳制之势，起到一定的威慑作用。对于实力较弱的对手，也不能完全依靠海上威慑行动实现己方的意志，有时还会受制于其他一些条件和因素，难以取得战役战术行动的效果。海上威慑的范围也有限，只能在一定的环境和条件下使用，主要适用于和平时期、战争动员时期、海上局部战争和武装冲突发起前期，当敌我双方已经进入战争状态时，实施海上威慑意义就不大了。

每个国家和国家集团在维护本国利益的同时，都面临着各自的外部威胁。这些威胁的性质、内容、范围、程度不同，需要采取的斗争策略也不同。在追求利益、消除威胁过程中，由于海上威慑行动层次上的不同，导致这一行动不能代替战役战术行动去解决局部问题。海上威慑直接对国家之间的战略格局产生重大的影响，是通过一种特殊的心理战过程达成战略目的，而不是互相诉诸武力，通过流血的战斗一决雌雄，达成战略的胜利。

五、海上威慑的运用方式

熟练而巧妙地运用海上威慑力量实现既定的政治目标，以实现最佳战略效益，历来是战争者十分关注的问题。通过海上威慑来为自己的国防和外交服务，是各国政治家和军事家们孜孜以求的目标。即便是美国这样的超级大国，利用威慑手段达到政治目的仍是首选。可以预见，新的海上威慑手段必将对海上威慑的运用产生重要的影响，对此应有深刻的认识。海上威慑的方式多种多样，主要分为以下五种：

（一）海上显示威慑

海上显示威慑实质上是一种武力炫耀，就是将海上威慑力量以适当的形式明确地展示出来，使对方产生恐惧、疑虑、动摇，从而放弃或采取某些违心的行动，按威慑者的意图行事。我国兵书《兵经百篇·张宇》中写道：“耀能以震敌，恒法也。唯无有者故称，未然者故托，不足者故盈，或设伪以疑之，张我威，夺彼气，出奇以胜，是以虚声而致实用也。”

示形造势，显示力量，震慑敌人是海上威慑运用的一种方式，显示力量就是向对方传递威慑信息。因此，有意“示形造势”成为海上威慑的重要手段。

马汉早就提出过“显示力量战略”，并强调了其作为遏制力量和威慑力量的价值，即军事力量的和平利用和政治利用的价值。苏联海军元帅戈尔什科夫在《国家海上威力》一书中写道：“在和平时期，海军也是常常被用来在国外显示国家的经济和军事威力的军事因素。在各军种中，唯海军能最有效地保障国家在国外的利益。”这充分肯定了海军的威慑作用。

第二次世界大战中，盟军决定于 1944 年上半年在法国西北部登陆，然后向德国内地进攻，协同苏军最后战胜法西斯德国。盟军在选择登陆场时，认为加莱地区距英国海岸最近只有 33 千米，有登陆的有利条件，但诺曼底更理想。为了在登陆地点上迷惑德军，盟军采取一系列示形造势的手段，震慑加莱守军。盟军在加莱地区所投炸弹吨数超过诺曼底地区所投炸弹的 2 倍，登陆前对加莱地区的德军海岸炮兵阵地、防御支撑点及其他防御设施进行了集中轰炸，盟军还在加莱海峡的英国海滩设置了大量假登陆艇和假的物资器材堆积场，并派出一部分兵力在加莱当面佯动。这些示形造势给德军造成了错觉，产生了心理的震慑作用，以为盟军要在加莱地区登陆，被迫在该地区采取许多抗登陆措施，犯了战略上的错误。

和平时期，海军兵力以日常和作战值勤、海军外交、维和与人道主义援助、海上国际安全合作以及海上军事演习、海洋科考等形式全方位维护国家利益和显示国家意志，在国家武装力量中又是唯一具有平时能越出国界进行军事活动的军种，并具有较强的综合活动能力和持久活动能力。因此，和平时期海军在支持国家政策，显示国家意志方面具有极大的灵活性、优越性。海上显示威慑已成为海上威慑战略不可缺少的部分。实施海上显示威慑直接显示海军的实战能力、武器装备的威力和组织指挥水平，是海军常用的一种海上威慑方式，在当今运用诉诸武力方式维护国家利益、解决国家间矛盾日益受限的情形下，海军这种独特的威慑力显得更为突出。作为非实战威慑的运用，海军可以采用各种不同的形式。具体方式主要有舰艇编队出访、海上军事演习、海上巡逻警戒、武器装备试验、海上科学考察和海洋调查活动等。

舰艇编队出访。海军舰艇编队出访，是世界各国相互军事关系的一种方式，可以向其他国家炫耀武力，展示新型武器装备，传递威慑信息，直接显示了一国海军的作战能力，使威慑更加具有艺术性。这种威慑方式属海军独有，且易为对方接受。和平时期，一国舰艇编队访问另一国港口已成为一种国际惯例。根据《国际法》规定，军舰是一块“流动的国土”，保持着不受侵犯的尊严。出访时，一国舰艇编队进入另一国的港口，既不意味着侵略，也不意味着结盟，仅仅是两国间海上军事力量的暂时接触。海军舰艇编队出访时，邀请所在国家的军地人员参观舰艇是必不可少的项目，就是把自己强大的军事实力直观地展现在对手面前，这是一种极为巧妙显示力量的方式。然而，某些海上军事强国往往是披着“友好”外衣推行“炮舰外交”。美国经常派遣强大的海军舰队“访问”友好国家或中立国，以实现双重威慑意义。一方面，他们向自己的盟国显示力量和决心，以加强对弱小国家的控制；另一方面，向敌对国家表明本国与盟国之间牢不可破的军事联盟关系，以慑止对方的侵略企图。

海上军事演习。海上军事演习是海军常用的显示海上力量的一种方式，其威慑作用更加直接和明显，直接显示部队的实战能力、武器的威力和组织指挥水平等各种能力。在靠近热点海域举行针对性的海上军事演习，直接表明政治立场与态度，可对敌产生较大的威慑效应。同时，海上军事演习的方法灵活，可以根据形势需要，通过改变演习兵力的种类、数量、演习海域、演习科目等，造成对敌的不同影响。在海上无危机的情况下，在公海举行海上军事演习可能是一种“例行公事”，并无针对性的目标，其威慑意义在于显示实力。

在面临海上危机时，海军可按照本国政府的意图，举行有特定目标、欲达成特定目的的军事演习。从海上威慑意义上说，军事演习时机和海域的选择非常重要。军事演习的时机往往是精心选择的，军事演习的海域一般是靠近目标国的领海或国际热点海域，遵循的原则是恰到好处地配合国家的政治外交政策。世界主要大国都将海上军事演习作为重要的海上威慑方式，各国海军几乎每年都要进行规模、次数不等的各种军事演习。

第二次世界大战以后，美国和苏联经常组织大规模的海上军事演习，其主要目的是检验和提高盟国间的协同作战能力和指挥效能，这些海上军事演习的威慑作用是不可低估的，通过有针对性的军事演习，向对手炫耀武力和显示使用武力的决心。主权国家通过海上军事演习，也可以充分显示军事实力，慑止可能来自海上方向的侵略。

海上巡逻警戒。海上巡逻警戒就是选择特定时机在敏感海域进行游弋、巡逻、护航等行动，表明本国的政治、军事立场与态度，也是海军常用的一种海上显示威慑方式，既可运用在战争期间，也可运用在和平时期。和平时期的海上巡逻警戒具有较强的威慑作用，当一个国家在宣示主权的海域内经常性地显示力量，其目的就是使其他国家和地区了解自己捍卫国家领土和海洋权益的决心，对企图侵犯其海洋权益的国家起到一定的威慑作用。

武器装备试验。海上武器装备试验是海军新型武器装备和海军总体实力发展的重要标志，也是提高海军威慑作用的重要物质基础。适时、恰当地向外界公布本国某些高新武器装备的试验情况，也是海上威慑运用的一种手段。

（二）海上存在威慑

海上存在威慑，是指以海军兵力的前沿配置、战场建设等发挥威慑作用。海上存在本身就有威慑意义。苏联海军元帅戈尔什科夫曾说："海军存在的本身对潜在的敌人便能构成威胁"，"和平时期国家强大的海上力量存在，本身就是一种较为经常地起威慑作用的因素"。

海上存在威慑是一种持久性的威慑方式，包括海上力量的前沿配置、海战场建设、部署调整等。

前沿配置。海上力量的前沿配置是海军所奉行的“攻势防御”思想的具体体现，是海上威慑的重要环节。通过海军兵力的前沿配置提高对突发事件的反应速度，是发挥海上威慑功能的关键。海军可长时间驻留海上，在面临战争的紧急情况下，海军兵力可以向预定作战海域进行前沿配置，形成有利的兵力布势。海军兵力的前沿配置是强国海军保持海上威慑的重要方式之一。

美国海军通过轮换值勤，在前沿地区保持无限期的“存在状态”，以此作为美国推行外交政策的有形工具，并通过与同盟国家的海上合作、训练和演习，使美国海军利用盟国的海上力量来获得最大的威慑力量，显示美国海军控制前沿地区出现危机的能力，并把由海向陆进攻的矛头直接指向潜在的对手。

海战场建设。海战场建设即军事设施的预先构筑，在特定海域进行的海战场建设，表示该处在将来有可能成为海战场，进而显示在前沿要地的军事存在。海战场在地理位置上一般位于海上方向防御的前沿，具有长期存在的意义和巨大的威慑作用。

美国海军非常重视海战场建设的威慑作用。第二次世界大战后，美国不遗余力地抢占全球各主要军事点，逐步建成以本土军事基地为依托、遍布全球的军事“基地网”，大小军事基地（设施）高峰时总数曾高达5000多个，其中近半数在海外。正如美国战略理论家马汉所说的那样，战略位置就是战场上具有战略意义的地理位置。力量加上位置，就会超过仅有力量而无位置者，

美国战略理论家马汉

即力量＋位置＝威力。

由于海战场建设是保障海上力量生存能力的基本条件，也是构成海上兵力战斗力的重要因素，所以海战场的建设可以起到间接向对手传递威慑信息的作用。这种威慑不像前沿兵力部署那样具有急迫性，但它却是一种持久性的威慑，所产生的威慑效果影响深远。

部署调整。部署调整是一个国家海军对国际形势变化所作出的积极反应，它表示舰队集结的方向有了改变，兵力部署做了调整。如果说，和平时期的前沿配置属于静态威慑的话，那么部署调整后，海上威慑就从静态走向动态，目标指向非常明确，而且可能预示着海上威慑将转入实战。

海湾战争期间，美国共派出 7 个航空母舰编队，分别部署于地中海、波斯湾、红海和阿拉伯海，有效显示了其强大的军事实力，营造和形成对伊拉克的“泰山压顶”的包围之势，直接使伊拉克军队产生震慑、疑虑和动摇。

美国“洛杉矶”级攻击型核潜艇

近年来，美军加强在西太平洋战区的海军力量，以确保美国在亚太地区爆发危机时能作出快速、有效的反应，并能维持其“军事上的明显优势”。例如，美国为了强化关岛的战略地位，在关岛部署“洛杉矶”级攻击型核潜艇，与此同时，美国还将投资4000万美元扩建关岛基地。

海外军事存在。海外驻军是历史上维持庞大帝国统治的一种传统方式。从古代的波斯帝国、马其顿帝国、罗马帝国，到近代的大英“日不落帝国”，无一不在其海外行省、领地、附庸国驻扎重兵。不同的是，历史上这些帝国所处的世界环境大都是一极体制，因此，其海外驻军的目的主要在于维持帝国对占领区的统治，威慑企图反抗的被统治区人民。当今，西方海外军事存在的作用主要在于遏制中小国家的地区扩张政策。

美国战略理论家马汉最先提出美国在海外保持军事存在的重要性，他认为，海军平时可以通过购买或缔约的方式，在一国占据优越的位置，从而取得具有决定意义的胜利。而这些战略位置往往是在战时不容易获得的。

马汉的“平时部署战略”对美国的战略决策产生了深远影响。美国公开宣称，美国的国家安全战略是建立在前沿防御和联盟团结的基础之上的。与这一战略相适应，和平时期在海上和北约与亚洲盟国的领土上部署了庞大的前沿部队，美国武装部队的整个规模与能力在很大程度上受到需要保持上述军事力量的影响，因为这种军事力量是遏制侵略所不可或缺的。

美国前国防部长温伯格说：“前沿部署一直是我们威慑战略的重要组成部分，这已有30多年的历史。前沿防御战略加强了对付侵略的威慑力量。”

与前沿部署战略相适应，美国逐步建成了一个以本土军事基地为核心的全球军事基地网，目前，美军的海外军事基地和主要军事设施仍多达395个，其特点是：以本土基地为核心，以海外基地为前沿，点线结合，多层次配置，控制战略重点，扼守海上咽喉通道，既重视前沿基地作用，又确保战略运输线上的中间基地和后方基地的支援作用得到发挥。

美国前国防部长温伯格

海外军事存在是超级大国运用显示力量和决心的一种威慑手段，也是联盟战略的产物。其威慑意义在于，表明自己的利益范围和保护的对象；拓展威慑范围；提高战争准备程度和快速反应能力；保持与对方海上威慑力量的平衡，监视对方和消除威胁，迫使对方不敢轻举妄动。

在实施海上威慑时，除了选择海上显示存在威慑和海上存在威慑外，必要时，还可选择海上控制威慑和海上打击威慑方式。海上控制威慑主要用于海上危机爆发时，应对特定对手的威胁。一旦运用于其他威慑方式都不能有效达成威慑目的的情况下，可选择海上打击威慑。

六、海上威慑运用原则

海上方向安全形势复杂多变，如何把握好海上威慑运用的原则十分重要。世界各国通过长期海上军事实践，丰富和发展了海上威慑思想。

（一）积极威慑的原则

冷战结束后，世界总体安全形势有所缓和，爆发大规模战争的可能性减小，但世界上各种矛盾依然存在，中小规模的局部战争、武装冲突连绵不断。特别是在经济全球化的大背景下，世界各国对海洋资源日益关注，海洋权益的争夺也日渐激烈。要想和平，就必须准备战争。只有做好充分的准备，才能对对手产生巨大的威慑作用。因此，为了遏止战争，必须坚持积极威慑的原则，运用海上威慑降低战争爆发的可能性，有效维护国家安全和海洋权益。在和平时期，积极采取军事演习、舰队出访、新型武器试验等威慑手段，有针对性地遏制对手，在海上危机可能发生前实施积极主动的海上威慑，力争把海上危机和冲突消灭在萌芽状态。另外，当发生海上军事冲突和突发事件时，必须以积极的威慑手段来争取战略主动权。只有获得了战略主动权，才能赢得战争的胜利。

（二）整体威慑的原则

一切军事行动都必须服从国家利益，海上威慑是国家军事斗争的重要组成部分，受国家政治、经济、外交斗争的制约和影响，只有从国家利益和军事斗争全局进行筹划，才能全面掌握对方的弱点和要害，充分考虑己方现有海上威慑力量的实力，才能增强海上威慑的威力。实施海上威慑，必须站在国家利益的高度，精心策划，整体考虑，谨慎从事。要对海上威慑力量实行集中统一领导，对各种海上威慑手段和方式进行总体协调，对海上威慑行动进行统一指挥。

现代海上局部战争和海上武装冲突的多元化、多层次、复杂性，决定了依靠单一的军事威慑必然会使己方的威慑出现漏洞和弱点，不足以形成有效的威慑，难以达到预期的效果。因此，要综合运用多种威慑手段，使各种威慑手段相互配合，形成威慑的整体合力。海上威慑应与其他军事威慑以及政治、经济、外交等斗争领域紧密配合，创造有利的斗争环境和条件，形成对所威慑对象的全方位压力，从而增加威慑的效果。

（三）谋略威慑的原则

具备海上威慑力量，并不等于就具备了军事威慑能力，只有将这种实力转化为现实的军事威慑力，才能达到并实现海上威慑的目的。这就要求军事指挥者发挥和运用谋略，把海上威慑实力最有效地展现在敌人面前，形成现实的威慑之势。在海上军事斗争中，斗争双方呈现均势的情况下，如果一方能采取运用谋略，发挥军事威慑的作用，使对方感到继续对抗将得不偿失，就可以动摇其意志和决心。在斗争双方呈现非均势的情况下，如果强者采取了正确的海上威慑手段，则可以以较小的代价达到威慑目的，反之，如果弱者运用谋略得当，就可能出现由弱到强的转化。

世界各国在海上军事斗争中，十分重视运用谋略，争取实现威慑目标。如何寻找并抓住对方心理上的弱点展开有效的威慑，使其心理出现恐惧、震撼而意志崩溃，进而达成政治、军事目的，是威慑成败的关键。在运用海上威慑时，必须注重审时度势，施计定策，善于露锋藏拙，充分显示能够使对方闻风丧胆的意志和能力，特别是在军事上处于劣势和被动地位时，善于制造威慑气势，善于趋利避害，创造性地调动一切制胜因素，显示自身优势，充分利用自身特点，能动地制造出一种有利于己而不利于敌的斗争态势，进而夺取全局优势和主动地位。

（四）重点威慑的原则

海上军事斗争错综复杂，一个时期内一个国家可能面临多个对手。当同时面临多种威胁或数个对手时，应区分轻重缓急、主次先后。必须明确一个主要威胁对象，以便集中力量对付威胁和危害最大的对手。慑止了主要威慑对象，对次要威胁对象也是一种震慑。如果不区分主要威胁对象进行重点威慑，将无法集中己方的力量，造成兵力分散，不能对主要威胁对象形成威慑优势，也就不能达成威慑效果，反而会被对手遏制。

通常情况下，一个国家根据受敌威胁的程度和方向、敌我军事企图、态势以及国际环境来确定主要威慑方向。一般来说，选择最有利于达成威慑目的海域，或最利于达成有效震撼和瓦解对手的海域作为主要威慑方向。如果没有规定正确的主要威慑方向，海上军事力量就无法投入到实现军事威慑目的的行动中。只有正确选择了主要威慑海域，才能确保在主要威慑方向上集中力量，顺利达成威慑之势。

对主要威慑方向和主要威慑对象，平时要有针对性地搞好军事预置，将重要的战备物资、装备事先部署于主要威慑方向，必要时可加大海上威慑的力度，实施针对性很强的重点威慑。把海上威慑兵力部署在对敌直接威胁的海域，作出随时准备战争的态势，使其真正认识到，一旦发生海上局部战争，可能产生不利的后果，从而遏制其可能对己方采取的军事行动。实施海上威慑，还必须针对对方的弱点，做到有的放矢，慑其要害，以提高威慑的可信度和震慑力。

（五）机动威慑的原则

机动性强是海上威慑力量区别于陆基军事威慑力量的主要特点。充分发挥海上威慑力量的机动性，不仅可以对敌意想不到的海域构成威胁，而且可以提高己方军事威慑力量的生存能力，增加威慑的可靠性。美国海军十分重视利用海军兵力的机动性发挥威慑作用。每当海上和海外发生危机事件，美海军航空母舰编队能快速机动，及时赶到，起到了较好的威慑效果。此外，实施机动威慑，加强海上威慑兵力的大纵深机动部署，可起到增强威慑效果的作用。平时保持少量的兵力在近海域前沿活动，形势紧张时可根据威胁程度增加前出的威慑兵力，这不失为一种最佳的战略选择。

第二章

影响与制约海上威慑运用的主要因素

海上威慑作为一种军事对抗，充满着有形的实力较量，更凝聚着无形的智慧角逐，是避免战争爆发的一种重要手段。但世界各国在实施海上威慑时受到主观和客观两方面因素的影响和制约：客观因素主要指国家海上利益、科学技术、海上力量、海上战略环境等；主观因素主要是指政治、经济、国家海上战略等。主客观两种因素对实施海上威慑起着重要作用。具体来讲，政治决定海上威慑的基本性质和目的，经济实力是实施海上威慑的根本支撑，国家海上利益是实施海上威慑的根本动因，科学技术进步是海上威慑发展的内在动力，国家海上战略主导着海上威慑战略的运用，海上军事力量是实施海上威慑的客观基础，海上战略环境是制定海上威慑行动的直接依据。

一、政治和经济因素

战争是政治的继续，是达成政治目的的特殊手段。同样，实施海上威慑无法脱离政治为其规定的轨道，始终要受到政治目的的支配和影响。可以说，海上威慑是政治斗争的高级阶段，它作为海上军事斗争的方略，必然要受到政治的影响和制约。

政治制约着军事威慑行动，决定军事威慑的性质和目的。海上威慑作为军事威慑的一部分，同样服从服务于政治。海上威慑是一种军事战略，是为实现国家政治目的服务的。实施海上威慑战略能否获得成功，主要取决于政治目的与军事手段能否正确结合。

政治对海上威慑的制约与影响是多方面的。其中，政治决定着实施海上威慑的目的。在海上军事斗争中，每一方都力图通过海上军事手段来达到自己的政治目的。海上威慑服从于政治目的，完全依赖于政治需要。海上威慑与政治紧密相联，它来源于政治，并为政治服务，政治对海上威慑的主导作用在于政治规定着海上威慑的最终目的，实施海上威慑的最终目的是确保国家政治目的和利益的实现。可见，海上威慑的目的是随政治目的的变化而变化，离开政治指导的海上威慑是没有基础的。同时，海上威慑所显示的不仅是海上军事力量之间的抗衡，而是国家之间政治的较量。在政治主导海上威慑决策的过程中，海上威慑对政治具有反作用，实施适时的海上威慑行动可以促使旧的政治矛盾解决，新的政治关系出现，而实施错误的海上威慑行动可能使矛盾进一步激化，从而酝酿和导致更为严重的政治冲突乃至海上局部战争。

政治决定着海上威慑的性质。实施海上威慑行动是为国家和国家集团的政治服务的，一个国家的政治必然决定着实施海上威慑的性质。不同的阶级、国家、国家集团之间，有着各自的利益和追求，即政治目的。而政治目的又决定着海上威慑的性质，政治目的发生变化，海上威慑的性质就会随之改变。实施海上威慑行动正是为适应不同的政治目的及其变化而制定的。霸权主义国家奉行的是霸权主义政治，为推行扩张政策，实现称霸目的，所进行的海上威慑行动必然是非正义的、侵略性质的行为。爱好和平的国家奉行的是维护和平、反对霸权、坚持独立自主的政治，这就决定了实施海上威慑是为了维护国家主权和领土完整、抵御外来侵略，是一种正义的、反侵略的行为。

从人类海上军事斗争的发展史看，一直存在着两种性质不同的海上威慑：一是实施侵略性与扩张性的海上威慑；二是实施防御性与自卫性的海上威慑。

例如，古代地中海沿岸一些国家、城邦所进行的一系列海上军事活动，其目的都是为争夺地中海的海上霸权，其海上威慑实践的性质显然是征服性和侵略性的。

又如，16 世纪后爆发了欧洲海洋强国在全球范围内进行的大规模海上军事活动，展开了长达数百年之久的一轮又一轮的制海权争夺，其目的都是为其向海外扩张、掠夺和侵略殖民主义政策服务的，这些国家实施海上威慑的性质必然是侵略性和扩张性的。

再如，19 世纪末至 20 世纪初，世界资本主义进入帝国主义阶段，一些主要资本主义国家纷纷奉行向外侵略与扩张的政策，以重新划分世界势力范围和争夺世界主要原料市场。这些国家实施海上威慑带有浓厚的侵略与扩张的色彩。第二次世界大战结束后，那些奉行侵略扩张政策的超级大国，为了争夺世界霸权，在海上进行了激烈的角逐，制定了带有浓厚的侵略性和进攻性的海上威慑战略。

政治制约和影响着海上威慑行动的制定与实施、海上威慑目标的确定、海上力量运用和海上威慑方式。海上威慑的政治基础取决于国家价值观、政治信念、政治态度以及政治行为等方面的一致性。占统治地位的政治力量和利益集团的意识形态，对海上威慑计划的制定和行动的实施有着决定性的影响。同时，海上威慑作为实现政治目的的手段，决定了政治目的实现都必须以海上军事力量为基础。一个国家首先要根据自己本国的利益制定政治目标，但提出的政治目标能否实现，实现到什么程度，取决于海上威慑力量的强弱，以及对海上威慑力量运用程度。在实施海上威慑时，必须考虑到本国的海上威慑力量，只有当海上威慑目的与海上威慑力量相适应时，政治目的才有实现的可能。

经济实力是一个国家硬实力的根本要素，也是实施海上威慑的根本支撑。戈尔什科夫在《国家海上威力》一书中深刻指出：“海军是一个国家经济发展水平的标志”，“海军的每一艘舰艇，都是一个国家科技水平和工业发展水平的标志，也是其现实军事威力的标志”。这充分说明了海上军事力量建设发展对国家经济因素的依赖，实施海上威慑的能力受到国家经济发展水平的制约。同时，我们应看到，并非所有的濒海国家都能建成一支与国家海上利益需要相适应的海上威慑力量，原因是多方面的，其中一个重要的原因，就是缺乏足够的经济实力作为支撑。相反，经济实力的强大，必然为建立强大的海上威慑力量提供有力的支撑。例如，19 世纪，大英帝国的工业潜力超过欧洲的一半，垄断了世界海上贸易的40%，强大的经济实力，使英国拥有了世界一流的海上军事力量；1914 年，德国的钢产量超过英、法、俄三国之和，使它有能力扩军备战，发动世界大战，将数百条潜艇投入大西洋，挑战欧洲国家，妄想重新瓜分世界。进入 20 世纪，美国后来居上，经济实力超过其宗主国英国，使之有能力控制两洋，称霸全球，成为最有资格、最有能力实施海上军事威慑的国家。历史证明，经济实力越强，实施海上威慑行动的成功系数就越高，反之，实施海上威慑行动的成功系数就会降低。

二、国家海上利益

维护国家海上利益是实施海上威慑行动的根本动因。正确认识维护国家海上利益是制定战略的基础，也是实施海上威慑的前提。在海上方向，濒海国家要保障自身的生存和发展，必须为争取和维护国家生存与发展而斗争。维护国家海上利益是确定战略决策、选择海上威慑目标的基本依据，对海上威慑对象和目标的确定，实质上是国家利益在海上方向的具体化，是一个国家在海上方向利益的集中反映。

经济全球化不仅为一个国家的和平发展提供了历史机遇，同时也使国家之间的安全利益呈现出“零和”与“非零和”共存的特性。国家间在相互依赖的同时，相互竞争的一面也在上升。这种相互竞争因素的存在，则决定了国家的安全利益不可侵犯。世界各国实施海上威慑行动都是从自身利益出发，为维护国家海上利益服务的。每个国家在谋求自身安全时，有可能成为别国安全的威胁，或者被别国看做是威胁。因此，世界各国宁可相信自己的实力，加紧发展军备，也不会完全相信他国的和平承诺，这就形成了世界各国竞相加强军事建设的局面。国家之间军事斗争中对抗是否剧烈，同盟之间联合是否紧密，很大程度上取决于国家之间的利益关系，当它们之间某些方面的利益矛盾消除之后，军事对抗便会淡化或消失。

国家海上利益是决定一个国家海上战略走向的基本依据。在当今世界各国相互依存不断加深、国家海上利益相互交织的时代，为了避免两败俱伤，世界多数国家极力避免人类生存的激烈冲突，特别是大规模战争，而是采取军事威慑、显示武力等非战争军事行动来维护自身安全。自冷战结束后，国际形势发生了根本变化，战争不再是解决国家和民族之间矛盾的首要选择，世界各国开始选择对本国最有利的手段，即采取威慑手段迫使对方屈服，使国家利益达到最大化。

一个濒海国家在决定运用海上威慑手段解决海上问题时，主要考虑其国家海上利益是否受到威胁，受到多大程度的威胁，其目的不是要打赢战争，而是要遏制战争。由海上利益引发的矛盾可以用战争方式解决，也可以用非战争方式解决。实施海上威慑实质上是解决一个国家间或社会集团间的利益冲突，而国家海上利益不仅成为决定是否实施海上威慑的重要因素，而且还制约着海上威慑发展的全过程。决策者要随时根据自身利益得失，控制实施海上威慑的进程，或者降低海上威慑的强度。

俄日北方四岛之争就是国家海上利益之争最好的例子。面积共5036平方千米的北方四岛（此为日本说法，即择捉、色丹、齿舞、国后四岛，俄罗斯称之为南千岛群岛），仅为俄国土面积的0.029%，且经济欠发达。就是如此弹丸之地，俄日之间相争却延续了400余年，如今愈演愈烈。俄罗斯态度十分强硬，对此寸步不让，正如俄罗斯总理普京所说，“俄罗斯是世界上领土最大的国家，但没有一寸领土是多余的”。

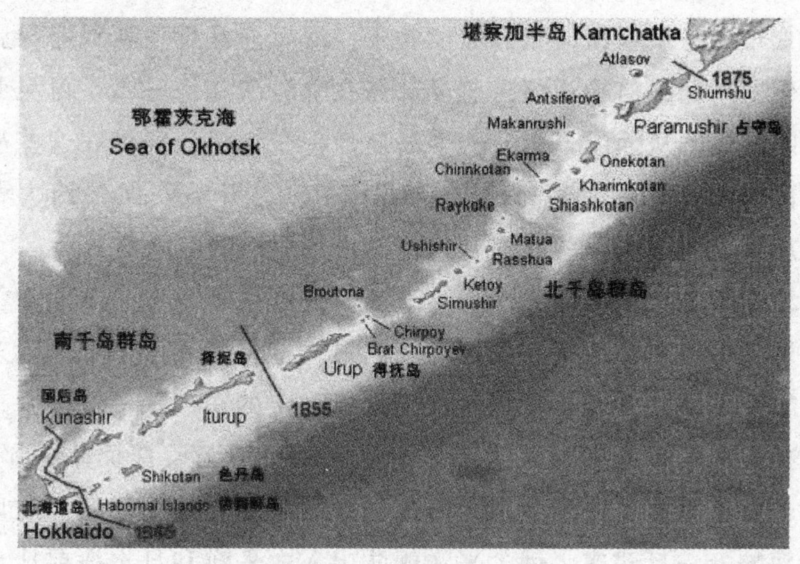

北方四岛

俄日北方四岛之争的原因主要有两个方面：

一是具有丰厚的经济利益。随着20世纪80年代“蓝色运动”的兴起，海洋资源愈加受到关注。日本所称的北方四岛（俄称南千岛群岛）蕴藏丰富资源，具有巨大经济价值，已探明的天然气、石油、有色金属和商业矿石的储备相当丰富。有报道称，目前已探测出大约蕴藏着16亿吨的石油、1867吨黄金、9284吨白银、397万吨钛、2.73亿吨铁以及稀有金属铼等，四岛及大陆架总资源价值达500亿美元。除此之外，其附近海域的渔业资源也相当丰富。

二是具有重要军事价值。俄日争议岛屿虽小，其北接俄堪察加半岛，南临日本北海道，是鄂霍次克海和太平洋之间的一道天然大门，战略地位极其重要，是俄海军出入太平洋的有利出海口。俄罗斯海军出海口条件并不好，鄂霍次克海虽相对封闭，但出鄂霍次克海，经择捉、国后海峡可以直接到太平洋，这是俄太平洋舰队避免美日封锁而出入太平洋的重要战略通道，对于俄罗斯国家安全和军事战略都有极其重要的作用。北方四岛是俄罗斯巨大的战略屏障。堪察加半岛是俄罗斯的核武器试验场，库页岛是俄罗斯战略导弹基地，俄罗斯的战略导弹核潜艇都部署在鄂霍次克海一带，可见此处的战略分量。从地图上看，四个岛就像一个栅栏，屏护在这些战略要地的外围。如果这些岛屿归还给日本，在日美安保条约大背景下，就像是美国布下的一道长索，勒在俄罗斯的脖子上。

北方四岛的军事价值，还在于不仅是监视日本海、空军自卫队和美国太平洋舰队战机、舰船活动的最佳地点，还是俄罗斯远东地区最重要的情报阵地，可以对日美形成一定的军事威慑。俄罗斯准备在择捉岛的单冠湾建设大型基地，因为单冠湾直接面临太平洋，同时也接近日本，便于穿越北海道与日本本岛之间的津轻海峡以及对马海峡。一旦建成，俄太平洋舰队出入太平洋和日本海要比现在俄太平洋舰队基地所在的海参崴更为便利，可对日美形成直接威慑。

海军是国际性军种，其活动具有良好的机动性、较强的可控性和极大的灵活性，是维护国家海上利益的主要力量。根据国际海洋法规定，海军军舰在国际场合享有外交豁免权，生活在军舰上，就拥有生活在自己国土上同等的权利，因此，军舰被称为“流动的国土”，海军在一些国际场合的活动，代表的是国家，直接体现的是国家意志，是支持国家政治外交斗争的重要力量。一般来说，政治外交和海上事件大多繁而复杂，处理起来难度相对较大，需要较长时间，而海军核动力舰艇可在海上驻留半年至一年之久，因此，海军为了配合国家外交，可以靠近某国的公海海域长时间驻留，保持一种持续而强大的压力，增强政治外交筹码，获取更大的国家利益。

三、国家海上战略

国家海上战略的确定是以维护海上安全与发展为根本目标的。要实现这个目标，势必要求包括海上威慑等各种军事活动形式和手段，要与所追求的效果相协调、相一致。也就是说，通过武力、间接压力、外交以及其他手段，对敌方施压，以实现国家安全与发展利益。

国家海上战略决定着海上威慑力量的建设规模。国家海上战略事关海上方向的安全和发展，是实施海上威慑战略的基本依据。海上威慑应以国家海上战略为指导，服从、服务于海上战略。海上威慑与国家海上战略之间是手段与目的、局部与全局的关系，它们之间相互联系、相互制约。确定了海上军事斗争的战略目的，也就基本上确定了海上军事力量所担负的战略任务。因此，实施海上威慑必须要以国家海上战略为指导，站在国家战略的高度，以政治家、战略家的高超智慧和雄才胆略，长远规划，宏观把握，整体布局，把维护国家海上安全和发展、实现国家海洋利益最大化作为根本出发点和最高准则，与政治、经济、军事、外交、文化等各种斗争紧密配合，相互支撑，共同促进国家海上战略目标的实现。反之，如果海上威慑脱离了国家海上战略，那么，即使海上威慑目标实现了，对于国家海上战略并无裨益，甚至还会导致国家在海上方向的根本利益和长远利益的丧失。

国家海上战略决定着海上威慑力量的建设与运用。纵观人类的军事活动史，所表现出来的以打击为手段的暴力行动和以威慑为手段的非暴力行动这两种形式的选择和运用，完全取决于当时的客观形势和需要。虽然暴力手段的运用是实现军事目的最有效、最基本的途径，但在和平时期，暴力显然与世界的发展潮流和国家根本利益不相吻合。因为，任何超过限度的暴力，都将破坏海洋现有的和平状态，使之向战争方向发展，以致影响各国海上战略目标的实现。为了追求国家海上战略的最佳效应，在大规模使用暴力不利于解决海洋问题和矛盾的情况下，实施海上威慑就成为和平时期国家为实现预定目标而采取的一种特殊的、切实可行的军事斗争手段。

不同类型、不同性质的国家海上战略，对海上威慑力量的类型、性质以及建设与运用都起着直接的决定作用。但不论属于何种类型和性质的国家海上战略，对海上威慑力量来说，都具有宏观定向的作用。海上战略中所规定的目标、方针、指导思想和原则，都是海上威慑力量建设和运用必须遵循的准则。

四、海上军事力量

海上军事力量是维护国家海上安全的后盾，是在海上方向实施战略性威慑行动的实力展现，是实现海上威慑目标的主要力量，没有强大的海上军事实力作基础的威慑只能是“空中楼阁”。

在海上军事对抗过程中，海上军事力量往往不是分散地发挥作用，也不是以分散的力量参与海上威慑的过程，而是形成整体海上威慑力量，使对方产生巨大的震慑感。海上军事力量的强弱主要是由地缘环境、经济实力、科技水平等多种因素决定的，这些因素构成了海上威慑决策者指挥活动的舞台，海上威慑目标的选择和海上威慑任务的达成，都必须与海上军事力量所提供的物质条件相适应。海上军事力量越强大，海上威慑决策者确定海上威慑目标的视野就越开阔，选择海上威慑手段就越多样化，海上威慑的效果就越好。因此，加强海上军事力量建设，是提高海上威慑能力的根本。

实施海上威慑不是空泛的、抽象的，而是实际的、具体的，必须借助一定的方法和手段来实现。海上军事力量是一个国家或政治、军事集团进行海上威慑行动的主要力量，是达成国家政治、经济目的的战略力量之一。海军作为进行海上军事威慑的主要力量，是能够通过单一军种行动达成国家政治目的的军种，能够在你死我活的海战场搏斗或迫敌屈服，或置敌于死地，通过实施海上军事威慑，慑止敌国可能的侵略，实现维护国家海上利益的国家政治目的，还可以通过舰艇出国访问，支持国家政治外交斗争，树立国际形象，支撑国家的大国、强国地位。

地球表面积约为 5.1 亿平方千米，其中海洋的面积近 3.6 亿平方千米，约占地球表面积的 71%。世界上 196 个国家和地区，除 20 多个内陆国家外，绝大多数国家都濒临海洋，即使是内陆国家，其距海洋也不超过 1000 公里。海军是一个主要以海洋空间为活动场所的军种，除了各沿海国家规定的领海外，所有海洋水域都具有公共可航行的国际性质，海军依靠海洋这一国际媒介物，可以自由航行在广阔的大洋上，到达遥远的他国港口，战时能够广泛地在海洋上机动，接近敌国领海，对其实施军事威慑。

美国海军战略理论家马汉早在 19 世纪末就总结出这样一个道理："海洋提供了广阔的水上公路，四通八达，便于通商"，"利用海洋是国家繁荣富强的必由之路"，"所有帝国的兴衰，决定性的因素在于是否控制了海洋"，"谁控制了海洋，谁就控制了世界贸易；谁控制了世界贸易，谁就控制了世界财富，从而也就控制了世界本身"。海军作为一个主要在海洋上活动的军种，根据 1982 年《联合国海洋法公约》规定的在世界公海自由航行的权利，特别是对一些国际性水域过境通行权，可以在不侵犯任何其他国家主权的情况下，直达事发国，从而使海军不分平时和战时，都能在全球范围内使用。这种全球范围内使用主要表现在：平时，海军在海洋上自由游弋，可以驶入一个濒海国家领海以外显示存在，进行战略威慑，达成一定政治目的；战时，能够广泛地在海洋上机动，接近敌国领海，对其实施威慑和打击，或借助现代远程精确打击武器，在海洋上对内陆国家的纵深目标实施攻击，通过武力方式，实现国家的政治目的。海军这种依靠自己单一力量在平时或战时达成国家政治目的的军种，是其他军种不可比拟的。

海军作为海上军事力量执行海上威慑的主体，既是海上威慑决策指导的具体对象，又是实现海上威慑目的、完成海上威慑任务的主体，其运用的可行性和可靠性，是达成海上威慑目标、实施海上威慑行动的立足点，其能力和水平应与海上威慑的任务和要求相适应，否则就难以实现既定的海上威慑目标。海上军事斗争实践证明，无论是实战还是威慑，都必须以足够的海上军事力量作为基础，只有不断地提高海上军事力量的能力，使之达到海上威慑的要求，才能为实施海上威慑提供坚实可靠的力量保证。

海上方向安全形势的复杂性和严峻性，使得世界各国不断发展海上军事力量，促使海上威慑行动方式有所改变，尤其是军事技术与武器装备的发展，往往会引起海上军事力量对比发生变化，促使地区性或全球性的海洋形势出现某些波动或新的动荡。核武器、精确制导武器、空间武器等高技术武器装备的不断出现，及其所具有的远程精确打击力、快速投送力、超常毁伤力，为迅速达成战略目的提供了有效手段，对实施海上威慑的成功与否起到了决定性作用。例如，核潜艇的威力足以使对手心理产生强烈的震慑感。可以说，新式武器的出现，促使海战场发生变化，并对运用海上威慑遏制战争的爆发具有重大的影响。

五、海上战略环境

海上战略环境是实施海上威慑行动的直接依据。所谓海上战略环境，是指海洋国家和地区在战略利益方面的矛盾、斗争或相互依存、合作的全面状况及其发展趋势。对于决策者来说，认识和分析海上战略环境，是正确实施海上威慑行动的先决条件。这里所说的海上战略环境是指在一定历史时期内，海上方向主权国家所面临的政治、经济、军事等诸多方面的形势。分析一个主权国家面临的海上战略环境，目的在于厘清影响国家安全与发展的有利和不利因素，认清国家面临的威胁和阻碍战略目标实现的因素，明确敌、我、友。只有对本国所处的海上战略环境进行准确的分析与评价，才能判明威胁的可能性、性质、来源、程度等，才能有针对性地实施海上威慑，趋利避害，有的放矢地维护国家海上利益。

首先，海洋地理条件对各国海上威慑力量的战略运用有着重大的影响与制约作用。一个国家的海上威慑力量无论是实行战略进攻还是战略防御，都要受到海洋地理条件的影响与制约。例如，世界上一些海洋岛屿在海上军事斗争中历来都具有重要的战略价值，是许多海洋国家必争的重要目标。一个国家若能在这些海洋岛屿上部署兵力兵器，就能够扼守海洋交通线和控制周围大片的海域，随时威慑着过往的舰船，同时，这些岛屿还能作为舰队的前进基地或补给基地。例如，太平洋的夏威夷群岛、中途岛、瓜达尔卡纳尔岛、塞班岛、冲绳岛、南海诸岛、台湾岛、地中海的马耳他岛、西西里岛、南大西洋的马尔维纳斯岛等，都是一些颇具战略价值的海洋岛屿，历来为各国所重视。海峡与水道，特别是那些作为陆地重要城市的门户和海上战略交通线的咽喉要点的海峡水道，在实施海上威慑中显得十分重要，部署在两岸的兵力和预设在海峡水道的舰船可以威胁通过海峡水道的敌方，能够在海峡水道的一侧或两侧对敌方实施封锁与打击，阻止别国舰艇或海上运输船只的通过。冷战时期，美国在与苏联进行全球争霸过程中，为掌握世界主要海域的制海权，曾经宣布战时要控制世界 16 个具有重要战略价值的海峡与水道，以便削减苏联的海上威慑力量。

其次，国际战略格局变化与海上威慑运用有着密切的联系。国际战略格局是在一定时期内，主要国家或国家集团的实力之间相互作用、相互影响而构成的具有全局性和相对稳定的基本结构。正确认识世界大国和主要行为体之间相互作用而构筑的格局，把握国际格局的发展趋势，是判断一个国家海上战略环境的重要参数，是实施海上威慑的重要依据。只要大国之间的实力对比不发生根本性变化，国际战略格局就不会出现质的变化，而一旦出现实力的不平衡，原有的格局可能就会瓦解，旧的国际战略格局就会随之消失，新战略格局就会出现。新旧格局的交替是一种必然现象，新的战略格局中的矛盾与旧的战略格局的矛盾会在一个时期内并存，世界在战略格局转换时期，海上威慑力量的对比也将随之发生变化，各种海上军事力量重新分化组合、各种矛盾错综复杂地交织在一起，世界局势的发展增加大量的不确定因素。霸权主义推行单边主义政策和强权政治对世界和平仍然构成严重威胁，各种不安定因素对一些国家和地区形成的综合威胁正在加大。大国之间运用海上威慑手段进行军事对抗的可能性依然存在，局部地区也存在着爆发冲突和危机的可能性，一旦发生利益冲突或军事冲突，各方将根据自身海上军事实力在海洋展开较量。

再次，海上周边安全形势直接影响着海上威慑的运用。对于一个濒海国家来说，海上周边安全形势将直接、间接影响本国安全。利益矛盾、政策企图、军力及部署是周边安全形势中的三个重要因素，直接影响着海上威慑的运用。海上周边国家与本国的利益矛盾，可能导致对本国威胁而引发海上冲突。这些利益矛盾，常常表现在主权归属、海域划界和海洋权益争议，意识形态或对外政策分歧，民族、宗教纠纷以及其他经济权益纷争等方面。国家间有关海洋权益的历史性争端，涉及国家主权和民族尊严，如不能正确处理，或受他方挑拨和利用，就可能导致冲突和军事较量。如果周边国家用和平的方式寻求解决利益矛盾，双方有可能化剑为犁。另外，周边国家海上军事力量的强弱和部署的轻重会直接影响威慑运用的效果。总之，周边国家海上军事力量规模和部署的方向、重点及性质，会在一定程度上反映出各国政策、企图的基本趋向，对实施海上威慑有着直接的影响。

六、科学技术进步

几千年来，科学技术进步始终是推动海上军事力量建设与运用发展的主要因素之一。从桨船舰队发展至帆船舰队，再发展为机械动力舰队、核动力舰队的历史演变过程，可以清楚地看到科学技术推动作用的历史轨迹。

桨船舰队曾经主宰长达2000多年的海战史。由于科学技术水平低下，桨船的吨位小、抗风力差，主要靠人工划动桨橹行船，而使用的武器都是冷兵器，因而海上作战方式方法主要为近距离的投射战、接舷战和撞击战，作战海域都是在视距内的沿岸海区进行，这种状况就决定了海上威慑力的不足。

16世纪后，随着产业革命发展，欧洲各国相继进入资本主义时期，社会生产力迅猛发展和科学技术水平不断提高，世界海军迎来了帆船舰队时代。由于舰队能够长时间地在距岸较远的海域执行各种作战任务，舰炮的性能日臻完善，舰队的机动力和火力大大提高，从而提高了海上威慑力。海军从沿岸、近海走向了大洋，海洋强国间大规模的海战不断发生，海上威慑力达到一定的战略层次。在工业革命浪潮的推动下，世界海军于19世纪进入了机械动力舰队时代，科学技术水平的极大提高引起了海战的革命，出现了巡洋舰、战列舰等新舰种，以重型战列舰、巡洋舰等主力舰为中心的“舰队主力决战”战略思想占据了统治地位。19世纪末20世纪初，随着一系列新技术广泛应用于海军武器装备，装甲、线膛炮、旋转炮塔、鱼雷、水雷等新式武器装备的发明与使用，极大地提高了海上威慑力，使得传统的“舰队主力决战”战略思想开始动摇。在两次世界大战中，随着潜艇和航空母舰的出现，海上军事斗争扩展到包括水下、水面和海上空中在内的整个海洋空间，极大地改变了传统海战的作战方式、方法，导致长期以来处于统治地位的以战列舰为中心的“舰队主力决战”战略思想逐渐“寿终正寝”，以潜艇和舰载航空兵为主要打击力量的“水面、水下和海上空中综合打击”的战略思想得到认可和发展，海上兵力的战略运用出现了许多新的方式方法。正如恩格斯指出的：“一旦技术上的进步可以用于军事目的并且已经用于军事目的，它们便立刻几乎强制地，而且往往是违反指挥官的意志而引起作战方式上的改变甚至变革。”

第二次世界大战结束后，随着核技术的迅速发展及在海军主要舰船动力和武器系统中的应用，美、苏、英、法等强国海军进入核舰队时代，拥有了高速及航程可远达世界各个水域的核动力航空母舰、巡洋舰、潜艇和各种大型舰艇，这种海上核威慑力量，大大提高了海军在平时迅速干预各种国际军事、政治危机的能力，使海上威慑运用范围得到极大的拓展。尤其是出现了用于水下隐蔽发射、射程足以覆盖世界各重要战略地区的“第二次核打击力量”——弹道导弹核潜艇及潜射战略核导弹，使得海军在那些争夺世界霸权和准备发动全球战争的超级大国和霸权主义国家中的战略威慑地位大大提高，成为拥有直接达成战争目的和影响战争进程与结局的战略威慑军种。

20 世纪 80 年代以后，以信息技术、新材料技术、新能源技术、生物工程技术、航天技术和海洋技术等为代表的高新技术群飞速发展，一场新军事技术革命也随之兴起，从而极大地推动着海军武器装备的飞速发展和海军战略运用手段的重大变革。科学技术作为影响与制约海上威慑的客观因素的作用越来越明显。海军武器装备向着导弹化、远程化和电子化方向加速发展，海上作战平台和武器系统的信息化程度越来越高，一个信息化舰队的时代正在到来，海上威慑力量运用的手段和方法发生新的重大变革。据此，世界各主要国家纷纷调整海上战略，以适应21世纪海洋战略环境挑战和日益激烈复杂的海上军事斗争的需要。

实施海上威慑是维护国家安全和发展的重要手段，科学技术的飞速发展，对提高海上威慑力带来深刻的影响，海上威慑的力量、范围、方式、效果发生了很大变化。

一是科学技术进步使海上威慑力量更加强大。海上威慑力量是实施海上威慑的物质基础和前提，是评估海上威慑能力的基本依据，是决心和意志的后盾。科学技术用于军事，促进了新武器的诞生，导致海上威慑力量的增强。当人类进入热兵器时代，特别是工业革命之后，先进的枪炮，以至后来的飞机、大舰巨炮，使海上威慑力量实现由人数向兵器的转变。核技术和火箭技术的问世，使人类进入核时代，核力量成为最具威力的海上威慑力量，直至今日仍然是世界不少国家梦寐以求的海上威慑力量。随着信息技术突飞猛进的发展，人类逐渐迈入信息时代，以信息技术为核心的高新技术群在武器装备领域广泛应用，新概念武器层出不穷，使海上威慑力出现了质的飞跃。正如科林斯在《大战略》一书中写道：“落后的巨大的危险在于敌人在技术上的突破，特别是在冲突光谱上端部分的技术突破（例如空间活动、核武器、崭新的动力与推进系统、生物战或细菌战、计算机方面的新成就、气象控制、激光应用等），可能使世界的对比立即发生惊人的变化。”这番话，充分说明了现代科学技术的进步促使海上威慑力量不断发展。

技术进步与武器发展对战争制胜机理产生了巨大的影响，衡量海上威慑力量的大小不但取决于兵力的多少和武器装备的摧毁能力，更取决于武器装备的精确攻击能力和生存能力。以信息技术为核心的高新技术群在武器装备领域广泛应用，大大提升了武器装备的精确打击能力和生存能力，从而使海上威慑力量不断增强。

二是科学技术进步使海上威慑运用范围更加广阔。海上威慑的运用范围包含有两层意思：一是海上力量的展示空间；二是海上威慑接受方（即被威慑者）的承受空间。海上威慑作用范围的扩展是随着战争空间的扩展而拓展的。战争空间是随着人类活动空间扩大而不断扩展的。科学技术的发展使战争空间由前方、后方、左邻、右邻的平面空间转变为陆、海、空、天、电的多维空间，海上威慑的作用范围也随之扩展到陆、海、空、天、电，甚至网络、心理空间。

在机械化战争中，由于飞机的问世和航空技术的发展，作战空间发生了第一次革命性变化，由陆海平面战场发展为陆海空三维一体的立体战场，作战范围为几百平方千米至上百万平方千米。到了信息化战争，随着航天技术特别是以计算机技术为核心的信息技术在战争中的应用，作战范围已达到无疆。如人类进入21世纪后的首场战争——阿富汗战争，虽然战争的主战场限制在65万平方千米的阿富汗境内，但战争的相关空间延伸到美国本土，甚至遍及全球。美军军用飞机从距阿富汗5000千米外的印度洋上的迪戈加西亚基地，甚至从本土起飞实施作战，空中有各种侦察预警飞机，外层空间有多颗卫星组成太空侦测网，全方位、全时段监视对方的所有行动。

科学技术的不断发展，极大扩展了人类的认知空间和活动空间，也扩展了战争空间和海上威慑空间，实施海上威慑方可以在更广阔的空间展示海上威慑力量，而被海上威慑方也要承受来在陆、海、空、天、电磁、网络、技术等自然和非自然空间的海上威慑，海上威慑的作用范围更加广阔。

三是科学技术进步使海上威慑手段更加灵活。海上威慑手段是和海上军事力量、海上威胁对象、海上战略环境等相联系的，有什么样的海上威慑力量，才能有与之相适合的手段。核武器出现之前，海上威慑手段只有使用单一的常规海上威慑，核武器产生之后，海上核威慑获得了空前的战略地位，随之问世的海上核威慑理论，从根本上影响了现代战略威慑理论的发展方向，海上核威慑战略不仅成为海上威慑战略的基础，同时也成为现代海上威慑战略的历史起点。

科学技术的发展，使核威力达到了登峰造极的地步，特别是以美国的“大规模报复”、“第一次打击”以及以苏联“火箭核战略”、“先发制人的打击”为代表的海上核威慑战略的出现，标志着海上核威慑方式达到一种极致。但是物极必反，由于核武器空前的杀伤破坏作用使之难以在实战中随意使用，难以作为达成战争目的的军事手段来加以选择，谁也不敢贸然发动核战争，使海上核威慑的可信度降低，因而也就限制了海上核威慑手段的使用。科学技术的发展使常规技术飞速发展，非核武器与核武器之间的差距进一步缩小，常规武器的威力不断增长。由于精确制导技术的发展，常规武器的精度不断提高，巡航导弹能按照预定程序，击中几千千米外的战略目标，而误差不会超过3米。运用海上常规威慑又重新登上历史舞台，成为重要的海上威慑手段。

随着信息武器技术、激光武器技术、动能武器技术、高功率微波武器技术、计算机网络攻防武器技术、空间作战飞行器技术和基因武器技术的发展，一批新概念武器技术逐渐走向实用。尤其是信息技术的日益成熟，犹如强力黏合剂，把海战场空间紧密地联系起来，使海战场围绕统一的作战目的形成不可分割的有机统一体，与作战对象相关的所有领域都将成为作战的场所，随之也产生了海上信息威慑、海上空间威慑、海上网络威慑、海上心理威慑等新的海上威慑方式。

由于科学技术的不断发展催生出新型武器装备，不断产生新的海上威慑方式，海上威慑方可以根据海上威胁对象，以及所期望达到的战略目标而使用不同的手段，使海上威慑的手段更加灵活。

四是科学技术进步使海上威慑效果不断增强。海上威慑的效果是与海上力量的强弱，特别是海上武器系统的威力和精度成正比的。高新技术的发展，使核武器的命中精度、杀伤威力、生存能力和常规武器的反应速度、自动化、智能化程度都不断提高，并具有超常规的杀伤破坏威力，特别是信息技术的飞速发展，基于信息技术的信息化武器装备与海上核威慑、海上常规威慑密切配合，海军武器系统的作战效能更是大幅提升。如美军在空间技术、精确定位技术、精确制导技术方面拥有绝对的优势，基于高新技术的武器装备不断投入战场，其海上威慑的效果也不断增强。如精确制导技术的发展，使美军可以超越空间的限制，选择数百千米乃至上万千米距离外的点状目标，使用精确制导武器对目标实施非接触情况下的精确打击。在打击时间上，可以对众多目标实施“脉冲式”重叠打击，使打击程度和效果依据需求而随机调整和控制。科学技术进步不仅提升了海上武器系统的威力和精度，也使更多的目标成为可能打击的对象，既可以是军队和支持战争运转的物质力量，也可以直接打击敌方的认知域，从而更加有力地震溃敌心理、动摇敌信念、剥夺敌意志，使海上威慑的效果不断增强。

总之，科学技术进步对海上威慑起到了积极的推动作用，使海上威慑力量更加强大，运用范围更加广泛，海上威慑手段更加灵活，海上威慑效果更好。在实施海上威慑时，必须审时度势，运用恰到好处。决策者要认识到，海上威慑的目的在于遏制战争，发挥最大的威慑作用，以“不战”而实现政治目的。海上威慑还需要外交手段作为补充，以利用海上威慑力量赢得有利时间，缓解双方的矛盾，最终使对方屈服。要注意不能滥用海上威慑手段，避免导致海上威慑行动失败，使自己陷于两难境地。

作为威慑承受方，要认识到海上威慑终究是一种维持现状的手段，所产生作用的载体是一种心理活动，海上威慑效果是否明显，海上威慑能否成功直接取决于海上威慑力特别是心理承受能力的大小。海上威慑实施方，使用不同的手段展示自己强大的海上军事力量，并通过舆论宣传、制造声势、杀一儆百等方式，使对方产生恐惧心理，最终屈服。然而，残酷的战争也证明了，真正决定对抗胜负的是人，而不是一两件高技术武器装备，要敢于维护本国利益，不为对手的威慑力所吓倒。

第三章

海上威慑运用的关键点

海上威慑作为海上军事斗争的一种形式，直接关系到战争与和平这样一个重大课题。海上威慑不同于实战，战争是双方相互诉诸武力，通过流血的战斗一决雌雄，而海上威慑通过一种特殊的心理战过程达成战略目的。具体来讲，就是能对同一客体多次施加影响，能深刻地影响人的心理、精神和思想观念，能起到武力所起不到的作用，它可以不破坏物质财富，也可以不直接杀伤敌人的肉体，但是，它可以瓦解敌人的士气，能使掌握武器的人放下武器，可以超越国境和物质界线，控制人的心理。

海上威慑运用是一门斗争艺术，未来海上军事斗争，要形成强有力的、有效的海上威慑，必须把握好海上威慑运用的关键点，即合理确定海上威慑目标，注重研究海上威慑对象，正确选择海上威慑方式，准确把握海上威慑时机，灵活控制海上威慑强度，使海上威慑运用达到最佳效果。在具体运用中，海上军事实力是进行海上威慑的基础，下定运用海上军事力量的决心是海上实力得以发挥威慑作用的重要因素，要将威慑信息准确无误地传递给对方，使潜在对手心理产生畏惧，不敢轻举妄动，威慑就成功了。

一、合理确定海上威慑目标

海上威慑目标制定合理与否直接影响威慑行动的成效。目标过低，将失去威慑的意义。目标过高，可能因为己方的威慑力量难以承受而导致威慑失灵，也可能刺激对方而引发军事对抗升级。对自卫的一方来说，反威慑斗争的对象是那些对自身安全构成威胁的敌国或敌对势力，目标是遏制其发动侵略战争或采取其他敌对行动。这一目标具有战略防御性质，没有超出自卫所必需的限度。它在国家安全环境的动态变化中发挥作用，其强度和水平与国家安全所受威胁的程度成正比，并与自身的国力、军力相适应。

海上威慑目标的确立必须服从服务于国家的总体战略，根据国家利益的需要确定威慑目标。要站在维护国家根本利益的战略高度，针对面临的威胁，及时准确判断敌战略企图，以增强威慑目标确立的针对性。一般来说，实施海上威慑的目的是，改善国家的战略安全环境，减少不安全、不稳定因素，遏制海上局部战争和武装冲突的爆发，使国家经济建设免遭破坏。另外，威慑方要根据双方的国力、军力确定海上威慑目标。如果与被威慑方在海上实力方面存在较大差距，不能把威慑目标定得过高。要考虑到，一旦发生正面冲突时，是否能够慑服对手，控制战争局面。

二、注重研究海上威慑对象

在实施海上威慑行动中，威慑对象往往是不相同的。对象的特点不同，威慑的方式也不一样。某些有效的威慑方法，对有的国家就不一定适用。所谓注重威慑对象的特点，就是分析威慑对象的多种信息，针对对手的情况，选择对手的要害目标和生存弱点，灵活实施威慑。

要全面了解威慑对象的情况，尤其要判明对方对威慑信息的接受程度和承受能力，如果对方对威慑信息置若罔闻，无动于衷，海上威慑的效果就差。在伊拉克战争、科索沃战争、阿富汗战争中，美国针对不同作战对象的特点，不断地调整着威慑手段。

例如，伊拉克战争中，来自美、英联军的海、陆、空、陆战队的战舰、战机和坦克大量集结，总兵力约30万人。其中，美陆军约25万人，各型战机1800架、7个航空母舰战斗群、战舰120余艘、战斧式巡航导弹1200余枚，英军约4.5万人。在以伊拉克为中心的方圆1000多万平方千米的地幅上空，调集了约90颗军用卫星，对伊进行全天候、全时空的侦察、监视。此次战争，美英联军几乎同时动用了陆、海、空军的作战力量，是自20世纪80年代以来历次局部战争中运用作战力量最多的一次。同时，军事部署与政治、外交攻势相配合，力求以压促变，对伊拉克当局施加巨大压力。一方面，美英大张旗鼓地向伊拉克周边地区部署兵力，并通过媒体公开报道美军的战前训练和演习，将作战准备行动转化为对伊当局和军民的心理压力，企图以压促变，达到“不战而屈人之兵”的效果。另一方面，通过在军事上制造“真打”之势，配合政治和外交攻势，寻求联合国授权，企图为对伊战争披上合法外衣，并充分利用联合国核查小组的核查结果，迫使伊拉克销毁了部分射程超过150千米、对美英联军构成较大威胁的“萨穆德”-2型导弹，为下一步的军事打击行动做好了铺垫。

所有这些，完全是一次海上军事实力的充分展示，旨在给对方造成巨大的心理震撼。在未来的海上局部战争中，必须要特别重视对威慑对象特点的研究，抓住对方的特点，有针对性地实施军事威慑，以便达到事半功倍的效果。

三、正确选择海上威慑方式

要取得理想的海上威慑效果，必须注重海上威慑方式方法的选择。对侵犯本国海洋权益、危害本国安全的入侵行动，要在自卫的立场上进行局部反击，做到不吃亏、不示弱；对战略性的试探，应持重不乱，处变不惊，通过实施威慑等手段的运用，充分显示自己的海上军事力量、作战准备和决心，迫敌知难而退；对因误会和事故而发生的偶发性事件，则应实事求是作出判断和处置。

海上威慑的方式多样、手段灵活，海上威慑方式的选择可以因时、因事、因人、因地而变化。海上威慑一般表现在“造势”、“示形”上。“造势”是在一定的实力基础上，充分利用各方面的因素和条件，能动地创造出一种有利于己而不利于敌的斗争态势，对敌形成“制其上”、“扼其重”、“撤其恃”、“摧其气”的声势和威力。“示形”就是“示威”，即把自身的力量和必要时使用力量的决心显示出来，在对手面前树立一个不可侵犯的形象，使其畏惧。“示形”，既可以表现出一种确定性，让对手从可以预见的严重后果面前知难而退，也可以表现出一种不确定性，让对手无法预见行动后果而无法定下行动的决心。具体来讲：

一是要拥有强大武器装备。选择使用能够对敌产生巨大摧毁力的“杀手锏”武器，能够“一招制敌”，从而达到威慑的效果。

二是要有坚定的决心和意志力。威慑的效果不仅仅取决于实力，但决心和意志力却具有重要的甚至是决定性的作用，这是被历史反复证明的。尤其是弱者对强者，其决心和意志力更为重要。

三是要有高超的谋略。以强对弱要运用好谋略，以弱对强更要强调在谋略上胜敌一筹。

此外，一个国家公开举行的海上军事演习、重大节日的阅兵、新式武器装备的试验和展示等，也都在一定程度上具有“造势”、“示形”的威慑含义。根据形势和任务的需要，灵活而恰当地运用这些方式方法，把海上军事力量的行动与谋略紧密结合起来，就能收到很好的威慑效果。

四、准确把握海上威慑时机

蓄谋的海上军事冲突和危机事件，一般都经过精心策划，带有比较明确的目的。对有意挑起海上冲突和制造海上危机的国家来说，其目的或是制造紧张局势以转移本国及世界舆论的视线；或是“蚕食”别国领土，掠夺资源和海上重要目标；或是炫耀武力以推行强权政治；或是为其霸权主义扩张以至发动侵略战争进行战略性试探寻找借口等等。在这种情况下，被迫作出反应的一方须沉着冷静地加以分析，以战略眼光作出判断，既要看到这种海上军事冲突和危机事件同战争的联系，又不把它等同于战争；既不孤立地就事论事，囿于局部而看不到全局，又不能因头脑发热而在全局上造成慌乱。

实施海上威慑的时机稍纵即逝，过早或过迟都将陷入被动局面，因此，要注重对时机的把握。一般来说，威慑手段的运用最好是在敌方尚处在进行军事选择和军事试探之时，此时向敌方显示自己的力量和决心，让敌方明白，如果采取某种行动可能招致严重后果，这样就可能使其难以达到威慑的效果，使其已形成的决心发生动摇而无法付诸实施。对海上威慑时机的把握，关键在于能否对敌方的行动意图作出准确的判断，特别是当敌方已有试探性举动时，不论其行动决心是否已经下定，都应及早发出明确无误的警告信号，以实力对其施加影响，从而动摇其行动的决心，达到遏制其行动的战略目的。

五、灵活控制海上威慑强度

实施海上威慑，根本目的是促使事态向有利于自己的方向转化。因此，实施海上威慑，一定要针对具体情况，灵活把握威慑强度。应针对不同的威慑对象，区分主次、轻重、缓急。如果处理不当，往往会导致事态恶化而成为战争的前奏、和平的断点。在大多数情况下，能用政治、外交手段解决问题的，就不动用军事手段，非用军事手段不可时，也要尽量控制在尽可能小的范围之内。特别是对国家整体安全环境产生全局性重大影响的海上军事冲突和危机事件，不能贸然行事。既要避免力度过大，导致事态扩大，甚至导致海上军事冲突和海上局部战争，又要避免力度过轻，以免达不到威慑目的。

例如，在马岛战争中，英国就是因为没有把握好威慑的强度，导致战争的爆发。马岛危机发生前，英国仅派出了2艘护卫舰和1艘核潜艇组成的小型特混编队，希望通过海上实力的显示来阻止阿根廷采取攻占马岛的行动。但由于威慑力量太弱，威慑强度不够，阿根廷没有因此而屈服，最后导致了战争的爆发。

要灵活运用各种形式实施海上威慑，例如，海上存在威慑、海上显示威慑、海上控制威慑和海上打击威慑。因为海上存在威慑主要是针对潜在的威慑对象，未发生海上武装冲突时。海上显示威慑既可以用于未发生冲突时威慑潜在的对手，又可以用于发生冲突时实施针对性的威慑。海上控制威慑主要用于危机爆发时，应对特定对手的威胁。海上打击威慑主要运用于其他威慑方式不能有效达成威慑目标的情况下。

在运用过程中应贯彻“灵活适度”原则，力争用较低的强度达成遏制目的，不能奏效时则视情提高威慑强度，直至达到目的为止。低强度威慑通常是面临威胁较小时，威慑手段主要是通过海上巡逻警戒、海战场建设等来实现。

中强度威慑通常在海洋权益受到侵犯情况下使用，主要是举行一定规模的海上军事演习、海上兵力部署调整、海上武器试验、控制海上交通线等。高强度威慑通常运用于敌方侵犯一国的海洋权益，对海上安全有重大威胁，而在实施中等强度威慑又未能奏效的情况下，主要是进行海上惩罚性打击。

六、科学处理海上威慑与实战的关系

信息化条件下，“海上威慑”与“实战”界限趋于模糊，却与实战的联系十分紧密。威慑是通过实力展示以影响敌方决策，严格来讲，这是一种非战行为，然而，信息化战争中，单纯的海上威慑与单纯的实战是不存在的。无论是进行政治、外交、经济行动，还是实施军事威慑，都已跳出了单纯威慑的范畴。

海上威慑力必须与实战力相结合，如果没有诉诸武力进行实战的决心，使对手感到这种决心是确实可信的，那么威慑力就会变得苍白无力。从某种程度上讲，海上威慑与实战呈现出相互交融、渗透、一体化的趋势，威慑中有实战，实战中有威慑。近年来几场高技术战争清楚地表明，缺乏了实战行动配合和支撑，威慑行动就会显得苍白无力，很难取得“屈人之兵”的成效，但这种作战行动又不同于机械化战争时代的“以消灭敌人有生力量”为主的单纯作战行动，作战目标、作战样式、作战方法等经过精心选择，力图通过最有限的实战来达成威慑的目的。未来信息化战争条件下，“屈人之兵”必将更多地通过有限的实战行动实现，小战可以慑大战，威慑与作战正日趋一体化，可见，海上威慑与实战的关系密不可分。

回顾千百年来人类的战争历史，从总体上看是一部崇尚威慑和实战相结合的战史。古代的世界著名军事统帅们，基本上都是以擅长武力征服而名垂史册。著名军事家克劳塞维茨认为，军事行动的基本目的是消灭敌人武装力量和摧毁敌人实力。他说：“消灭敌人军队是一切军事行动的基础，是一切行动最基本的支柱”，“用流血方式解决危机……是战争的长子”。

著名军事家克劳塞维茨

德国将领毛奇

与拿破仑同时代的俄国统帅苏沃洛夫，以及后来的德国将领毛奇、施利里芬等资产阶级战略大师，都无一例外地强调实战制胜是战争的真谛。美国的马汉、意大利的杜黑、英国的富勒等都以其远见卓识，开辟了新的战略领域而著称于世，而他们的战略理论也都是建立在实战的基石之上。

意大利空战理论家杜黑

英国著名将领富勒

在中国，战而胜之的战争理论比不战而胜的理论更系统、更丰富，形成了颇具生命力的一系列富于哲理的作战指导原则。如先计后战，谋定而后动；知彼知己，因情定策；先发制人，后发制人；先弱后强，各个击破；兵不厌诈，多方诱敌；以奇用兵，出奇制胜；我专敌分，以众击寡；兵贵神速，贵胜不贵久；等等。

这些都是我国古代兵学的杰出创造。回顾中国战争史，历代雄才大略、叱咤风云的帝王将帅，无一不是凭借武力而建立王业的。商汤迂回侧击，追歼夏桀；周武联合诸侯，兴师伐纣；秦皇兼并六国，统一中华；汉武北伐匈奴，消弭外患；唐宗南征北战，攘外安内；一代天骄成吉思汗，远征欧洲，所向披靡。这些都是武力征服和实战战略运用的典范。

几千年来，战争始终是解决民族与民族、国家与国家、阶级与阶级、政治集团与政治集团之间矛盾斗争的最高形式。实战思想之所以长盛不衰，绝不是出于军事家们对威慑思想的忽略或对实战战略的偏爱，恰恰相反，这是历史发展的必然。

在战争实践中，人们不断探索指导和进行战争的规律，寻求克敌制胜的手段与方法。但由于时代的局限，其战略视野还比较狭窄，战略手段还比较单一，不善于从大战略的角度，综合运用政治、军事、外交、经济等多种手段来迫使对方屈服，实现国家的战略目的。人们的战略思维模式也比较直观，更多的是注重军事力量的直接作用，即通过武力的运用，从肉体上、物质上消灭对方，来摧毁对方的意志和决心，而对军事力量的间接作用，即不必通过武力的使用，也不必消灭对方的肉体和物质基础，而只要通过显示实力，昭示一种恐怖的结局，就可以使敌人屈服于自己意志的战法并没有上升到重要地位。以往的伦理和价值观的标准是，只要能征服对方，己方付出的代价再高昂也是值得的，得不偿失的胜利同样值得追求。防御一方则认为，只要还有力量就应当进行抵抗，作困兽之斗，哪怕最终结局注定要失败，这种毫无意义的抵抗也被认为是有价值的。

在以阶级斗争为历史发展的年代，武力被反动统治阶级所崇尚，始终是他们镇压被压迫阶级的有力工具。实战思想在漫长的历史岁月中始终占据着战略的主导地位。20 世纪爆发的两次世界大战，把实战推向了顶峰。然而，盛极必衰，大战的浩劫使人们震惊不已，劫后余生的人们，痛定思痛，开始对传统的实战的价值产生怀疑，一种全新的威慑思想在世界范围内引起重视。

威慑与实战是军事斗争的两种主要方式。这既反映了人们对解决社会矛盾所进行的行为选择，也是当今武力解决矛盾惯用的双重行为方式。尽管战争对参战国来说会带来灾难性的损失，但战争终究是解决社会矛盾的最高手段，当采用非战争手段不能有效解决矛盾时，只有诉诸武力。

海上威慑是海上方向军事斗争的重要手段。作为一种对海上军事力量运用，威慑能在战争与和平之间充分发挥调整与控制作用。核威慑遏制了东西方集团激烈对抗所可能引发的世界大战，而常规威慑作为军事力量运用的一种方式，在海上局部战争爆发的前夕或海上军事冲突的过程中，也能起到“不战而屈人之兵”的作用。由于威慑既大大降低了实战的破坏性，又可能获得与实战方式相同甚至更好的效果。因此，当不能使用和平方式解决海洋矛盾和争端，而必须使用军事手段的时候，海上威慑就成为可采用的一种军事斗争方式。和平时期，海上威慑的地位和作用日趋上升，当今世界各主要濒海国家的海上战略，大多以实战作后盾，以威慑为先导。

值得注意的是，海上威慑并非都有制止战争的功能，当矛盾发展到非实战不能解决时，哪怕矛盾双方实力悬殊，实战也不可能避免。海上威慑不能取代实战的功能，当矛盾双方利益冲突发展到极度，又无其他方法可选择时，海上局部战争就会爆发，实战是解决矛盾的最后和最高手段。

例如，海湾战争从危机爆发、诉诸武力到战争结束的演变过程中，以美国为首的多国部队采取种种手段对伊拉克进行威慑，而统统失灵后，双方只好兵戎相见，战场上一决高下。

因此，实施海上威慑的一方，不仅要具备应付战争、赢得战争胜利的实战能力，还应具备遏制战争爆发、阻止战争升级、促使战争结束等威慑能力。

海上威慑不像实战那样，战争双方互相诉诸武力，通过流血的战斗一决雌雄，通过战斗、战役胜利的积累达成战略、战争的胜利。

海上威慑与实战是互为作用、相得益彰的。海上威慑作用的大小常常与实战能力的大小成正比，海上威慑战略的实现一定要建立在提高实战能力的基础上，真正有效的威慑多是靠实战打来的。

海上威慑要以实战能力为基础，特别是信息化条件下的海上威慑与实战界限趋于模糊，“不战而屈人之兵”往往离不开实战行动配合。近几场高技术战争清楚表明，缺乏实战行动的配合和支撑，海上威慑将变得苍白无力，很难取得“屈人之兵”的效果。

总之，威慑中有实战，实战中有威慑，威慑与实战相互交融、渗透的趋势日益明显。

第四章

海上核威慑和常规威慑

在海上威慑中，海上核威慑和海上常规威慑是两支举足轻重的威慑力量，好似巨人手中的两把利剑，无论平时和战时，都发挥着威慑作用。海上核威慑，是以海基核力量为核心在海上方向实施的军事威慑，称为海上威慑之盾。海上常规威慑，是以海上常规军事力量在海上实施的军事威慑，称为海上威慑之剑。

21 世纪，不再是冷战时期的核竞争，但核威慑的阴影并没有从地球上消失，一些国家依然在开发、研制新一代核武器。从海上安全形势看，军事竞争日益加剧，海上安全在国家安全与发展中的地位更加凸显，强国海军十分重视海基核力量的发展，大力发展核动力航空母舰和核动力潜艇，其目的是形成强大的海上核威慑力量。然而，由于海上威胁和冲突的多元化、多层次、多样性、复杂性，决定了仅靠单一的核威慑力量不足以形成有效的威慑，还必须大力发展海上常规威慑力量。新的科学技术在军事上的运用，使海上常规威慑力量呈现后来居上的发展势头，出现了“非常规化”的特点。从海上军事强国常规威慑力量的发展趋势看，非核战略武器逐步上升到与核战略武器同等重要的地位。将海上核威慑和海上常规威慑有机结合起来，形成海上整体威慑，不失是现代军事战略家的优先选择。

一、有限的海上核威慑

核威慑是核武器巨大杀伤破坏作用带来的威慑效应。自第一个核装置爆炸以来，核威慑的阴影就笼罩着全球。随着核技术的不断扩散，核装置的大量储存，核威慑效应也越来越明显。当今，核威慑已经走出军事领域，在政治、经济、科技乃至社会的各个方面都产生了广泛的影响，投掷原子弹已不是唯一的核恐怖手段。

当今世界，对军事威慑运用影响最大的是核武器，核武器具有战略威慑功能，是维护国家安全最有效的威慑武器。核武器的战略威慑效应，不仅体现在核武器本身，而且体现在发射（或投放）的方法和手段上，是三者的统一体。只拥有核武器，没有可靠的发射（或投放）方法和手段，其威慑效应几乎为零。因此，要想使核武器具有行之有效的威慑效应，就必须拥有可靠的发射（或投放）方法和手段。目前发射（或投放）核武器的方法和手段主要有：在陆基发射井内或机动发射装置上，使用弹道导弹携带核弹头，对目标实施攻击；使用战略轰炸机携带核武器，空中投放，对目标实施攻击；在核潜艇上使用弹道导弹携带核弹头，对目标实施攻击。这其中最令对手害怕的发射（或投放）方法和手段是在核潜艇上携带核弹头的弹道导弹。陆基和空中的战略核导弹，其发射平台隐蔽性差，易被摧毁，或其发射的核弹易被拦截。而在核潜艇上发射核导弹，因其运载平台能在大洋深处广泛机动，其发射地点不固定，一般很难被发现，甚至可机动至一个国家较近海域发射，发射的导弹被拦截概率低。因此，海基战略核力量，就成为国家战略核力量中最不可缺少的重要组成部分。

出于对核武器巨大的杀伤性、破坏性、毁灭性的认识，人们既怕它，反对它，又离不开它，甚至为了国家的安全还千方百计谋求核武器的发展。在核时代，军事家们考虑更多的是根据国家安全和利益的需求，通过对战略核力量的显示或威胁使用等方式，达到“不战而屈人之兵”的目的。核武力量是国家安全战略中最为强大的战略威慑力量，对国家的政治、外交、军事起着有力的支撑作用。

第二次世界大战后的70多年里，尽管国际风云变幻，局部战争连绵不断，却没有发生世界大战和核战争，其重要原因，就是核武器具有巨大的威慑作用，并在对抗双方的威慑与反威慑的较量中形成了相互制约的结果。只要有核国家参加，参战国都要考虑核武器的因素，因为核武器直接影响着战争规模、作战手段、停战条件等。

1961年的“柏林危机”期间，美苏都以充足的核武器为后盾相互威慑，通过各种媒体传达各自使用核武器的意志和决心，已发展到高强度核对抗的边缘，战争大有一触即发之势。但双方都认识到继续对抗下去可能产生的严重后果，最终达成妥协，转化成为外交上的和平较量，有效遏制了危机升级。

对此，美国的迈克尔·曼德尔鲍姆在《国家的命运》一书中评论说：“美苏两个核大国都敢肯定它们储存的核武器中足够大的一部分能经受住进攻而保存下来，并进行报复性打击，摧毁进攻一方。虽然不能肯定中国能否进行有效报复，但这种可能性是显而易见的。这种可能性使苏联对发动进攻是否明智产生了疑虑，从而遏制了进攻。”

这一情况说明，核威慑的可信度同样也是建立在强大的核实力基础上，没有可以震慑对方的核攻击或核报复能力，就不能收到最佳威慑效果。

海基核力量是国家战略威慑和战略核反击的重要力量，一艘先进的战略导弹核潜艇可携带几十枚甚至几百枚核弹头，射程几乎可以覆盖整个地球。由于海洋是隐藏战略核力量的最好场所，世界有核国家为了提高战略核力量的生存力，其战略核力量已纷纷“下海”。据统计，目前各个有核国家海上核力量的比重为：美国83.3%，法国80%，英国100%。

战略导弹核潜艇具有隐蔽性强、活动范围大、独立作战能力强和突击威力强等特点，能在有利的时间和地点突破敌人战略防御系统，对敌形成战略上的反击态势，必要时可在远海海域和大洋深处实施隐蔽突然的战略核打击，达成慑止战争、控制战争升级和打赢战争的目的。

1962年，古巴导弹危机之所以得到控制，引爆战争的导火索之所以被剪断，主要有以下三个原因：

原因之一：美苏对核战争存有共同的恐惧心理。导弹危机出现以后，双方领导人的基本考虑是防止危机失控，避免“双方都打不赢的战争”。肯尼迪总统1961年9月向联合国大会发表演说，就指出人类生活在历史上最危险的时期，所有的男女和儿童都生活在达摩克利斯的一柄核剑之下，如果发生大规模的核战争，那么末日就来临了。届时，在头18小时里将有1.5亿人死于非命，相当于美国在不到一天的时间里经历了500场第二次世界大战，人类就会像恐龙一样，从地球上消失。对赫鲁晓夫来说，也不想进一步激化矛盾和冲突，他意识到核时代的世界大战是人类的灾难。

原因之二：核均势使对立双方都顾虑重重。当时的美国国防部长麦克纳马拉后来在回答几位苏联政界和科学界的领导人关于什么是核均势的问题时说：“当每一方都认识到，如果向对方发动战略进攻，随之而来的将是一场使自己遭到难以忍受的损害的报复性回击，因而谁都不敢发动这样的攻击时，这时就存在着均势。”他特别强调，1962年10月古巴导弹危机时，就存在着均势。那时候，美国大约有5000枚战略核弹头，苏联仅有300枚。尽管美国有着17:1的优势，但美国人知道，发动一次核攻击可以摧毁苏联，但是苏联的几十枚核武器足可以对美国进行回击，从而使几百万美国人丧生。因此，在危机发生时，他们并没有考虑首先发动核攻击。

原因之三：苏联在面临美国强大核威慑下决定退却。1962 年美国的洲际弹道导弹和远程轰炸机分别是苏联的 4 倍和 3 倍，而美苏潜艇发射弹道导弹数之比是 190:144。从表中可以看到，美国这支强大的核力量，足以保证使苏联看不到任何获胜乃至生存的前景。

1962 年，美苏战略核武器及运载工具的对比情况如下表：

洲际弹道导弹（枚）		潜艇发射弹道导弹（枚）		远程轰炸机（架）	
苏联	美国	苏联	美国	苏联	美国
75	294	144	190	200	600

就这样，美国成功实施了海上威慑，在人类历史上留下了重要的一笔，“不战而屈人之兵”又一次得到了印证。

二、海上核威慑的新发展

海上核威慑是海上战略威慑的一个组成部分，在国家安全战略和军事战略中占有重要的地位。由于核武器能极大地改变战争的成本效益平衡，并造成巨大破坏，能够击垮敌人的战斗意志和作战能力，因此，海上核威慑仍是保持海上安全稳定环境的强有力手段。一般来说，海上核威慑的主要目的，主要是在常规威慑失败的情况下而使用的一种手段。

世界上拥有核武器的国家，大多数都声称不首先使用核武器，这充分表明了运用核威慑的意图是作为最后的报复手段。在海上三位一体核力量中，海基核力量具有第二次打击能力，是保证不首先使用核武器的关键因素。

冷战后，由于国际形势的变化和国际战略格局的改变，拥有核武器的国家开始调整本国的核政策，海上核威慑也有了新发展。

一是更加强调核威慑对象多元化和时机有限性。威慑对象由单一化向多元化发展，更加强调核威慑时机的有限性。例如，在威慑方式上，美国主张核威慑对象要多元化，积极坚持“延伸威慑”，其目的是不仅保护美国本土、海外驻军，还要保护美国的盟国不受核武器攻击。

二是核武器的角色由盾转化为矛。冷战时期，核武器主要用于威慑，即通过确保相互摧毁来维持战略平衡以阻止核武器的使用，达到“以核制核”的目的。现在，拥有核武器的西方国家试图利用其进行外交恐吓，甚至寻求通过遏制和实施“先发制人”战略，消除所面临的所谓“威胁”，核武器的角色由盾转化为矛。

三是降低了核武器使用门槛。适度降低了对核武器的依赖性，模糊了核武器与常规武器之间的界线，将核武器纳入可单独使用、与常规武器合并使用的“进攻性武器系统”，将其等同于常规武器，凸显了美国利用军事威慑达到其战略目的。例如，2010 年4 月，美国出台了《核态势审议报告》，对美国核力量建设做出规划，提出把战略核武器数量限制在1550 枚的目标，力争在规模上精干有效。

2008 年，国际原子能机构再次呼吁美国和俄罗斯这两个最大的核大国削减其拥有的核武器。俄罗斯国家安全和战略研究所专家谢尔盖·卡津诺夫称，自从美国拥有高精度常规武器之后，战略核武器的重要性就开始下降了。由此在军事理论领域引发了一场大争论：在信息化时代，核武器的威慑作用究竟是不是降低了？

在这一背景下，美国公布了大规模削减核武器的计划。当时，俄罗斯有部分专家认为，信息化时代的高精度常规武器已统治战场，实际上核武器难以真正投入实战，更多时候只是作为一种心理武器存在，因此，俄罗斯应该将研制和维护核武器的巨额军费转到常规武器上。

对于核武器威慑力下降的说法，也有专家表示质疑。德国学者尤瑟夫就说，别忘了美国在削减核武器的背后，仍然保持拥有在15

分钟内摧毁敌人的能力。

《华盛顿邮报》称，布什政府削减核武器这项决定并没有影响到美国核武器计划的关键部分。只是美国现在的核武器设施需要走出冷战时期的旧模式，以前的模式已经过时了，现在的核设施应该规模更小，但更安全，更可靠，而且花费更低。

正如白宫女发言人佩里诺所说："拥有一种可靠的核威慑力量依然是美国国家安全的重要组成部分，而核力量也依然是迎接潜在安全挑战的关键。"

目前，美国对付中小国家，不需要依赖战略核武器，但是，美国未来面对的对手有可能是拥有核武器的大国，仅靠信息化常规武器，是无法威慑对手的。因此，美国在成功实现了对常规武器系统的信息化改造之后，开始对冷战时期遗留下来的庞大的核武器系统进行信息化改造。于是，美国趁别国忙着缩短与其在常规信息化装备的差距时，启动了核武器系统信息化改造。这样，可以打一个时间差，等潜在对手反应过来时，美国又可以在新的军事领域中独占鳌头了。事实上，美国在宣布压缩战略核武库之前，当量小、污染小的新型战术核武器已经试验成功，此举可比喻为将一把很笨重的"核铁锤"，改造成更多轻快而锋利的"核飞刀"。

美国改造核武器系统和加强信息化常规武器系统的举动，一方面，为美国核武器注入了信息化技术的快速、灵敏、精准的特性；另一方面，又为美国信息化常规武器系统赋予核武器的巨大威力。

例如，2010 年，美国在一份"维持核武库投入规划"的报告中，提出美国在未来 10 年内投入 1800 亿美元用来升级美国核武库和投送系统，其中 800 亿美元用来升级核武库，1000 亿美元用来发展新型战略投送系统。2011 财年到 2020 财年，美国用于核武库经费不减反增，2011 财年申请额为 70 亿美元，比 2010 年的 64 亿美元增长 10%，2015 年将达到 77 亿美元。此后连年攀升，2016 年为 84 亿美元、2018 年为 90 亿美元，到 2020 年则是 88 亿美元。美国“弹头翻新”方案主要是对核弹头进行现代化改造，试验过的弹头部件可能首次与从未经过试验的部件组合在一起。这种混合搭配的方法如果能解决弹头老化问题，将涉及到把弹头初级部分与其他弹头次级部分重新组合。事实上，俄罗斯也意识到这点，俄军采取先发制人的手段使用核武器，其目的就是准备研制和装备新一代小当量的战术核弹头，掀起新一轮以信息化技术改造现有核武库的潮流。

这是世界军事领域的一个标志性事件，预示着机械化的核武器时代正在被信息化时代所取代，但这并不意味着核武器作用的降低，更不意味着核武器从此将退出战争舞台，经过信息化改造后的新型核武器，实用性将使新型核武器的威慑性急剧增大，世界面临的核战争威胁仍将长期存在。

三、海上常规威慑的双刃剑

尽管核武器具有空前的杀伤破坏作用，是人类武器装备发展史上的一次质变，但却存在着“难言之隐”，即难以在实战中随意使用，难以作为达成战争目的的军事手段来加以选择。正因为如此，那种“大规模报复”式的战略，由于在国际政治环境中难以实际运用而终于陷入了“死胡同”。这就迫使世界各有核国家都逐渐开始重新重视常规力量的建设与发展。世界有核国家都感到，不仅拥有的核武库具有强大的威慑作用，构成了相互威慑的战略格局，而且为使这种战略格局保持下去，作为核威慑的补充，还必须注重发展强大的、多种类型的常规力量，才能适应爆发在世界某些地区的局部战争与军事冲突的现实需要。

海上常规威慑通常被称为双刃剑，也就是使用常规力量不仅可以进行威慑，而且也可以运用于实战，更具有广泛的适用性、灵活性和可控性，对于遏制海上局部战争和海上危机具有非常重要的作用。海上常规威慑不是依靠单一的力量进行威慑，而是以“杀手锏”力量为重点，以水上、水下、空中、岸上等力量为一体的综合性威慑。

例如，在海湾战争中，伊朗人把在第一次世界大战中使用的水雷，变成了遏制海上交通要道的“杀手锏”，搅得美舰惶惶不安，由美国舰只护航的科威特“布里齐顿”号油轮被水雷炸了个大窟窿，就连美国自己的油轮和军舰也触雷遇险。面对水雷的巨大威胁，美军不得不采取措施，调6只经过训练的海豚到海湾，为其排雷报警，而且还在船头设置瞭望哨，一旦发现水雷，就开枪将其击爆。

由此可见，拥有当今世界上最先进武器装备的美军舰队，也难以应付几十年前就出现的那种水雷，可见常规武器威慑作用不可小觑。

冷战时期，虽然有核国家的威慑体系由常规威慑和核威慑共同组成，但核威慑始终占据绝对支配地位。冷战结束后，随着国际军事格局的变化和新军事变革发展，建立在庞大核武器基础上的核威慑的实际意义并未得到加强。随着军事高科技的不断发展，常规武器远距离精确打击能力大大增强，常规威慑作用也越来越大。因为常规威慑具有威慑强度可控、风险小、制约因素少等特点，使用常规力量同样可以给对手造成严重甚至难以承受的损失，以实现预期的政治目标。可以说，海上常规威慑是遏制海上局部战争和军事冲突的重要手段。

就拿常规动力潜艇来说，因其灵活机动、经济实用而受到越来越多国家的青睐。它被广泛应用于情报搜集、监视侦察、对陆攻击和特种作战部署等，成为一种威慑力强、隐蔽性好的水下作战力量。随着世界安全形势的发展和濒海国家对海洋权益争夺日益激烈，欧洲、中东和南美地区的采购不断升温，瑞典、伊朗、西班牙、巴西等多个国家纷纷采办新型常规潜艇。相对世界其他地区，亚太地区的采购项目和潜力则更加突出。

从20世纪末开始，世界各国海军加大了发展常规威慑力量建设的力度，开始向远海和远洋发展。

美国海军提出要具备“海上打击、海上盾牌、海上基地”三大能力，随着导弹武器的进一步远程化和精确化，美海军不久将能控制敌方距岸2000千米以上的内陆目标。

日本海上自卫队致力于建设“远洋干涉”型海上力量，日本海上自卫队已拥有远远超出保卫其1000海里海上运输线的能力。

印度海军明确提出要建设一支现代化的远洋舰队，逐步实现从“区域性威慑与控制”向“远洋进攻”的战略转变，企图控制整个印度洋。

为应对海上严峻形势，各国大力发展海上常规威慑力量，强调由近海军事威慑向远海军事威慑发展，实现近海军事威慑与远海军事威慑的有机结合。

未来世界各国在海上威慑力量的建设和运用上，不仅充分考虑发挥核威慑力量的威慑作用，也十分重视常规武器装备的威慑作用，坚持“核常兼备”，在发展精干有效的海基核力量的同时，大力发展海上常规军事威慑力量，把核威慑和常规威慑协调使用，以海上核威慑为后盾，运用海上常规军事威慑作为遏制战争、维护海洋权益的有力武器。

四、海上常规威慑新趋势

趋势之一：常规威慑地位的上升。世界各国现在面临的战争威胁（包括现实的和潜在的）主要是局部战争和地区性军事冲突。对于这种威胁，单纯运用核威慑方式来实现军事目的的做法不再可取，同时核武器的毁灭造成的灾难巨大，各海上强国更倾向于运用常规威慑达成军事目的，而海军的常规兵力武器则是对付这类威胁的主要手段。从某种意义说，常规军事威慑力量能发挥更大的威慑作用。

美国认为，加强常规威慑力量建设的措施有三点：

一是保持常规武器装备技术优势；

二是要进一步加强与各盟国的合作，更经济、更有效地联合使用各盟国的有限资源；

三是继续保持与改进强大的核威慑力量以遏制世界各国在常规力量方面的可能性优势。常规威慑所发挥的作用越大，对核报复威慑的依赖就越小。

常规威慑的战略地位和作用日趋突出，已经摆上世界各有核国家的重要议事日程，成为世界各有核国家“相互威慑”最重要的问题之一。有核国家都将在不断提高核武器质量的同时，加紧发展各自的常规力量建设，期望在战略威慑对抗中占有优势。

由于现代常规技术的飞速发展，使得常规武器与核武器之间的差距进一步缩小。首先是常规武器的威力不断增长，现代改进型的常规炮弹杀伤能力可达普通炮弹的 4 倍，一枚高效子母弹可达 2000 ~ 3000 吨 TNT 当量。其次，由于打击精确程度极大提高，巡航导弹能按照预定程序，击中几千千米外的战略目标，而误差不会超过 1 ~ 3 米，在这种情况下，摧毁已定目标所需要的爆炸当量就可以大大减少。以前，采用 1 亿吨当量的核武器才有把握摧毁发射井里的导弹，现在只要用相当于 1000 磅左右爆炸力的非核弹头的巡航导弹就能够摧毁。由于常规武器日益精确化、威力不断增大，已作为战略武器使用，使常规威慑这柄双刃剑更加锋利了。这也是美国和俄罗斯在过去的 10 年中，竞相开始大幅度削减战略武器，而转向更加重视发展常规武器的原因所在。

趋势之二：更强调核常整体威慑重要性。世界一些主要国家在其战略实践中普遍感到，面对各种形式的挑战，不仅需要强大的核威慑力量，同时也需要强大的常规威慑力量，只有把两者有机地结合起来，才能有效地作出不同的反应，达成威慑与实战的双重目的，他们从常规威慑的“双刃”作用中，看到了保持核常威慑力量整体的重要性。

目前，世界大多数国家都认为，常规威慑与核威慑相结合，是国家之间战略对抗的一种重要形式。为了逐步减少对核武器的依赖，必须运用威慑与实战双重作用的“利剑”，充分发挥核力量、常规力量、信息武器力量以及空间武器等的综合威慑作用。

例如，美国确立了“多层次威慑”的战略体系，开始摆脱自20世纪60年代以来以“相互确保摧毁”为核心的威慑战略理论的影响与束缚，改变把核威慑与常规威慑力量割裂开来，单纯依靠核武器作为唯一的威慑力量的做法。

正如美国前国防部长卡卢奇在1989年向国会提交的国防预算报告中所说，在一场冲突中使用核武器已变得不合适了。尽管要保留这种选择，但是不能过分依赖它。加强常规力量对提高核门槛很重要，这会改进对付非核入侵的能力。

卡卢奇再次重申，通过“核与非核的综合力量”，实施“遏制”的威慑战略思想。他说，这种综合力量能使入侵者无法达到预期的目的，给潜在的入侵者造成超出其所预想的代价，从而起到威慑作用。

第五章

海上军事威慑与其他威慑手段的运用

在未来海上局部战争和武装冲突中，威胁和冲突的多样性、复杂性，决定了依靠单一的海上军事力量不足以对敌形成有效的威慑。随着高科技的不断发展，武器装备的不断改善，出现了新的威慑手段——信息威慑、太空威慑、心理威慑和舆论威慑，等等。这些威慑手段与海上军事威慑有着千丝万缕的联系。在实施海上军事威慑时，应着眼全局，把握本质，既要从总体上认识海上军事威慑的特性，又要积极探索其他威慑手段给海上军事威慑带来的影响，处理好海上军事威慑与其他威慑手段运用的关系，研究运用其他威慑手段对海上军事威慑所起到的作用。只有不断创新和丰富海上威慑手段的运用，重视海上军事威慑与其他威慑手段的灵活运用，才能在多维空间对敌构成全方位的威慑，达到以慑止战、以慑迫敌的效果。

一、信息威慑

信息威慑，是以既得的信息技术优势为基础，凭借强大的信息作战能力，影响对方的指挥与控制，运用强大的信息所产生的威慑效应，进而达到影响对方军事决策的目的。为了使威慑达到最佳效果，信息威慑起着重要的作用。

信息威慑是信息时代的产物，已成为国家军事威慑的重要手段。信息化战争与以往战争有很大不同，作为一种新型的作战形式，主要有三个方面的不同：

一是对抗的主要关节点不同。信息战作为敌对双方在信息领域的对抗活动，一个是决策对抗，就是作战双方都竭尽全力地要遏制敌方决策者和指挥机关，使之难以在战场感知系统、决策系统辅助下下定决心，从而使战争失去正确的作战指导；另一个则是指挥对抗，就是作战双方通过各种信息攻击行动，使敌方已经形成的决策难以实施，不能实时、有效地实施正确指挥，难以在战场上形成现实战斗力。

二是作战目标不同。信息战不是以歼灭敌人有生力量和重兵集团为主，也不是单纯地只为信息的获取、处理与利用而进行的技术较量，而是以破坏、摧毁对方的战场支柱，即以战场感知系统、通信系统、指挥系统为目标。信息战的作战行动广泛，如围绕信息源争夺的侦察与反侦察、伪装与反伪装；围绕信息通道争夺的干扰与反干扰、摧毁与反摧毁；围绕指挥而展开争夺的欺骗与反欺骗、威慑与反威慑、决策与反决策、指挥与反指挥等作战行动。

三是作战目的不同。信息战不是以争夺战场兵力兵器数量优势为目的，而是以争夺战场信息优势为目的。即争取实时有效地感知战场情况的能力，能够及时有效地使用部队和打击兵器的能力，通畅可靠的网络通信能力。

信息威慑是先进的科学技术在威慑领域广泛运用的必然结果，是信息社会中的一种重要斗争方式。信息威慑这个词在近几年的学术研究中不断出现，例如，美国海军学院教授罗杰·巴纳特在美国《海军学院院刊》1998 年春季号上提出了关于信息威慑的论点。罗杰·巴纳特教授认为，信息威慑的基础是具有强大的信息攻击能力。他认为，在信息时代，信息攻击的威力可与核突击相类似，可以使受到攻击的城市、地区、行业、军队陷于瘫痪。

信息威慑的主要载体是信息。未来战争是信息化战争，是数字化部队之间的较量，这已经引起了诸多军事理论研究工作者乃至政治家、社会学家的广泛关注。信息不仅对当前社会产生了巨大影响，也是未来社会赖以生存的基础，是进行威慑斗争的一种重要资源。

军事家们时时都在关注着信息对军事斗争的影响，尤其应该引起重视的是，现代局部战争的信息含量正成倍增长，它正以一种无法抗拒的力量，促使人们去思考。21 世纪，信息不仅是一种保障资源，更是一种重要的战斗力。一支军队如果不能实时获得准确的信息，就无法转化为战斗力，而一旦掌握信息优势，就能带来军事行动上的整体性优势。

巧妙地利用信息进行威慑和反威慑，是未来军事斗争的一种重要形式。当前，一场全球性信息技术对抗已经全面展开，在这种对抗中，军事行动的主动权依赖于信息、信息系统和信息优势。信息时代对作战理论、武器装备、指挥体系带来的严峻挑战，强制性地改变着军事观念。

例如，1982 年的英阿马岛战争，英军的武器装备并不完全处于优势，之所以能够顺利地赢得战争胜利，是因为得到了美国战场信息的支持，实现了一定程度上对阿军战场的单向透明，这是英军取得战争胜利的决定因素之一。这场战争促使各国军队开始高度关注信息及其与之相关的科学技术在战争中的作用。

未来海上作战，指挥员对于信息、信息系统的依赖性越来越大。武器系统也越来越依赖于信息、信息系统的支持，一旦缺乏及时、准确的信息，就会因失控而偏离目标。占有信息优势的一方握有作战的主动权，而失去信息优势的一方则变为“聋子”、“瞎子”和“瘫子”，只能任人宰割。因此，获得重要信息，可以使海上威慑能力大幅度提升，尤其在信息化战争中，真正起威慑作用的往往不是众多的相关信息，而是具有足够杀伤力的定向信息和关键信息。

二、太空威慑

太空威慑，是指以强大的太空力量为后盾，通过使用或实际有限使用太空力量来震慑和遏制对手。太空威慑的物质基础是航天技术和空间技术，其实质是，将使用太空力量的可能性以及使用太空力量可能引起的严重后果预先警告对手，使对手通过利弊得失的权衡，产生畏惧心理，被迫服从威慑者的意志，从而放弃原先的企图。

20世纪70年代以来，一场新技术革命以磅礴之势席卷全球，最为突出的是，航天技术异军突起，极大开拓了人类的战略视野，将人类的活动范围拓展到浩瀚的太空，自1957年苏联发射第一颗人造地球卫星以来，突飞猛进的太空技术令人瞩目，世界发达国家不仅发射了数以千计的卫星，而且先后发射了宇宙飞船、载人空间站、航天飞机，并研制了大型空间站、新型航天飞机以及太空武器系统。

苏联发射了第一颗人造卫星，美国受到极大震动。美国肯尼迪总统决心在载人航天技术方面赶超苏联。1969年7月20日“阿波罗”登月计划终于大获成功，人类破天荒地在地球以外的另一个天体上驻足，美国一时雄踞太空之巅。就在美国大张旗鼓地推行“阿波罗”计划的同时，苏联的载人飞船计划也在稳步前进。苏联的载人航天试验起步要早于美国，也是世界上第一个把载人飞船送入近地轨道的国家。

20世纪80年代初，美国开始不遗余力地发展航天飞机。1981年4月7日，美国“哥伦比亚”号航天飞机进行了首次轨道试验飞行并取得成功，此举一鸣惊人，轰动了世界。接着，美国又生产了“挑战者”号、“发现”号和“阿特兰蒂斯”号航天飞机，频频进行发射试验。1984 年 2 月航天飞机第十次飞行中，“挑战者”号进行了一项引人注目的活动，即两名宇航员先后出舱，进行了长达 5 小时的“太空行走”。里根总统称誉此举“真正开创了世界航天活动的新时代”。由于拥有世界上独一无二的航天飞机，美国在航天事业中一度出尽风头。苏联发展航天飞机虽然落后于美国，但也并不是无所作为。1988 年 11 月 15 日，苏联成功地发射了“暴风雪”号航天飞机，初步实现了其发展航天飞机的计划。

美国以在航空技术方面的优势而捷足先登，获得了巨大的战略利益，现代航天技术的高度发展，为美国把威慑战略推向太空创造了条件，他们把目光转向“宇宙公海”这一新领域，寻求以太空作为新的威慑战略的突破口，建立起一支独一无二的太空威慑力量，重新恢复美国在世界的霸主地位。

在美苏的推动下，太空竞赛愈演愈烈，这场争夺宇宙新高地的角逐颇似一场高潮迭起的龟兔赛。美苏在太空进行角逐，主要是围绕人造卫星、宇宙飞船、载人空间站、航天飞机、运载火箭和太空武器技术而展开的。在卫星技术方面，双方大致旗鼓相当。多年来，美苏两国先后发展了照相侦察卫星、电子侦察卫星、海洋监视卫星、通信卫星、导航卫星、导弹预警卫星、核爆炸探测卫星、军用气象卫星和测地卫星等，并多次实现了更新换代。

进入信息时代后，太空对海上作战行动的制约作用开始急速上升，并日益成为信息条件下海上作战行动新的战场制高点。20 世纪 90 年代以来的战争实践证明，离开了部署在太空的侦察、通信、定位、导航等卫星的支持，支撑信息化作战的远距离信息传输、远程指挥控制和远程精确打击就无法实现。

在科索沃战争中，北约使用了 50 多颗卫星，为作战行动提供了有力的支援和保障，而美军使用卫星和激光制导的武器不足

40%，到伊拉克战争时已达90%。新型通信卫星可以使互联网的接入速度达到每秒50MB，单个武器平台在几十分之一秒的时间内就能将战场上获得的视频信息传到总部。

伊拉克战争中，为保障战争顺利实施，美国提前2个多月发射“哥伦比亚”号航天飞机，其90%的任务针对伊拉克。美国还紧急发射了3颗新卫星，共投入60多颗卫星。

这充分表明，航天技术的发展同威慑战略的发展是紧密联系的，威慑战略的需要为发展太空军事技术提供了原动力，而太空军事技术的进步又为太空威慑战略奠定了物质基础。随着太空科技的迅猛发展和新概念武器的日趋成熟，太空力量将具有极大的威慑能力。太空力量以其监视、侦察、通信支援、导弹预警、精确制导、气象保障、环境探测，以及利用太空武器平台对海上军事目标进行火力、电子攻击或拦截的功能，将极大地提高海上力量的作战效能。可以说，拥有太空优势，将大大提高海上威慑的效能。

三、心理威慑

心理威慑，是以强大的实力对敌国施加心理威慑，使敌方由于顾忌可能招致无法承受的报复而不敢贸然发动战争，或使对方屈服。其着眼点主要是给对方传递信息而不是行动本身，如发布战争宣言，实施示威性演习，调整部署等以显示实力和决心。

西方大国将心理威慑列为国家安全战略的四大支柱之一，并把心理威慑视做“执行国家安全政策的一种战略手段”，要求“在平时、危险时和战时考虑和使用心理威慑”。

心理威慑手段主要包括：宣传、恐吓、欺骗、诱惑、诡诈、收买等。归纳起来，心理威慑最基本的手段则集中表现为宣传、武力威胁和斗智斗谋，从而形成宣传心理威慑、武装心理威慑和谋略心理威慑。其中，宣传心理威慑是最重要的心理威慑手段，如广播、电视、报刊、传单、书籍、实物赠品、战场书信、战场喊话等。有的国家甚至辅以发动谣言攻势，进行挑拨离间、策划暴动骚乱、从事破坏暗杀等，以动摇和瓦解对方的民心士气。

可以预见，在未来的战争中，心理威慑也将会成为一种越来越复杂的作战样式。单纯的广播电视宣传已不再适应心理威慑要求，越来越发达的大众传媒手段使得制造假新闻越来越困难。和平时期的国与国之间，心理威慑已经上升到了另外一个高度，即由单纯的宣传转变为心理、形象、文化、意识形态的渗透。

心理威慑与海上威慑有着千丝万缕的联系。海上威慑是通过物质的或者是精神力量方面的手段，向对手显示威力或对对手的心理实施影响的一种手段。在实战当中，物质威慑和精神威慑是有机结合在一起产生作用的，其实质就是一种心理作战。无论古代还是现代，威慑历来都是心理战常用的重要方法。进攻的一方实施有效的威慑心理战，可使防御者产生防御无效的心理，从而达到“不战而屈人之兵”的目的，防御的一方实施有效的威慑心理战，可以使进攻者望而生畏，担心遭到难以忍受的报复，从而放弃进攻。在海湾战争中，伊拉克总统萨达姆发布了震惊世界的“威慑战略”，就是使用化学武器。这种“威慑战略”虽然没有实施，但的确给美军及多国部队造成了巨大的心理压力，以致使他们谈“化”色变。

实施海上威慑必须要具备一定的实力基础，而心理威慑需要强大的军事实力作后盾。在海战场上，飞啸的子弹、猛烈的炮火，都会使人产生高压心理负荷，导致人的生理、思维功能降低甚至完全丧失。因此，敌对双方无不把秘密研制和使用新式武器作为威慑、打击对方的重要手段。

海湾战争中，以美国为首的多国部队对伊拉克实施“沙漠盾牌”计划。该计划的要点是：确立阻止伊拉克入侵沙特和其他海湾国家的军事威慑力量；形成迫使伊拉克在政治上可能屈服的实力基础；形成在海空封锁、经济制裁和外交解决均无效的情况下摧毁伊战争机器的强大军事能力。美国首先侧重于重兵示形，形成巨大的威慑力量，计划由“艾森豪威尔”号核动力航空母舰等8艘大中型舰船游弋于地中海东部海域，“萨拉托加”号航空母舰、“彼得尔”号巡洋舰等10余艘军舰也驶向海湾。几个军事基地的数百架飞机处于战备状态。美军82空降师和101空降师也抵达沙特阿拉伯。与此同时，美国还动员了许多盟友加入对伊拉克的威慑行列。在短短一个星期内，美、英、法等国也及时将海空军部队部署于地中海、阿曼湾、波斯湾和沙特阿拉伯境内，对伊拉克形成了海空包围和威慑的军事态势，从心理上给伊拉克军民以极大的威慑。

海湾战争中多国部队取得胜利，心理威慑在其中扮演了非常重要的角色，战争使得世界各国对心理威慑的重视程度提高到了一个新的高度，心理威慑理论已成为海湾战争后各国研究的一大热点。

战争实践表明，心理威慑与实战也在趋于融合。威慑和实战犹如车之双轮，鸟之双翼，只有将其紧密结合起来，才能发挥出更大的作用。现代心理威慑的发展趋势说明，海上军事实力对心理威慑的效果具有重要的影响，有时甚至是决定性的影响，而心理威慑为实战效应的增值发挥着关键的作用。

一是强大海上军事实力是心理威慑的基础。海上军事实力是心理威慑获得成功的基础和重要条件。实力越强，心理威慑的效果往往就越好。没有强大的海上军事实力做后盾，心理威慑只能是虚张声势，纵然能起作用一时，但难以持久。例如，美国曾在广岛、长崎扔下两颗原子弹，对它的巨大毁灭性人们至今记忆犹新，使核武器成为一种强大的心理威慑武器。

二是强大的军事打击是实现心理威慑目标的有效途径。对敌重要军事目标进行有力的摧毁和破坏，有利于达成心理威慑的效果。美军认为，在现代心理战中，只有充分利用高新技术武器装备和强有力的军事行动，通过对敌战略、战役目标进行高强度的打击，才能给对方造成巨大的心理震撼和强大的心理压力。近年来，美国在几次局部战争冲突中，都是依靠其绝对的军事实力，凭借其高超的心理威慑力，实现预期的目标。

例如，阿富汗战争中，美军首先通过调兵遣将，以压促变。在不到一个月的时间里，迅速向海湾和阿富汗周边地区集结了近20万作战部队，完成了对阿富汗全境的陆地和空中封锁，对塔利班形成了绝对的军事优势，试图以强大的军事压力威逼塔利班无条件满足美国的要求。其次，通过不间断打击，以炸逼和。“持久自由”行动开始后，美军每天均出动数十架乃至上百架战机，对阿富汗进行狂轰滥炸，其主要意图不在于完全消灭塔利班军事力量，而是力求摧毁其士气，削弱其心理承受力，引发其“内部混乱与裂变”。在强攻不下、战事持续胶着的情况下，美国又精心策划新的打击目标，逐步升级打击的强度和范围，企图“以炸促变”，“以炸逼和”，实现不经过地面战争而屈人之兵的目的。这种将心理威慑和实战有机的结合，是现代战争的典型模式。

四、舆论威慑

舆论威慑，是通过舆论造势等方式，显示己方的力量和决心，使敌方感到由于面临无法承受的后果而不敢贸然行动，或者使其行动有所收敛。舆论造势是通过集中媒介力量，加快宣传频率，增大宣传强度，运用多种手段进行舆论宣传，造成政治、经济、军事威慑性行动舆论的轰动效应。舆论造势的重点在于谋“势”，主要通过多种形式并举，充分发挥现代宣传设施和手段的综合功能，把广播宣传的传播力、影视宣传的感染力、网络宣传的亲和力有机结合起来，以此营造咄咄逼人的战争气氛，造成作战对象的全方位震撼。舆论威慑的着眼点主要是制止战争，或制止战争的扩大，而不是发动战争，给对方传递信息而不是行动本身，是“不战而屈人之兵”的作战意图。

舆论威慑就其作用而言，主要是破坏敌人发动战争的决心。舆论可以激发人们的情绪，改变人们的思想，可以使对方感到恐惧、害怕。这种舆论宣传可以实事求是，也可以虚张声势。

在信息时代海上局部战争中，舆论已经成为一个关键性轮子，成为海上威慑是否成功的重要因素，必须从战略层面上来认识舆论的作用，把舆论威慑作为战略决策的重要环节来谋划。舆论不仅使信息的传播比以往任何时候覆盖面更广、辐射力更强、渗透性更深，而且在更广阔的领域、更大的范围和更高的层次上，对信息时代的战争产生着更加广泛和更加深远的影响。

伊拉克战争中，美国政府在对舆论的使用上是经过精心谋划的。美国为了保证"先发制人"战略的顺利实施，减少世界舆论的压力，在战争打响之前，兵马未动，舆论先行，利用各种传媒手段，对伊拉克政府和萨达姆的"失道"进行大量的宣传，为战争做好铺垫。在战争打响之后，让舆论成为战争机器中与军队并驾齐驱的另一个轮子，使舆论与军事融为一体。美国发动这场战争的目的是推翻萨达姆政府，因此，为了配合"斩首行动"，对巴格达首轮轰炸刚过，美国主流媒体便纷纷报道萨达姆可能在首轮空袭中被炸死或受重伤。接着，美空军又对萨达姆及其两个儿子出席会议的一个住宅区投下4枚号称"碉堡克星"的巨型炸弹。当天，美国主流媒体很快报道了萨达姆可能被炸身亡的消息，美国舆论与军事行动配合之密切由此可见一斑。

可见，在伊拉克战争中，持续的威慑贯穿于战争始终，舆论在其中发挥了重要的作用。由于美国具有持续威慑的强大物质基础，早在战争爆发前，就进行全方位的威慑，这种持续性的威慑遍及政治、外交、军事、文化、国际交流等各个方面，其中，舆论威慑的作用尤为重要。"9·11"事件发生时，美国就宣称将打击伊拉克，之所以这样做，其目的就是让全世界各国新闻媒体进行战地采访，不仅要对伊拉克进行持续性的威慑，而且要对全世界舆论，特别是那些敌对国家的舆论施加影响和威慑，这样长时间、多样化的威慑，是不多见的。

舆论威慑与海上威慑有着千丝万缕的联系，舆论已经成为一种特殊武器，成为现代战争的“战斗力倍增器”，是影响乃至决定战争胜负的重要因素。未来海上局部战争信息化特点，决定了舆论威慑将在海上威慑中全方位和全过程展开，对实施海上威慑的成功起着重要的作用。可以说，谁重视了舆论威慑的作用，谁就能赢得战争的主动权。

1982 年的马岛之战中，英国为了给阿根廷军民造成强烈的舆论威慑，率先展开了一系列造势活动。冲突开始时，英国军事部署的高性能“鹞”式作战飞机只有 20 余架，相比之下，阿根廷却有 140 多架高性能的作战飞机。在这种情况下，为恐吓阿根廷飞行员，使其不敢与英空军在空中对阵，英国国防部故意透露，说英国将有 60 架“鹞”式飞机在马岛上空逞威。这种消息传播开来，自认为处于数量优势的阿根廷飞行员丧失了以往坚强的作战勇气与信心，行动畏首畏尾，从而失去了作战的主动权。

科索沃战争中，面对北约强大的军事压力，南联盟不甘示弱，通过各种途径大力宣传己方抗击北约的决心和信心，宣传爱国主义、民族自豪感和反法西斯的传统等。空袭开始后，南联盟全国各电视台和广播电台都连续地播放南联盟军政领导人的讲话、反映第二次世界大战中反法西斯斗争的影片、歌曲，极大地鼓舞了士气。击落美国 F－117 隐形战斗机后，南联盟抓住时机，各新闻媒体纷纷大造舆论，反复宣扬地对空导弹的威力和性能，不仅在国际社会引起很大反响，也对美国及北约军人造成了巨大的压力和恐惧。

伊拉克战争中的舆论威慑充分说明，舆论已经成为战争的重要组成部分，已经由战争的观察者、记录者变成战争的参与者和协助者。因此，在进行战略决策时，应注重把舆论威慑放到战略层面上来重新定位，改变过去机械化战争中把舆论只是当做为战争进行战况报道类服务的工具来看待的传统观念。这样，在未来的高技术战争中，才能文武兼备，相得益彰，牢牢把握战场上的主动权。

由此可见，舆论威慑是实施海上威慑成功的重要因素，只要摸准对方的思想脉搏，对症下药地进行舆论威慑，就能使对方陷于被动的境地，最终以最小的代价换取最大的胜利。

下　篇

世界主要国家海上威慑思想与实践

第六章

美国：核威慑与常规威慑并重的威慑思想

美国地处北美洲，东临大西洋，西濒太平洋，北接加拿大，西南为墨西哥，东南隔大西洋边缘海墨西哥湾与西印度洋群岛相望。美国的邻国少而弱，使之无外患之忧，正如列宁所指出的那样，“美国地理条件处于最安全的地位”。它的领土结构特殊，疆域辽阔，港口众多，承受战争的能力强。本土位于各大洲和世界海洋的中央，全球的海、空交通地理位置良好。阿拉斯加州和宽仅82千米的白令海峡与俄罗斯相望，海峡中拉特马诺夫岛（俄）与克鲁森施特恩岛（美）相距仅4千米。阿留申群岛由东向西延伸2700千米，扼白令海峡的出海口，恰似阿拉斯加的踏脚石。夏威夷州既是南北美洲与亚洲和大洋洲之间国际海空交通要冲，被称为“太平洋的十字路口”，又是美陆海空军重要基地，战略地位十分重要。美国的海外领地和托管地，如太平洋的中途岛、威克岛、关岛、约翰斯顿岛、贾尔维斯岛、帕尔迈腊岛、豪兰岛、贝克尔岛和萨摩亚群岛（东部）、加勒比海的波多黎各自由联邦和维尔京群岛（西部）、巴拿马运河区、加罗林群岛和马里亚纳群岛等，虽然面积只有3万余平方千米，但星罗棋布于大洋之上，战略价值很高。独特而优越的海洋地理位置，使美国相比于其他国家拥有更多的发展海上威慑力量的有利条件。

在美国建国200多年的历史中，其海上威慑理论与实践的发展极具特色，对美国20世纪的海军崛起和称霸海洋起了至关重要的作用。早在19世纪中期，美国就尝到了海上威慑的甜头。1907年，美国曾派出庞大的“大白色舰队”环球航行，访问沿途各国，炫耀武力，其目的之一，就是以威力胁迫日本接受美国对中国及远东的“门户开放”政策，结果如愿以偿。1945年，美国在日本的广岛、长崎投下了原子弹，迫使日本无条件投降。原子弹在战争中的作用，与其说是实践，不如说是威慑，它开创了战后大国间核威慑的先河。战后，凯南关于“遏制”战略理论的提出，标志着美国军事政策史上经历着一次革命性变化，即从为了达到战争目的而单纯地运用战斗，转变成为了实现战争威慑而多方式地使用军事力量。这一时期，美国海上威慑思想成为美国战后海军战略理论的一个新的生长点，也就是说，1945年以前，美国海军战略中的海上威慑成分一向都是次要的，而1945年以后，海上威慑思想在美国海军战略中就不再是次要的，而是“至关重要”的了。尽管在各个时期，美国海军战略都有所变化，但其始终贯穿着海上威慑的战略思想。

一、海上威慑思想产生的背景

美国海军诞生于独立战争（1775~1783年），直到1815年，才进入扩大和发展阶段。美国海军第一任海军部长斯托德特就曾强烈主张，建立由大型战舰组成的大舰队，慑止欧洲列强的入侵，保卫美国海疆，但当时这种威慑思想尚处于萌芽阶段，在海上战略中处于次要地位。从1775年美国海军成立至1890年这115年间，美国利用海洋屏障和本国四周无强敌的有利条件，致力于在美洲大陆扩张领土。通过战争和军事威慑手段，到1890年美国的版图从建国初期的13个州扩展到除夏威夷之外的49个州。

美国海上威慑思想产生于19世纪中期。为了获得巨大的海外利益，美国运用海上军事力量，通过海上威慑，迫使弱小国家与美国签订不平等条约。

1853年，美国派出一支由4艘军舰组成的舰队，强行驶进日本江户湾浦贺港，以武力要挟日本开放港口和缔结商约，接着派兵上岸示威。日本幕府在强大的军事威慑下，被迫接受国书，表示次年答复。

1854年2月，美国再次派出一支由10艘军舰组成的舰队和2000名陆战队员来到日本，迫使日本幕府于1854年3月31日签订了日本历史上第一个不平等条约《日美亲善条约》。

19世纪80年代初，美国派军舰开赴朝鲜，以武力强迫朝鲜对外开放。

1882年5月22日，美国同朝鲜签署条约。条约规定，美国与朝鲜建立外交关系，美国人在朝鲜享有领事裁判权，朝鲜给予美国最惠国待遇。以后，美国又在朝鲜取得了开采矿产、控制海关和铁路修建权。

19世纪末，美国垄断资本主义经济的高度发展，使得美国提出了扩大世界市场和海外势力范围的迫切要求。这一时期，技术革命使得蒸汽装甲舰逐步取代了木帆船，从而大大增强了美海军的远洋活动能力。当时，美国作为一个后起的帝国主义国家，面对殖民地大部分已被瓜分的世界局势，美国军事战略的首要目标是：同其他帝国主义国家争夺市场，争夺势力范围，争夺殖民地。在这种情况下，美国海军充当了海外侵略扩张的主力和先锋。

美国海军战略理论的奠基人——马汉为了适应国家利益的需要，于1890年发表了《海上力量对历史的影响》一书，提出了海上力量与海军战略理论，指出了海军的战略地位和海军建设的原则，明确了海军战略运用的要点和方法。他强调，美国必须建立一支现代化的海军，一支强大的舰队，“美国现在必须开始眼睛向外”。以马汉“海权论”为核心的海军战略理论推动了美国海上力量的发展，到19世纪末，美国海军已跃居世界第五位。

从1890年至第二次世界大战结束，美国海军参加了三次大规模战争，即美西战争、第一次世界大战和第二次世界大战。美国1898年在美西战争中取胜，标志着美国作为一个主要力量的崛起，在太平洋和加勒比海夺得了大片殖民地和势力范围，而打败西班牙舰队则标志着美国海军已成为世界一流的海军，美国已成为世界一流的海上强国，从此走上向海外大规模侵略扩张的道路。通过第一次世界大战，美国挤进了世界列强的行列。通过第二次世界大战，美国登上了世界霸主的宝座。然而，这一切都与美国具备一支强大的海上军事力量有关。

第二次世界大战结束后，美国以超级大国的姿态出现在世界政治舞台上，美国海军也以其首屈一指的强大实力，进入了独霸与争霸世界海洋的时代。1945年2月，美、英、苏三国领导人在克里米亚半岛的雅尔塔召开“雅尔塔会议”，战后两极体制开始形成。

1945年至1946年，美国职业外交家乔治·凯南提出“遏制”战略理论。其“遏制”理论的要点是：苏联在战后成为美国的主要战略对手，美国必须从全球利益出发对苏联及共产主义进行“遏制”。他认为，要持续地依靠美国军事力量作为制止苏联扩张主义的一种工具，但不是在战斗中使用这支军事力量，而且希望不求助于战斗就能支持美国的政策目标。

凯南的理论适应了当时美国全球战略的需要，而美国海军成为实现美国全球战略的先锋。

凯南关于“遏制”战略理论的提出，标志着美国军事政策史上正经历着一次革命性的变化，即从为了达到战争目的而单纯地运用战斗，转变为实现战争威慑而多方式地使用军事力量。威慑战略自此成为美国战后战略理论的一个新的生长点。正如一些美国军事历

美国职业外交家乔治・凯南

史学家所认为的那样，1945 年以前，美国军事政策中的威慑战略成分一向都是次要的，而 1945 年以后，威慑战略在美军军事政策中就不再是次要的，而是“至关重要”的。

尽管在各个时期，美国的海上战略思想都有所变化，但无论是“灵活反应战略”、“现实威慑战略”，还是“新灵活反应战略”，其实行威慑的战略指导思想均贯穿始终，一脉相承。正如美国国防部的报告中明确规定的那样，我们的基本战略是威慑，它贯穿于一切冲突之中。

就连老布什总统也明确表示要坚持“以实力求和平”的威慑战略，之所以奉行威慑战略，是因为海上威慑可以收到事半功倍的效果。

美国前总统乔治・布什

威慑战略作为维护国家安全的国策，受到美国历届政府的青睐，成为防务政策和军事战略的基石。从第二次世界大战结束到 1952 年，杜鲁门政府一直在推行“遏制”战略。美国海军曾于 1947 年派出舰队，支持希腊和土耳其政府“防止共产主义势力的威胁”。1948 年又派舰队到意大利东西海岸进行“礼节性访问”，以防共产党在意大利夺得政权。美国海军凭借强大的实力，通过威慑的方式，实现了美国外交政策上的一个又一个目的。这个时期，美国海军主要是依靠占绝对优势的常规海上力量实施海上威慑的。

然而，1953～1960年，艾森豪威尔政府推行“大规模报复”战略。该战略的主要内容是依靠美国的核优势玩弄战争边缘政策，企图以核战争威胁苏联以及世界各国人民的革命运动。

美国前总统艾森豪威尔

这一战略的设想是：要么不打，要打就打核大战。

为此，美国改变过去均衡发展三军的方针，突出发展空军，特别是战略空军和核武器。

美国认为，有了核武器便可称霸世界，常规威慑的军事地位和作用已不像以前那么重要了。

美国海军的威慑作用，受到了核迷信思想的压制和贬低。美国空军大肆宣传其“核武器至上论”和“空军至上论”。他们认为，第二次世界大战中，空军在日本的广岛和长崎所投的原子弹是迫使日本人投降的决定因素。原子弹将是未来战争中迅速取得战争胜利的廉价工具。只要依靠核武器，便可慑止任何战争，没有继续保持强大海军舰队的必要，航空母舰在核战争时代已不合时宜，因为航空母舰编队庞大而易受敌人的轰炸，航空母舰上的小型飞机也无力运载原子弹。在未来的核战争中，海军陆战队也将无用武之地。海军只能执行次要任务。只要建立一支不大的舰队，有几支巡逻护航编队即可。唯有空军才是未来战争的主力。

重点建设空军的观点很快得到了美国当权者的赞同。然而，朝鲜战争的爆发改变了美国当权者的看法，海军的地位作用又开始得到重新认识。

1950年6月朝鲜战争爆发，美国海军在朝鲜战争中广泛承担了各种任务：对岸攻击，使用航空母舰上的飞机袭击桥梁、补给站和运输队，对地面部队进行低空火力支援，两栖登陆，疏散军民和对陆军给予后勤支援等。特别是在关键时刻，美国海军通过仁川登陆作战，为扭转朝鲜战争的局面发挥了决定性的作用。

朝鲜战争重新确立了美国海军的地位作用，它证明了核时代美国海军不但没有过时，而且还很重要，强大的海上实力能赢得有限战争，这对保持和提高海军在核时代的威慑起到极其重要的影响。

面对核武器所引起的重大战略变化，美国海军越来越深刻地认识到，为了确保自身在新战略环境中的地位作用，海军必须具备用自己的核武器实施“战略轰炸”的能力，抓紧建立海基核力量，大造航空母舰，保持并提高海军在核时代的地位作用，这成为当时美国海军建设的主导思想。

美国海军利用在朝鲜战争中重新树立的威信，不但恢复了航空母舰的建造，而且获准建造更大的4艘吨位“福莱斯特”级航空母舰（标准排水量6万吨）。这些航空母舰采用了战后有关建造航空母舰的一系列最新技术，并都配备有能够运载核弹的飞机。美国海军日益明显地表现出了使航空母舰成为全面核战争中的主要突击力量的思想。美国海军以航空母舰为核心的思想没有发生变化，但有新的含义和内容，即增添了核威慑的因素。美国海军除加紧发展以航空母舰为主的核力量以外，还加紧寻找更新的核手段，努力将核技术运用于海军建设的其他方面，为使海军建设适应新式武器的发展和科学技术的进步而开展了一场轰轰烈烈的海军“核革命”。

在以核威慑为重点的战略思想指导下，美国海军加紧了对核动力潜艇、核动力水面舰艇、核动力航空母舰和水下发射的核武器等一系列核技术的研究和推广工作。1955年1月17日，美国海军研制成功世界上第一艘核动力潜艇“魟鱼”号。

1957年12月2日，美国海军开始动工建造世界上第一艘核动力巡洋舰“长滩”号。

第一艘核动力巡洋舰“长滩号”

美“企业”级航空母舰

1958年2月4日，开始建造世界上第一艘核动力航空母舰“企业”号。

1964年以后，美国海军不再建常规动力航空母舰，全部建造核动力航空母舰。

第一艘核动力导弹潜艇“大比目鱼”号

1959 年 1 月 9 日，美国第一艘核动力导弹潜艇“大比目鱼”号下水。

1959 年底，美国海军建成了第一艘“北极星”弹道导弹核潜艇“乔治·华盛顿”号。

1960 年 6 月 20 日，第一次成功地从水下发射了“北极星”导弹。

美“乔治·华盛顿”号弹道导弹核潜艇

美“乔治·华盛顿”号弹道导弹核潜艇发射“北极星”导弹

海军军事技术装备上的重大质变，必然导致海军军事思想上的重大调整。核动力的舰艇与常规动力舰艇相比，续航力增长了几十倍甚至上百倍，舰艇的机动性也大大地提高了。这等于使地球相对“缩小”了。美国海军控制世界海洋的思想，得到了更可靠的物质保障。一种不让世界海洋任何一个地区出现真空，充分利用海洋包围遏制陆地“填补真空”的思想产生了。

为了显示巨大的海上威慑能力，美国海军用核动力舰艇组成的编队，进行了环球航行。潜艇的核动力化增强了潜艇的隐蔽性，特别是潜艇能由水下发射弹道导弹，使美国海军对海洋的看法、对海基核力量的构成方式、对美国海军在美国全球战略中的地位等一系列重大问题，都产生了新的认识。由于潜艇能从水下发射战略核武器，海洋的作用便超出了马汉的认识范围。海洋不仅是可提供交通的公共大道，而且成了重要战略武器基地，这个基地还具有陆上基地无可比拟的优点，既可以移动，又非常隐蔽。

此后，美国军事理论界摒弃了“海军无用论”、“核武器至上论”等主张，逐步确立以海上威慑为核心的霸权主义理论，更加突出海军在和平时期、在核条件下与苏联进行冷战的重要作用和地位，强调通过军事威慑达到不战而胜的目的。在美国海上威慑理论的指导下，美国把海上军事力量作为与苏联争夺霸权、干涉别国事务的工具。

例如，1958 年 7 月，美国在中东扩大侵略，第 6 舰队海军陆战队入侵了黎巴嫩。

1958 年，台湾当局叫嚣“反攻大陆”，以金门、马祖为基地对大陆进行骚扰破坏。中国人民解放军炮击金门，出动舰艇切断金门的后勤供给线。美国公然宣称动用第 7 舰队阻止中国解放金门和马祖，并调集 6 艘航空母舰和 130 多艘其他舰只为台湾当局开往金门的供应船队护航。中国政府对美国侵入中国领海和领空发出严重警告，美国政府在国内外舆论的压力下才改变策略，转而迫使蒋介石从金门和马祖撤军。

为了对前苏联等社会主义国家进行包围、封锁和遏制，美国海军还恢复了以前分赴海外驻屯的方法，从地中海到南中国海，到处都驻有美国的舰队，美国海军实际处于遏制战略的最前沿。

二、现实威慑战略的出台

美国海军 20 世纪 50 年代重点建设海军的核威慑力量，对保证和提高海军在核时代的地位确实起到了很大作用，但美国海军本来就不赞成只靠单一手段实施威慑，所以比较容易接受核威慑与常规威慑并重的战略指导思想。美国海军的战略指导思想随着军事战略的调整而发生了重大变化，由过去强调以核威慑为主的战略指导思想，逐步转变到了核威慑与常规威慑并重的战略指导思想。

美国海军大量核动力潜艇的诞生，没有与航空母舰中心论的思想发生矛盾。核潜艇作为水下舰队的主力军，与以航空母舰为核心的水面舰队紧密配合，进一步加强了美国海军的进攻能力。此外，核动力攻击潜艇作为水下反潜的主力，在为航空母舰编队提供水下安全保障方面起到了很重要的作用。美国海军的“核革命”，事实上导致了具有水面、水下两种进攻能力的远洋核舰队的诞生，并逐步形成了以航空母舰为核心的水面舰队与核攻击潜艇为主体的水下舰队紧密配合，实施立体的海上进攻作战的思想。

美国海军在兵力结构上也作了相应的调整，将整个海军的兵力也分成了两大部分：一部分是以弹道导弹核潜艇为主体，被称为战略任务部队，另一部分是以航空母舰为核心，被称为一般任务部队。战略任务部队的任务主要是威慑、制止和应付核战争和全面战争。

进入20世纪60年代以后，苏联海军也开始拥有常规动力和核动力弹道导弹潜艇，对美国本土构成了威胁。美国的本土随时都有可能遭到来自海底或来自海洋彼岸的核导弹的攻击。为此，国家需要一种所谓“反击力量”（或称“第二次打击”）的威慑力量，即一种能经受住苏联的“第一次打击”而又保持摧毁苏联核力量的那种反击能力。所谓“第一次打击”指的是先敌发动大规模核袭击，一举摧毁对方，使之失去报复性核反击能力。20世纪50年代初，美国提出了“第一次打击”战略概念，当时苏联虽然不使用这个概念，但实际上在20世纪60年代也主张实行第一次打击战略。20世纪60年代后，美国又提出了“第二次打击”战略概念，指的是在遭到对方首先发动的大规模核突袭后，依靠保存下来的核力量进行报复还击，并摧毁对方。

美国海军的弹道导弹核潜艇正是这种最理想的“第二次打击”的威慑力量。弹道导弹核潜艇是很难被发现、很难被摧毁的。只要美国的弹道导弹核潜艇在，苏联就不敢轻易向美国本土发动核进攻，否则必定要遭受美国弹道导弹核潜艇的严厉报复。美国的弹道导弹核潜艇就像一张盾牌一样，可以起到抵挡苏联的核进攻，避免核战争爆发的作用。为此，美国的弹道导弹核潜艇不仅成了美国海军的坚强后盾，而且成了美国国家安全的坚强后盾，其战略地位之高，已是空军无法否认、无法取代的。

美国在制定20世纪60年代战略进攻力量建设计划时，放弃了优先发展战略空军的原则，把弹道导弹核潜艇作为“唯一实际上攻不破的武器系统”加以重点发展。

1969年尼克松出任美国总统时，认为苏联是一个核超级大国，在军事上比柏林、罗马和东京加在一起还强大，并且对自由和和平构成了更大的威胁。核武器不可能作为解决大国之间冲突的手段。但在核时代，一个没有冲突的世界仅仅是一个幻想。因为它从来不曾存在，而且将永远不会存在。

在国防力量的作用上，尼克松分析了超级大国的实际情况，明确提出要实施威慑战略，而且论述了对莫斯科进行威慑的方法，认为：“一种真正的和平结构，只能被建立在核威慑的基础上”，“为了实现真正的和平，我们必须能够威慑莫斯科，但我们的威慑岌岌可危。我们面临着一个根本问题，威胁要同归于尽是不可信的，而一个不可信的威胁将无法威慑”。

尼克松还就北大西洋公约组织，日本、中国、第三世界战场等国际国内的环境、经济发展、军事力量的威慑作用作了具体细致的分析。据此，对美国的战略提出了许多见解，也对20世纪末的任务作了预测。其根本目的就是要有效地运用国防力量的威慑作用，以和平的方式达到“不战而屈人之兵”。

当时，美国海军和政府中部分人提出了与“现实威慑战略”思想一致的“海上战略”构想：在亚太地区尽早结束越南战争，削减地面部队，维持和加强一支以海、空军为主的机动力量，通过与日本、韩国及东盟国家的合作，牵制苏联在远东的力量。在欧洲，一方面，通过与苏联搞缓和，争取双方裁减驻中欧地面部队，以缓和该地区的对峙局面，另一方面，加强海军力量，以保卫北约南北两翼及北大西洋通道。

这种“海上战略”构想实质上是一种突出海洋和海军在“现实威慑战略”中的地位作用的主张，得到了尼克松和福特两届政府的赞同和支持。

然而，在越南战争时期，美国海军把大量经费都用到了应付战争需要上，致使造舰计划受到严重干扰，许多舰艇均已过时而不得不大批退役，海军实力急剧下降。与此相反，苏联海军自 1962 年古巴导弹危机的刺激后迅速崛起，到 20 世纪 70 年代便发展成了一支能在世界各大洋向美国海军挑战的远洋进攻型力量。苏联海军的崛起，结束了美国海军独霸海洋的历史，开始了美苏争霸海洋的局面。美国海军发现，海洋的自由遭到了严重的限制，制海权再也不是美国所独有的了。

为了扭转这种趋势，美国海军积极要求实施大规模的“舰队现代化计划”，这是美国海军第一次将海军建设方针建立在与苏联争夺海上优势的思想基础之上。

1972 年，美海军预算扭转了连续 3 年的下降趋势。

1975 年，美海军军费的实际支出第一次超过其他军种而占据首位。

1977 年，美国海军还提出了著名的“600 艘舰艇”的设想，即在 20 世纪 80 年代末 90 年代初舰只总数达到 600 艘的计划。

1977 年，卡特出任美国总统，他虽然继续执行尼克松、福特的“现实威慑战略”，但是关于海军在未来战争中的战略地位和任务的看法，却与尼克松和福特政府截然不同。卡特政府中以国防部长布朗为代表的军政领导认为，未来的欧洲战争将是一场“速决战”，而战争最可能爆发的地点是中欧。为了应付苏联的突然袭击，美国必须重点增强驻欧陆、空军，并储存大量作战物资。将来战争的增援主要靠空运，靠海军的海运是来不及的、不现实的。海军保护北约南北两翼并对东欧华约国家及苏联本土进行海空反击的传统战略已经过时。同时鉴于苏联的舰队和陆基航空兵不断加强，美国海军若越过海峡到苏联附近的挪威海和地中海等地对苏联和东欧陆上目标进行打击，必将冒极大风险。因此，海军的任务只应集中对付欧洲之外的地区性危机，以及平时的“显示力量”。

卡特政府的上述战略思想与尼克松政府时期提出的“海上战略”构想完全是背道而驰的。在卡特政府的战略思想中，海洋和海军的地位作用被降到了无足轻重、可有可无的地步。

美国前总统卡特

围绕着美国海军在美国全球战略中的地位和任务以及建设方针问题等，在美国政府内和军方首脑间发生了激烈的争论。

一种意见认为，美国海军在与苏联争霸全球的斗争中，应主要担负“投掷力量”、积极进攻的任务，即从海上对陆上目标进行核威慑、空中打击、炮火袭击或由舰队与陆战队实施两栖作战，为未来战争的胜利起到直接的决定性作用。他们还援引马汉的观点，指责政府：“计划把海军在今后冲突中的行动主要集中于保持海上航道畅通，限制了海军进攻苏联本土的任何作用”，“把美国海军的进攻性打击力量变成活动量小的护航力量，就会把主动权交给苏联”。

另一种意见认为，今后美国海军压倒一切的任务就是“控制海洋”，即保持海上交通线的畅通。因为苏联是美国的主要作战对象，欧洲是主要战场，地面部队是主要的作战力量，海军除了保持一支核报复力量，遏止全面战争的爆发以外，更主要的是掌握制海权，确保海上航道的畅通，以保障美国及其盟国地面部队在欧洲可能爆发的战争中击败苏联。

以上两种意见争论的实质，就是对海军在未来战争中地位和作用的看法问题。若把海军的主要任务看成是威慑力量，则海军在未来战争中将发挥主角作用，至少能独当一面。若把海军的主要任务看成是“控制海洋”，则海军在未来战争中只能起配角作用，不可能在海战场上直接发挥重要作用。美国海军部长和海军将领主要坚持前一种意见，而卡特政府的官员主要持后一种意见。对海军地位和作用的看法，必然会直接影响到海军的建设方针。可见，美国政府在建设多大规模的海军，以什么样的速度建设海军和建设什么样的海军等问题上产生了分歧。

美国“尼米兹”级航空母舰

产生以上两种思想对立的原因很多。从政治上看，是美苏之间既争夺又缓和的结果；从军事上看，是受侵越战争失败的影响；从经济上看，有财力不足的缘故。卡特政府和其他当权者削减了建造核动力舰艇的费用，取消了第三艘“尼米兹”级航空母舰建造计划，使海军的舰艇数量降到了第二次世界大战结束以后的最低水平。1980年，也就是在卡特任职的最后一年，由于苏联入侵阿富汗，美国总统卡特改变了对苏联的看法，改变了对海军的消极态度，作出了恢复建造第三艘“尼米兹”级航空母舰等加强海军建设的决定。

三、威慑——海上战略核心

进入20世纪80年代以后，美国已从越南战争的失败中得到了恢复，对苏联持强硬态度的里根总统上了台。为了尽快改变美国在与苏联争霸斗争中的不利形势，里根政府“重振军备”，对苏联进行全面遏制。

美海军史上最年轻的海军部长莱曼

1981年出任美国海军部长的莱曼，是里根政府所选中的“对外强硬路线的积极推行者”。他在20世纪70年代关于海军地位作用问题的大辩论中，是“重振军备”的“主角派”，曾在1978年著书《航空母舰真正的选择》，阐明自己加强海军建设的主张。

为尽快恢复美国传统的海上优势，使美国海军更好地为美国全球战略服务，莱曼以“新灵活反应战略”思想为指导，批判卡特政府的“配角派”观点，在全海军积极开展以战略问题为主要内容的重大改革。改革涉及美国海军军事思想的各个方面，并逐步形成了比较系统的、适应现代战争需要的海上战略思想、海军建设思想和海上作战思想，这些重要战略思想包含着威慑的成分，使美国海军的地位作用达到了第二次世界大战以后的最高水平。

经过短短几年的努力，美国海军推出了一套完整的咄咄逼人的海上战略理论，包含着重要的威慑思想。该战略继承并发展了马汉的海军战略思想，总结并借鉴了马汉以后，特别是第二次世界大战以后美国海军战略思想方面的经验教训。在美国海军史上，这是继马汉之后，美国海军第二次公开地、较系统完整地阐述战略理论问题。这个海上战略具有制止战争和打赢战争的双重职能，其核心思想是：平时将适当的兵力部署在敌国前沿地区，防止不利于美国的危机和冲突发生或升级。当威慑失败，战争不可避免时，海军兵力灵活地采取“横向升级”的办法，不局限在事发地区与敌对抗，而是要与盟国的海上力量一道，利用海洋的流动性，深入敌方其他敏感地区，用对等的方式有效地打击敌人，使敌人顾此失彼，得不偿失，从而在有利于美国的情况下结束战争。该战略反映出的美国海军战略思想和战略理论，对今后相当长的一个时期内美国海军建设与发展都有指导意义。

美国海上战略是以美国国家军事战略为依据而制定的，美国国家军事战略拥有三大支柱：威慑、前沿防御和盟国团结。这三大支柱构成了美国海上战略的核心思想。

威慑，一直是战后美国军事战略的核心思想，也是美国海军海上战略的内容之一。在和平时期，威慑的目的在于防止危机的发生；在危机发生后，威慑的作用在于控制危机的规模，不使其升级，制止战争的爆发并争取尽早以对美国有利的方式结束战争。

前沿防御，是海上战略中最有代表性的思想，它平时主要表现为前沿部署、战时主要表现为前沿进攻。美国海军坚持在前沿“高威胁区”作战，充分发挥远洋进攻能力的优势。

盟国团结，是“在联合防御中各军种和盟国之间的相互支援”，是美国海上战略中最具有策略性的原则。盟国团结的重要性在于：一是可以获得前进基地，便于实施前沿部署；二是可以通过盟国控制战略要冲，实现前沿进攻；三是可以增强海上优势，分担美国海军的部分经济负担；四是可以避免政治外交上的孤立。

美国海上战略不但坚持了马汉有关“海军战略……无平时与战时之分”的思想，认为海上战略既适用于战时，也适用于平时，而且提出了海上战略平时的战略目标是通过有效的威慑以制止战争，求得不战而胜，因此，海上战略在平时的作用比战时更重要。美国海上战略这一新的思想，突破了平时执行战略只是为战时服务的旧框框，是海上战略思想上的重大进步。

1986 年，美国总统里根在国家安全战略报告中，明确提出，“威慑是我们国防政策最根本的要素之一，是我们联盟关系的基础。威慑不仅要阻止对美国的常规进攻和核进攻，还要阻止对我们盟国的常规进攻和核进攻。如果我们的国防态势使苏联或任何其他敌对国家认为战争的结果是危险的，会造成不稳定，从而消除可能挑起冲突的隐患，这样，威慑就成功了。威慑的形象取决于核力量和常规力量，以及在必要时为保卫我们的重要利益而使用军事力量的强烈愿望”。

里根强调：“为了慑止苏联，我们必须向它的领导人表明，我们具有有效地就针对我们的安全利益的威吓或侵略做出反应的手段和意志。”

“威慑需要有对付各种冲突的能力，威慑的主要基础是战略核力量和支持这些力量的理论。像任何其他威慑一样，核威慑需要我们考虑的不是什么会对我们产生威慑作用，而是什么东西会对苏联起到威慑作用，因为它对世界的认识和价值观与我们有本质的差别。我们不可能完全肯定苏联的认识，所以最为重要的是我们要保持战略能力的有效性和在必要时毫不犹豫地使用它们的愿望。”

为了保证威慑能起作用，美国保留了多种战略部队，保持了多种基地模式发射台和攻击飞行器，并通过潜艇发射弹道导弹、洲际弹道导弹和轰炸机三者组合来实现。

20 世纪 90 年初，国际战略格局发生急剧变化，华约和苏联的解体使得战后 45 年来形成的冷战格局迅速瓦解，美苏两个超级大国主宰世界的两极体制宣告结束，但世界更加动荡不安。为了确保美国“世界领导”地位，建立由其主导的“世界新秩序”，美国先后 4 次调整军事战略，提出了“地区防务”、“灵活与选择参与”、“塑造、反应与准备”以及“先发制人”战略。

基于世界战略格局的根本变化，以及美国国家战略和军事战略的重大调整，美国海军战略重点也发生了根本转变。

1992 年美国推出了“由海到陆”的海军战略；1994 年又对这一战略进行了调整和完善，确定为“前沿存在，由海到陆”。这一新的海军战略为 21 世纪的美海军发展和运用奠定了基础，大大加强了美海军在非战争时期的威慑以及“塑造”的力度。进入 21 世纪以来，美海军颁布了《2020 年海军构想：未来……由海向陆》报告（2000 年 5 月），全面阐述了海军未来发展构想。

2002 年 7 月 8 日，美海军公布了《海军转型蓝图》摘要，反映出海军对建设“21 世纪海上力量的新构想。”并在 2002 年底新颁布了最新一期白皮书：《对付地区和跨国威胁的全球联合作战》，对海军提出五大任务：海洋控制、力量投送、战略威慑、战略海运和前沿存在，强调在平时的战略运用中呈现对潜在威胁进行威慑，防止潜在威胁变成现实威胁。接着美海军又公布了《21 世纪海上合作战略》等一系列海军战略文件。无论美国海军战略如何调整，其中积极威慑的思想一直是主要内容之一。实践证明，积极威慑不仅拓展了威慑的范围和手段，而且有利于增强威慑效果。

美国海军的战略重点由冷战时期主要准备与苏联打一场全球性

的全面海上战争，转变为主要对付各种地区性冲突，准备进行应急作战和局部战争。新战略对冷战时期的“海上战略”进行了重大调整，标志着美海军从冷战时期奉行的公海、远洋战略向地区、近岸和远洋战略的根本性转变。

1. 在战争准备方面，以应付大战为主转变为应付局部战争为主。

2. 在主要作战地域方面，特别强调海军战略重点是在第三世界国家的“沿海”和“近岸”地区作战。

3. 在基本作战样式方面，从以海军对海军的作战为主转变为由海向陆展开的海、陆、空联合作战为主。

4. 在作战编组方面，调整以航空母舰为中心遂行前沿存在和遏制危机任务的海军作战编组方式，采取灵活的海军编组原则，充分利用各类作战舰只，以适应不同情况下的地区性武装冲突。

四、震慑——海上威慑理论新发展

进入21世纪后，美国海上威慑理论又有了新的发展，特别是“震慑”理论对海上威慑理论产生一定影响。“震慑”理论最早出现在1996年美国国防部的一份出版物上，在美国国防部出版的题为《震慑：迅速占据优势》的文章中，两位作者——美军前军官哈伦·厄尔曼和小詹姆士·韦德——阐述了这种新的军事战略思想，明确提出威慑与实战相结合的作战理论。

哈伦·厄尔曼和小詹姆士·韦德当时提出“震慑”理论，主要出于对老布什和克林顿两届政府在国防和军队改革方面的不满，考虑用另类思维来研究美国国防和军队建设的方向，1991年的海湾战争极大刺激了他们的想象力，提出了能不能用50万部队的1/5、1/3或1/2，在1周或1个月打赢海湾战争这场战争。”

他们认为，单纯依靠军事力量的存在和显示往往不能达到政治目的。“震慑”是透过让人胆战心惊的打击和威慑，摧垮对方的意志，动摇其决心，从而达到先声夺人和先发制人的效果，实现预期的政治、外交和军事目标。

文章中写道：“美国必须发展一种新的军事学说，以适应冷战后的国际环境”，“美国必须在舰艇、坦克、飞机、弹药，以及重要的作战人员方面对任何一个作战对手都占有军事优势”。

文章中，两位作者甚至预想到“震慑”作战行动将用于攻打伊拉克，他们强调指出，“震慑”战略目标是要取得类似于使用核武器才能产生的心理效果。迅速占优将使军事革新达到新的水平，并可能扩展到新的领域。迅速占优不仅包括震慑战略、军事结构、预算、基础设施等范畴，还包括未来的民间防卫领域。此外，国防的组织和管理，以及国防资源也包含在迅速占优的概念中。

他们认为，“震慑”理论能“极大地摧毁或挫败敌方的抵抗意志，使他们除了接受我们的战略意图和军事目标外别无选择”。

“震慑”理论有其激进性和超前性，但将其理论运用于实战得益于当权者的支持。有两个人值得一提，一个是当时任美国国防部长的拉姆斯菲尔德，另一个是当时任国务卿的鲍威尔。拉姆斯菲尔德是最早鼓吹“威慑论”者之一，多年来，他一直坚持要充分利用美国在军事革命中所处的有利地位，探讨以少量兵力达成重大战果和“速胜”的战法。1999 年，他与其他 3 位前任国防部长上书美国总统克林顿，解释“震慑”的理论意义，并要求政府付诸实施。2002 年，他下令美国国防部制订入侵伊拉克计划，希望以不同方式打赢这场战争。另一位关键人物是鲍威尔。尽管专家认为鲍威尔是一个崇尚“力量对力量”原则的军人，但厄尔曼在国防大学当教官时，鲍威尔是他的学生之一，厄尔曼的思想影响过鲍威尔对现代战争和战略问题的认识。鲍威尔在其自传《我的美国之路》中这样写道：

美国前国务卿鲍威尔

美国前国防部长拉姆斯菲尔德

“20 世纪 70 年代在美国国防大学学习时，有一位老师把我的眼光提高了好几个档次，他就是海军少校哈伦·厄尔曼，他讲授军事战略。在此之前，我只接触过实干家，他们中几乎没有谁能算是真正的知识分子。厄尔曼是个奇才，集穿军装的学者、海上作战部队指挥官于一身，他拥有一个我所遇到过的最优秀、最有思想的好脑筋。厄尔曼和他的同事使我把自己的一孔之见与相互联系的历史、文化和战争政治的全景衔接起来。”

因此，“震慑论”能从理论运用于实战，是与像拉姆斯菲尔德和鲍威尔这样的当权者密切相关的，同时也顺应了当时美国安全战略调整、国防和军队建设以及作战理论创新的需要。

2003 年伊拉克战争中，拉姆斯菲尔德对“震慑”理论进行了战争实践。

2003 年 3 月 22 日凌晨，美军开始对伊拉克发起代号为“震慑”行动的大规模空袭，着重对伊高层领导人实施“斩首”行动，对伊军指挥中心、政府机构进行突袭，达到了实战与威慑相结合，实践了“震慑”理论。美国海军是伊拉克战争的主要作战力量，其水面舰艇、核潜艇与航空兵密切配合，针对预定目标特别是伊拉克的军事目标进行巡航导弹攻击，取得了预期作战目的。

美国布什总统在总结伊拉克战争时指出，这是一场融合了精确、速度和勇敢的行动，完全出乎敌人的预料，世界也从来没看过。美军从遥远的基地和部署于海上的战舰上起飞战机或发射导弹，或可以摧毁1个师的部队，或可以摧毁单个掩体。“我们见证了新时代的到来，在数百年来的战争中，核时代达到了顶点，军事技术一直在设计和应用于不断增加伤亡率上。在击败纳粹德国和日本帝国中，盟军部队毁掉了整座城市，而与此同时挑起冲突的敌国领导人直到战争的最后还完好无损。”

这从另一个侧面反映出，以“震慑”来“迅速制敌”的战略思想和战法已经深深地根植于美国政府和军方领导人的头脑之中。

从美英对伊战争来看，美国基本上遵循了“震慑论”提出的设想，如，广泛利用信息欺骗和控制媒体、对伊拉克政治领导人“斩首”、对伊拉克相关目标保持强大的军事压力、地面进攻与空袭行动同时展开，等等。

厄尔曼也认为，美英联军“斩首”行动是典型的震慑行动，如果杀死领袖（萨达姆），占有国家（伊拉克）就简单多了……只花费5000万美元的弹药，就能赢得一场战争。

“震慑”理论是威慑思想在信息化条件下的新发展，主要强调“震慑”和“迅速制敌”，“震慑”是手段，“迅速制敌”为目标和结果。要达到“迅速制敌”，首先要对敌“震慑”。在信息化战争条件下，采取“基于威慑作战”的方式，筹划和实施军事行动时，要着眼“屈人之兵”需要，把战与慑融为一体来考虑，使政治、外交、军事等行动融为一体、相互增力，以确保达成威慑的战略目的。震慑既是一种作战指导，也是一种作战原则和要求，体现了目的与手段在本质上的统一。

“震慑”理论的实质，是作战一方通过广泛使用政治、军事、战略、战役、战术等各个层面上的力量，通过强有力的威慑或让人胆战心惊的打击，摧垮敌方的意志，动摇其决心，从而达到先声夺人、先发制人的效果，实现预期的政治、外交和军事目标。体现在战略层面上，是美国长期坚持的“威慑”、“遏制”战略思想的延续；体现在作战层面上，“震慑”理论的核心就是快速主导作战思想。按照这种作战理念，作战目的是为了“震慑”，但手段却不拘泥于非作战行动，而是把慑的思想渗透、贯穿于作战的全过程，把信息威慑、信息投送延伸至作战进程中，慑中有战，战中有慑，慑战成为有机整体，实现有效融合。显然，这是对传统威慑和实战思想的新发展，能够更好地与信息化战争条件下的军事斗争相适应。近十几年来，美国就注重以实战强化威慑的战略运用，动用武力时通过“拣小的打，拣弱的打，拣名声不好的打，拣容易得手的打，拣便于抽身的打”，实现了打一慑多、打小慑大、以小打慑大打，以实现制服弱小敌人、遏制高强度战争、威慑潜在对手的战略目的。

“震慑”理论要求采取与传统作战方式不相同的作战方式，实施“基于威慑作战”，慑打一体，讲究作战效能，运用有其自身的特点和规律。主要体现在“三个强调”上：

一是强调有限作战、精打巧战。“基于威慑作战”理念与传统的作战有明显不同。信息化战争中的震慑作战，并不是为了“消灭敌人有生力量”，而是一种从威慑需要出发的有限实战，表现出作战目的高度明确、作战规模相对有限、作战进程严格可控、多种行动密切配合、作战效果难以确定等特点，强调的是“精打巧战”。在组织实施时，强调围绕震慑要求，哪里威慑作用大就打哪里，怎样打震慑效果明显就怎样打，并不拘泥于打击目标的军用或民用性质，完全是根据威慑需要来定。

二是强调实施精确打击。从一定意义上讲，精确打击是震慑作战的内在要求，是战场精确毁伤能力和战场透明度大大提高后所产生的综合效果，是信息化战争的显著特征之一。精确打击可以直接摧毁敌人重心，威慑作用更大。

三是强调与信息攻心行动的有效配合。震慑作战不仅指具体的打击行动，而且要求与相应的信息攻心行动相配合，这是“基于威慑作战”的内在要求。信息化条件下，信息流动快、容量大、传播广、手段多、影响大，为实施“基于威慑作战”效能提供了更为广阔的活动空间。但信息攻心行动必须与作战行动全程配合，才能迅速将打击效果转化为威慑攻势，更有效地击垮对方心理防线，使其抵抗意志崩溃，从而达成战略目的。

震慑理论有着浓重的强权政治和霸权主义色彩，对弱国实行“斩首”，对国家基础设施进行精确毁坏，尽管贴上“道义”的标签，但仍然是一种非人道行径，践踏了国际法准则，侵犯了国家主权和领土完整。

“震慑”理论与“威慑”理论有许多相同之处，但又不同于“威慑”理论。“威慑”主要指通过拥有和显示强大的实力和能力来阻止其进攻，而“震慑”除了威吓对手投降外，还主张动用核武器在内的各种手段迫使敌人就范，既关注通过显示能力威吓对手，也关注战场的实战效果，达到了理论与实战的有机结合，正如厄尔曼等所言，他们是要找出一种完全不同于冷战时期指导国家军事力量运用的方法手段。

“震慑”理论体现了美国的价值观和社会哲学。崇敬自我、生命和自由，是美国实用主义价值观所在，也是美国的国家哲学。战争伤亡一直是美国社会的敏感问题，特别是越南战争后，对技术和钢铁的依赖成为美国国防和军队建设的绝对追求。在战场上，美国利用技术进步所带来的成果，减少己方的伤亡，追求战略上的“零”伤亡，希望通过震慑对手，达到不流血而迫敌就范的目的。这种思想与美国的价值观和社会哲学相吻合。

“震慑”理论为“先发制人”战略提供了理论依据。“震慑论”既强调威慑思想，也强调实战能力，特别是对付弱小的对手，主张使用“斩首”、“闪击战”和欺骗之类的战争行为，在合适的时候，可不通告对手发起军事行动，把军事打击行动当作“震慑”对手，从而达成战争目标的手段，为美国提出“先发制人”战略提供了理论依据，成为具有进攻性的理论。

五、“先发制人”战略的威慑力

2001 年“9・11”恐怖袭击事件后，美国认为所面临的威胁具有“非单一性、不确定性、突然性”，作战对象和战场更加捉摸不定。面对“9・11”事件对美国传统战略带来的冲击，2002 年 9 月 20 日，美国公布了小布什政府首份《美国国家安全战略》报告，正式宣布对恐怖分子和拥有核、生、化武器的“敌对国家”实施“先发制人”威慑战略。

《美国国家安全战略》报告中提出，所谓“先发制人”，是同传统的“威慑”、“遏制”战略相对而言的。

美国前总统小布什

“先发制人”威慑战略就是料事在先，先敌而行，其核心思想是：在全球化的条件下和开放的社会中，单纯的防御性反恐怖战略无法有效防止恐怖袭击。对于没有国家和公民需要保护的、跨国存在的、若隐若现的恐怖组织，通过威胁实施报复来遏制恐怖主义者的攻击已经毫无作用。为此，反恐战争不能靠防守夺取胜利，而必须发起主动进攻，在潜在的威胁尚未准备好攻击之前就予以主动打击。

布什政府的“先发制人”威慑战略改变了冷战以来美国历届政府一直奉行的以“遏制”和“威慑”为主的战略指导思想。主要有两点区别：

1. 防务态势从“预防性防御”转为“进攻性防御”；

2. 战争准备从“同时打赢两场大规模战区战争”调整为应对全球任何地区可能出现的任何挑战。

“先发制人”战略目的就是在不放弃遏制和威慑的前提下，把“先发制人”和“自卫性干涉”作为正式选择，打击那些可能向美国发动大规模杀伤性武器袭击或恐怖袭击的国家和恐怖组织。

在“先发制人”威慑思想的指导下，至少在反恐问题上美国安全战略的基础被改变了。美国有权使用所有认为适当的手段，包括武力，对“无赖国家”和恐怖分子进行“先发制人”的打击，而不必取得联合国的授权。自此，美国时刻准备在恐怖威胁抵达自己边界之前将其摧毁，并在必要时坚决采取单独行动，打“先发制人”的战争。

需要指出的是，美国的“先发制人”威慑的适用对象很明确，就是恐怖主义组织和敢于向美国叫板的国家。这些国家被美国指责为拥有或企图使用大规模毁灭性武器，并为恐怖分子提供庇护。例如，2003 年 3 月美国未经联合国同意，发动针对伊拉克的战争，标志着布什政府“先发制人”威慑正式付诸实施。

超强的军事实力为美国推行“先发制人”战略提供了雄厚的物质基础。美国之所以敢于提出并实行“先发制人”威慑，是因为美国在冷战后已经成为世界唯一的超级大国，苏联的解体使美国失去了唯一的制约力量。20 世纪 90 年代，美国经济持续了近十年的增长，为小布什政府执行霸权主义政策创造了条件，美国目前的军事力量不仅是世界第一，而且已经超过其他诸强军事力量的总和（美国的军费开支大于排在美国之后的 14 个国家军费开支的总和），美国的经济力量也大于排在美国之后的日、德、法三国的总和。正是凭借如此强大的军事和经济力量，为追求美国的绝对安全，布什政府越来越倾心单边主义政策，力图摆脱各种国际机制的束缚，对国际恐怖主义组织和某些国家进行“先发制人”威慑战略。

其实，传统的遏制威慑在对付新的非对称威胁时不起作用。“9·11”袭击事件彻底改变了美国政府和民众对于自身安全环境的判断，他们把恐怖主义当成当今美国最紧迫、最危险的敌人。与主权国家不同，当代国际恐怖主义活动具有跨国性、流动性和时空的不确定性等特征，“遏制”无从谈起，而极端主义和狂热的宗教动机使得恐怖分子轻视个人生命和社会安全，心理上并不畏惧遭受报复，因此威慑战略也难以奏效。所以，美国认为，为了应付新的非对称威胁，要采取一种积极的进攻战略，进行“先发制人”的军事打击，在敌对势力对美国发动袭击之前就对其实施有效打击，确保美国的安全。

回顾历史，美西战争、第一次世界大战和第二次世界大战、海湾战争、科索沃战争，每经历一次战争的胜利，美国的对外政策中的全球主义、霸权主义和单边主义就有上升势头。阿富汗战争和伊拉克战争的速战速决，使美国清楚地认识到自己在国际体系中所拥有的特殊性和霸主地位，增强了美国推行单边政策的意愿。“先发制人”威慑是美国对外政策的单边主义中最重要的内容之一。加剧了美国霸权主义与反霸权主义之间的矛盾，给国际社会制造了更多的不稳定因素。美国提出的“先发制人”威慑的思想，只会加剧一些国家和组织同美国的矛盾，在全球化的时代里，不仅不能消除威胁，反而会造成仇恨的恶性循环，造成国际社会的动荡和纷争。

第七章

苏联/俄罗斯：以核威慑为后盾的常规威慑思想

俄罗斯位于欧洲东部和亚洲北部，幅员广阔，东西长约1万余千米，南北宽近3000千米。北、东两面濒北冰洋和西北太平洋，隔白令海峡与美国阿拉斯加州以及隔日本海与日本相望，南、西两面陆上毗连的除中国之外，均为中小国家，其安全的环境比较好。俄罗斯是一个陆海兼备的大国，其海军是世界屈指可数的一支海上军事力量，其海上威慑思想的演变也经历了漫长的历史时期。在世界海洋争霸的舞台上，为了向外扩张，沙皇俄国扮演了重要的角色，它凭借海上优势向欧洲列强推行“炮舰政策”，获得巨大利益，但他十分不甘心，制订了一个庞大的海外扩张计划。为了实现这一扩张计划，历代沙皇大力建设和发展海上军事力量。沙俄建立海军和从事海外扩张是从彼得一世开始的，这一时期已经出现了海上威慑思想的萌芽，在彼得一世“双手俱全”思想指导下，创建了波罗的海俄国舰队，与瑞典打了一场长达20余年之久的北方战争，最终夺得了波罗的海出海口和海上霸权。叶卡捷琳娜二世统治时期，是俄国海军发展的黄金时代，俄国重新建立了黑海舰队，打了两次俄土战争，最后在黑海牢牢控制了第二个出海口。可见，俄罗斯历史上，大力发展海上军事力量，其目的非常明确，就是争夺出海口，向海外扩张。

第二次世界大战后，苏联海军理论得到大发展，戈尔什科夫《国家海上威力》的问世，标志着海军建设进入了一个新的历史时期，苏联海军从一支近海防御型的海军，发展成为一支以弹道导弹核潜艇为核心的远洋进攻型的海军，其海上威慑和作战能力大大提高。冷战结束后，俄罗斯继承了前苏联海上威慑的思想，进一步充实和完善了海上威慑的内涵。今日的俄罗斯仍然十分重视“国家海上威力”这一概念，海上威慑思想的内涵已经从侧重军事、政治方面转到侧重军事、经济方面，紧紧与国家利益联系在一起。

一、俄罗斯海上威慑思想雏形

17世纪前，俄罗斯还是一个内陆国家。1682年彼得一世即位沙皇，为了夺取出海口，寻求俄国的生存和发展，开始大力发展海上军事力量，那时，俄国就已经出现了海上威慑思想的萌芽。其中，彼得大帝“两只手”成为世界名言，流传至今。

“凡是只有陆军的统治者，只能算有一只手，唯有同时兼有海军的统治者，才算双手俱全。”

在彼得“两只手”思想指导下，俄国创建了第一支海军舰队，打通了南方出海口，后又创建了波罗的海舰队，打通了北方出海口。彼得执政末年，俄国海军力量取得了惊人的发展，20年时间就缔造了一支位居欧洲第二位的海上力量。彼得大帝的“两只手”思想是在俄罗斯缺乏任何捷径的出海口情况下产生的，应该是俄国历史上最早的海上威慑

俄国沙皇彼得一世

思想的雏形。

向西夺取波罗的海出海口，只是完成了沙皇海上扩张的第一步。这对于贪得无厌的俄国沙皇来说是远远不能满足的。马克思曾说过："沙俄这样大的一个帝国只有一个港口作为出海口，而且这个港口又是位于半年不能通航，半年容易遭到英国人进攻的海上，这种情况使沙皇感到不满和恼火，因此，他极力想实现他的先人的计划——开辟一条通向地中海的出路。"

打开通向地中海的出路，对于历代沙皇确实具有极大的"吸引力"。对于沙俄来说，夺取了地中海的控制权，就可以从南面包抄西欧，确立对欧洲的霸权，就可以进一步向亚、非大陆和印度洋地区扩张，同英、法等国争夺殖民地势力范围。要想进入地中海，关键一步是夺取巴尔干半岛，特别是占领君士坦丁堡以及控制博斯普鲁斯海峡和达达尼尔海峡。因此，向黑海进军夺取君士坦丁堡以及上述两海峡始终是俄国历代君主之梦。

俄国女皇叶卡捷琳娜

1762 年俄国女皇叶卡捷琳娜二世（1729～1796 年）即位，她立即着手将这一梦想变为现实。为了争夺欧洲霸权，乃至世界霸权，这位"贵族女王"先后多次发动战争。她为俄国赢得了克里米亚和波兰，打通了南方出海口，使俄国的版图从 1642 万平方千米扩大到 1705 万平方千米，增加了 63 万平方千米。正如恩格斯指出的那样："到叶卡捷琳娜逝世的时候，俄国的领土已超出了甚至最肆无忌惮的民族沙文主义所能要求的一切……俄国人不仅夺得了出海口，而且在波罗的海和黑海都占领了广阔的滨海地区和许多港湾。"

由于叶卡捷琳娜始终把海军放在国家比较重要的位置上，因此，在她统治时期，俄国已进入世界海军强国之列。俄国海军所具有的这种强大的海上威慑力量，使大半个欧洲感到惊慌，当时是俄国海上军事力量发展的黄金时代。建设海军是为了拥有一支强大的海上威慑力量，有了强大舰队之后，叶卡捷琳娜二世立即着手发动对土耳其的战争，以实现她的夺取黑海水域之梦。叶卡捷琳娜在位期间，一共进行了两次俄土战争。俄国海军首次向土耳其的进攻就显示出了极大的威慑力。俄国海军首次走出近海，从波罗的海出发，深入地中海作战，破坏了土耳其在爱琴海和地中海的交通线，打击了土耳其重要的沿海据点。1769 年至 1774 年期间，俄国共有 5 支舰队从波罗的海驶入爱琴海，这在当时可谓是一项创举。

二、第二次世界大战后俄罗斯海上威慑思想的形成

第二次世界大战使苏联国力遭到了极大削弱，加之第二次世界大战期间战胜强大陆上敌人经验的影响，苏联高层对建设一支强大进攻性海军的认识尚不统一，同时也缺乏建立崭新海军力量的经济能力和技术能力。这一时期，苏联海军被认为是“地面部队在海上的延伸”，海军仍然是只能在近海水域活动的防御型海上力量。当时，苏联的军事战略认为，国家安全的主要威胁之一是来自海洋方向的敌两栖兵力登陆，赋予海军的主要战略任务就是抗登陆作战。

海军的具体作战任务仅限于：在海上和濒陆海区消灭敌人；向沿岸岛礁输送登陆部队；实施抗登陆作战；对陆军濒海侧翼进行火力支援；布设和扫除水上障碍；担负战斗巡逻和侦察；搜索和消灭敌潜艇等。当时的美英等国海军实力与苏联海军相比占有决定性优势。

1949 年 9 月，苏联成功地爆炸了原子弹，打破了美国的核垄断。20 世纪 50 年代中期开始，苏联的政治、经济、科学技术等方面都出现了重大变化，这极大地促进了苏联海军战略使用的转变。

1955 年，苏联首次研制成功潜射弹道导弹，同时开始研制核潜

艇，决心与美争夺核威慑优势。1955 年 9 月，苏共中央作出了加快海军建设的决议，明确提出海军建设的目标是“大规模地建设强大的远洋导弹核舰队”，这标志着苏联海军建设进入了一个新的时期。时任苏共总书记的赫鲁晓夫对建立一支远洋进攻型海军并无异议，但来自于深受核时代海军无所作为理论的影响，他把指导思想的落脚点放在与美国争夺核威慑优势上。他过分强调导弹核威慑武器的使用，而忽视了常规威慑力量的发展。他认为，战略火箭军才是至高无上的，战争的结局将取决于核武器的拥有量。空军和海军已经失去了它们过去的作用……不是要被削弱，而是要替代。

因为大型水面战舰已经过时，巡洋舰只适合于国事访问，而航空母舰只不过是核武器的“活动靶子”。在这种思想的支配下，赫鲁晓夫下令大量裁减常规部队，停止建造大型舰艇包括已经动工的巡洋舰，集中力量发展核潜艇和远程航空兵。

1955 年至 1960 年，赫鲁晓夫裁减常规部队 334 万人，海军退役各型军舰 375 艘，海军近 2000 架岸基飞机移交国土防空军，海军航空兵改为海岸火箭炮兵，并配备岸舰导弹。赫鲁晓夫核迷信的后果尽管使苏海军在导弹化、核动力化方面取得了巨大进展，却也造成了苏联五大军种的不均衡和兵力的畸形发展，导弹潜艇的位置过于突出，大中型舰艇的发展跟不上，没有舰载航空兵。

1956 年，戈尔什科夫出任海军总司令后，由于受赫鲁晓夫“核主宰”思想的影响，苏联海军开始了以潜艇和导弹武器为基础的远洋核舰队建设工作，走上了偏重导弹核潜艇的单兵种发展之路，海军兵力结构受到严重影响。该时期内，弹道导弹潜艇开始装备海军，武器装备导弹化、推进装置核动力化开始出现，并随之出现了以潜射弹道导弹袭击敌岸上重要目标的崭新任务。这为苏联海军战略使用由近海防御转向远洋进攻提供了必要的前提条件。

1962 年古巴导弹危机，迫使苏联领导人开始认识到“核主宰”这一单兵种发展之路的局限性和脆弱性，使苏联海军建设出现了转机。当时针对美国海上封锁，苏联海军除了潜艇外，几乎没有能够派往加勒比海活动的作战舰只，苏联运载导弹的舰只不得不接受美海军的检查。这一事件使苏联在全世界面前丢了丑，赫鲁晓夫的“核威慑战略”宣告破产。苏联最高当局决定加快远洋海军建设的步伐。为此，戈尔什科夫提出了海军建设应“均衡发展”理论，主张海军各兵种之间应合理、有计划、按比例地发展。从那时起，海军又重新开始研制、建造大中型战舰。

20世纪60年代前半期，“莫斯科”级直升机母舰和一批导弹巡洋舰陆续加入现役。不仅如此，苏联海军还相应增加了大中型战舰在远洋活动的强度。1961年，苏联海军首次派舰进入挪威海举行演习；1962年又进入大西洋演练；自1963年起开始在大西洋东北部组织例行演习，这些演习，目的很明确，就是要显示海上威慑力量。

1964年，勃列日涅夫接替赫鲁晓夫出任苏共总书记，对“导弹核战略”进行了重大修正，苏联海军重新调整了建设方针，确立了“发展进攻型远洋导弹核舰队”的军事目标，加速建设以导弹核潜艇和导弹舰载航空兵为主力的进攻型远洋海军。勃列日涅夫提出了一个既准备打核战争，又准备打常规战争的“积极进攻战略”，决定在优先发展核武器的同时，把扩充海军放在非常突出的地位，增强海军在国防体系中的作用。在这一总的战略和戈尔什科夫“均衡发展”海军理论指导下，苏联海军迅速发展，军费逐年增加。1963年，海军军费占国防预算15%，1979年则为20%左右；海军舰艇的吨位大幅度增加，1963年总吨位是170万吨，1979年已达350万吨，翻了一番，一些小舰艇陆续被淘汰，舰艇数量减少，吨位却增加了，海上威慑能力大大增强。

1965年苏联海军开始配备3400吨的“鳄鱼”级登陆舰。1966年，研制出可与美国海军当时最先进的“北极星”级核动力弹道导弹潜艇相媲美的Y级核动力弹道导弹潜艇，又先后推出了更为先进的D级和“台风”级核动力弹道导弹潜艇，这些潜艇均能从苏联沿海发射战略导弹打击美国本土。苏联海军成为继美国海军后世界上第二支能从海上发射战略核武器的海军。

20世纪70年代，苏联海军舰艇研制工作到了空前大发展时期。主要研制出“基辅”级航空母舰，“克列斯塔”级、“喀拉”级、“光荣”级导弹巡洋舰，“基洛夫”级核动力导弹巡洋舰，“卡宁”级、“改装卡辛”级、“现代”级、“无畏”级导弹驱逐舰和“克里瓦克”级导弹护卫舰和“罗戈夫”大型登陆舰。这些舰艇的特点是大型化、导弹化、核动力化，具有较强的生存能力与打击能力，提高了苏联海军海上威慑能力。

随着苏联海上威慑实力的增强，苏联海军开始向世界各大洋渗透。1962年，其核潜艇首次成功地进行了北极冰下航行；1966年又首次进行了环球航行；1967年，苏联海军进驻地中海，成立地中海分舰队；1968年11月，苏联海军涉足印度洋，组建印度洋分舰队；1979年，苏联又派舰船进驻越南金兰湾。苏联还在西非海岸部署了5~8艘舰船，经常派舰艇编队前往加勒比海，并在该海域长期保持一艘舰船。另外，苏联海军还配备了侦察卫星，其侦察舰、侦察机开始频繁地出现在世界各重要海域和空域。1970年，苏联海军首次组织举行了“全球规模”的海上大演习；1975年和1981年，海军又先后开始参加苏军组织的“东方”和“西方”诸军种例行合同作战演习；1985年，苏联太平洋舰队首次组织航空母舰战斗群远航西太平洋。

至20世纪70年代中期，苏联宣称已经建成了一支进攻型远洋舰队。苏联远洋舰队的建成，不仅使苏联海军发生了质的变化，即从近海防御转为远洋作战，从能执行战役、战术任务到能执行战略任务，而且使苏联海军能与世界最强大的美国海军相抗衡。

从1975年至20世纪80年代中期，苏联海军以“建设一支全面发展的海军”为目标，在重点发展海上核力量和海军航空兵的同时，也加强了大型水面舰艇等兵种建设。这一时期，苏联海军已全面实现大型化、导弹化和核动力化，海军舰艇实力超过美国，跃居世界第一位，已完全从一支影响力仅及于苏联海疆的近海防卫力量，发展为在全球范围内与美国争夺海洋霸权的“超级大国的超级海军”。

1985年2月戈尔巴乔夫执政后，开始推行政治“新思维”和“纯防御”军事战略，提出“合理足够”建军原则。苏联军事战略由“积极进攻”向“战略防御”的转变，促使海军战略使用也随之发生重大调整。

在“纯防御”军事思想指导下，苏联海军战略重点开始由远洋返回中、近海，并特别强调对重要海域的防御，“远洋进攻”战略被“区域性防御”战略所代替。

新的海军战略强调，苏联海军的主要作战任务由“对敌陆上目标实施大规模打击”（即对岸打击）转变为在对敌实施核战略威慑前提下的“对敌海上兵力集团作战”；海军活动范围从远洋向中、近海收缩，重点加强对中、近海及重要出海口的控制，在较大海域内阻止美国海军对苏联的攻击。

与前一时期奉行的“远洋进攻”战略相比较，“区域性防御”战略最大特点是，将防御区设在重要“战略地带”。

远洋进攻战略时期，苏联海军的战略目标不仅是保卫苏联4.3万千米的海岸线安全，维护苏联在全球各大洋的利益，而且战时还要摧毁敌岸上、海上重要目标，决定性地影响整个战争的进程和结局，具有明显的“向岸性”。而“区域性防御”战略时期，苏联海军战略使命由与美国争夺海上霸权演变为近海防御，海军主要任务是“保卫自己的海岸，反击敌人的突然入侵”，重点是防卫“战略地带”和“海上交通线”，其防御纵深从苏联近海延伸到世界大洋的重要海峡或海峡通道，强调的是“海军对海军”的作战。

在“区域性防御”海军战略使用原则指导下，苏联海军发展建设重点强调完善兵力结构、缩小数量规模、提高装备质量。装备建设则注重均衡发展，航空母舰和导弹巡洋舰等大型水面舰艇建造受到重视，潜艇、水面舰艇和海军航空兵均被列为海军主要兵种，海军武器装备的大型化、导弹化、核动力化十分明显，舰载和岸基航空兵实现了导弹化、喷气化和远射程化。在战略使用上，苏联海军停止介入海上局部战争和武装冲突，大幅减少在海外的军事存在，开始有选择地放弃部分国外海空基地的使用权，逐步收缩前沿作战兵力，苏联海军进入了重大战略调整期。

三、戈尔什科夫的《国家海上威力》

苏联海军实力的急剧增长和武器装备的快速发展，促使苏联海军战略理论发生了巨大变化。20 世纪 70 年代，苏联的海上威慑理论不断得以完善，其中，苏联海军元帅戈尔什科夫的海上威力思想使苏联海上威慑理论得到发展。

苏联海军元帅戈尔什科夫

戈尔什科夫毕业于伏龙芝海军学校，在黑海舰队服役。1932～1939 年在太平洋舰队历任护卫舰舰长、驱逐舰舰长、驱逐舰支队支队长。卫国战争期间，参加过敖德萨保卫战，指挥首批登陆兵登陆，支援防御部队作战；指挥登陆部队在刻赤半岛登陆和保卫高加索作战。战后历任黑海舰队参谋长、黑海舰队司令、海军第一副总司令、国防部副部长兼海军总司令、国防部总监察员等职务。战争的实践，使戈尔什科夫清醒地意识到，海军在维护国家利益中的重要性。从 1967 年起，戈尔什科夫开始出版《海军学术的发展》、《国家海上威力》（1977 年）和《战争年代与和平时期的海军》（1979 年）等著作，这些书中包含了大量的海上威慑思想。

戈尔什科夫认为：“国家海上威力在一定程度上标志着一个国家的经济和军事实力。”

他提出了“国家海上威力”的概念，充分肯定了海军的地位和作用，即“合理地结合起来的，保障对世界大洋进行科学、经济开发和保卫国家利益的各种物质手段的总和”。其成分包括“海军、运输船队、捕鱼船队、科学考察船队，等等”。海军是国家海上威力的一个最重要的组成部分。

他认为，自古以来，海战场对陆战场起着巨大的影响作用。特别是“在科技革命时代，海军获得了最重要的战略要素之一的地位，能直接袭击敌军集团和敌领土上生命攸关的重要目标，对战争进程产生很大的，甚至是决定性的影响”。

由于海军存在的本身对潜在的敌人能构成威胁，因此，海军就自然成为海上威慑力量。苏联舰队必须具备强大的实力以显示其能够支持“民族解放的战争”和“遏制帝国主义的侵略”。

戈尔什科夫强调海军在维护国家利益的作用，十分重视海军和平时期的使用。他认为，在和平时期海军一贯是国家的政治工具、外交的重要支柱，可以用来显示本国的经济和军事实力，提高本国的国际威望，支持国家的外交政策，有效地保障国家在国外的利益，对国家的政治和外交起着其他军种无法代替的巨大作用。“在和平时期，海军也是常常被用来在国外显示国家的经济和军事实力的军事因素。在各军种中，唯海军能最有效地保障国家在国外的利益。”

“海军的示威行动，在很多情况下，仅仅以其潜在实力和开战相威胁，不诉诸武力便可达到政治目的。”

戈尔什科夫认为，海军的这些作用是由海军所固有的特点造成的。海军具有高度的机动性，并且能够在暂不侵犯别国主权和过早引起国际争端的情况下，在可能发生战斗行动的海区长期处于战备状态，与其他军种相比，海军能形象地在国际舞台上显示本国的现实战斗威力，能远离本土实施大规模的军事行动，有效地保障国家在国外的利益。苏联是世界上最大的陆地国家，又是一个海洋国家，海军对于苏联具有特别重要的意义。这充分说明海军以公海为主要活动舞台，可以利用其自持力大、机动性强的特点，在大范围海域活动，有力地支持国家政治外交斗争，是一支其他军种不可取代的重要力量。

海军在和平时期使用的主要方法是显示力量和决心，基本的样式是海上存在、值班巡逻、舰艇访问等。戈尔什科夫认为，苏联海军应担负对陆上目标进行军事威慑的使命，苏联海军的军事威力应由传统的水域扩展到覆盖全球的范围。

在这种理论的指导下，苏联海军仅用了20多年时间，就从一支岸防型的“要塞舰队”一跃成为一支“均衡发展”并足以与世界一流海军相匹敌的进攻型远洋舰队，为苏联的对外扩张政策服务。苏联海军在世界各大洋游弋，贯彻苏联的海上威慑思想。冷战期间，苏联海军继续使其弹道导弹潜艇部队不断保持现代化，并且随时部署有大约10艘进行海上威慑的Y级和D级潜艇，以展露自己的海军力量。

1976年，苏联以帮助黎巴嫩调解内部纠纷为借口，将第一艘航空母舰“基辅”号派往地中海炫耀武力，并监视美国第6舰队的行动。除了与西方国家争霸中显示武力外，苏联还对发展中国家炫耀武力。20世纪60年代中期，中苏两党关系破裂，苏联借口援助越南，经常在中国南海海域集结，太平洋舰队的潜艇经常在中国黄海、东海、南海一带活动。

戈尔什科夫在提高海战场的地位和作用的基础上，深刻揭示了海军在支持国家崛起中的地位。在他看来，“海军的强大是促进某些国家进入强国行列的诸因素之一。历史证明，如果没有强大的海上军事力量，任何国家都不能长期成为强国”。“一个沿海国家，它如果没有与它在世界上的作用相适应的一支舰队，就表明这个国家在经济上是相对薄弱的。”

可见，海军的重要性不仅在于它是战时达到武装斗争的政治目的的强大手段，而且也在于和平时期“可以用来显示一个国家的经济实力和军事实力”。

在现代条件下，海军由于其打击力量的增强，已成为最重要威慑手段，它能直接威慑敌方，从而对战争进程产生非常大的，有时甚至是决定性的影响。戈尔什科夫作为海军总司令，反复强调，苏联是一个大陆国家，但也是一个濒海国家，苏联“必须拥有强大海军，才能与我国所处的地理位置，与我国这样一个世界强国所起的政治作用相适应”。他极力主张，以现代化技术装备海军，重点发展导弹核潜艇、远程航空兵和反潜兵力，建立一支远洋攻击型海军。

戈尔什科夫海上威慑思想对苏联海军建设与发展起到重要作用，而且在世界上产生了一定影响，他那本《国家海上威力》已被翻译成多种文字，成为世界军事经典著作，他关于“海军是唯一能在国外保卫国家利益的军种”的思想也流传于世界，为海上威慑理论的完善和发展做出了贡献。

四、当代俄罗斯海上威慑思想的发展

苏联解体后（20 世纪 90 年代中期），由于俄罗斯政治、经济形势急转直下，国家整体实力大幅下降，军费严重短缺。

1992 年俄罗斯独立建军后，根据国际战略格局、国内政治经济形势以及国家面临安全威胁的变化，基于俄海军实力现状，其海军战略使用由“区域性防御”进一步调整为“近海防御”。主要内容是将制止战争放在军事战略考虑的优先位置，同时强调必要的战争准备。俄海军将战略部署重点放在了北方和远东，黑海、波罗的海及里海地区则受到地缘挤压，势力范围及海军兵力大幅收缩，海军实力急剧下降，与美海军的实力差距迅速增大，完全丧失了与美在世界大洋争雄的能力。俄海军兵力逐步撤离海外基地和世界大洋，活动范围基本局限于俄罗斯近海海域内。

1996年，俄军重新调整国家安全战略，提出并确立了“现实遏制”军事战略。但基于“跨境威胁”的新判断，于2003年10月正式提出了为维护俄罗斯及其盟国利益可实施“先发制人”打击的新思想和新观点，从而使俄军“现实遏制”战略有了新的内涵。俄军事战略指导下的俄海军战略（使用）坚持以“近海防御”为指导，不同时期其内容也在不断充实和发展之中。进入21世纪以来，根据新的《俄联邦海军战略（草案)》规定，俄海军确立了“近海防御、远洋存在”战略。其主要内容是，俄海军在贯彻近海积极防御方针的同时，要重点加强俄海军在世界大洋的军事存在，确保俄在世界大洋的国家利益。

苏联解体后，俄罗斯海军举步维艰，作战能力大打折扣。随着俄罗斯经济逐步走出低谷，为确保海军战斗力，近年来俄政府在财政十分紧张的情况下，仍相当重视海军舰艇的建造工作，拨款将苏联解体时开始建造的4艘核潜艇和近10艘大型反潜舰建造完毕。

当前，俄罗斯海基战略核力量约占国家“三位一体”战略核力量的30%，2012年后这一比例将达到50%左右，海军战略核力量是俄军必要时实施“先发制人”有限核打击的主要力量。为此，俄海军强调，平时要保持海基战略力量的高度战斗准备，使其处于良好战斗状态，以提高核遏制的有效性。战时，战略核潜艇依命令进入预定发射阵位，随时进行核打击或核反击。

海上兵力则在岸基航空兵、陆岸防御部队的有效掩护下，在太空兵力的情报支援下，对敌海上兵力集团实施多层次、立体化的火力突击。远程突击由攻击型导弹核潜艇和图-22M轰炸机负责，中程突击由攻击型核潜艇和航空母舰舰载机负责，近程突击由常规攻击潜艇、强击机和水面战斗舰艇负责，分别达到削弱、重创和消灭敌海上兵力集团的目的。敌目标向海岸方向越接近，俄军使用的兵力就越多，突击的火力密度就越大。以俄海军现有武器装备控制和打击能力，俄海军的防御纵深远远大于美国海军航空母舰战斗群的有效作战半径，已超出“近海”防御范畴。俄海军装备的花岗岩、玄武岩、X－55 等常规反舰导弹射程均在 500 千米以上；图－22M 轰炸机、苏－33 舰载歼击轰炸机的作战半径均在 1200 千米以上。如进行空中加油、使用战略型反舰导弹、前出攻击型核潜艇等，则防御纵深将达到 3000 千米以上。

进入 21 世纪以来，俄罗斯先后制订了《2010 年前俄海军政策要点》和《2020 年前俄海军理念》两个中长期海军发展规划。根据俄海军发展规划，俄将分阶段更新海军舰艇、武器和技术装备，建造新一代战略导弹潜艇、多用途潜艇和包括航空母舰在内的水面舰艇，力图恢复其海军大国地位。随着俄罗斯经济的好转和综合国力的提高，未来俄海军建设与发展的目标将极可能由建设“超强的濒海舰队”转向重新发展“远洋舰队”，2020 年后不排除俄海军战略再次向远洋攻势方向调整的可能。

第八章

英国：依附威慑思想

英国全称大不列颠及北爱尔兰联合王国，由大不列颠岛、爱尔兰岛北部和若干小岛组成，大不列颠岛又可分为英格兰、苏格兰和威尔士三部分。它地处西欧西北部，西隔大西洋与北美洲相对，东临北海与斯堪的纳维亚半岛相近，北濒挪威海与冰岛相望，南隔多佛尔海峡、英吉利海峡（最近处 33 千米，有海底隧道相通）与法国为邻，面积 24. 4 万平方千米。它介于欧洲、北美洲两大陆之间，有众多的国际海空航线，是沟通美欧之间的天然桥梁，战略地位十分重要。英吉利、多佛尔海峡是抵御陆海军大规模入侵的天然屏障，英国前首相温斯顿·丘吉尔把它称为“世界上最可靠的战壕”，具有重要的军事价值。

英国是西方世界现代大战略的故乡，第二次世界大战前，以利德尔·哈特和富勒为代表的英国军事理论界，就曾对“间接路线战略”、“大战略”和“威慑”问题进行较为系统的研究。由于英国是一个典型的岛国，独特的地理位置，使得这个国家十分重视发展海上军事力量，很早就建立了一支强大的海上军事力量。历史上，英国靠着海军、殖民地和贸易而强盛起来，可以说，近代英国的强盛与英国海上军事力量的崛起基本上是同步的。20 世纪 50 年代，英国军事理论界提出了“有条件的大战消亡论”，阐述了实施威慑、进行防御和保持必要的实力三者之间的关系，首次提出了“大威慑”的方针，并将威慑具体区分为被动威慑和主动威慑、部分被动威慑和部分主动威慑。50年代中期英国核力量建立后，逐步形成了当时英国的“分级战争”和“分级威慑”战略。60年代初，在继续强调“大威慑力量”的同时，受美国现代威慑战略的影响，英国认为常规防御欧洲大陆和实行核威慑都具有头等重要意义，不断加强与美国的军事联盟至关重要，并主张发展独立的核力量。但随着英国国力和海上军事力量的持续下降，英国无法继续在苏伊士运河以东区域保持海上威慑。因此，到20世纪60年代英国采取了海外战略力量收缩方针，但确保重点海域和区域的海上军事存在，保持必要的海外军事基地。从总体上讲，战后的英国主要是立足于依靠美国的“核保护伞”，来遏制华约集团的威胁。随着灵活反应战略在西欧以及北约集团的最终确立，英国始终坚持奉行“最低限度核威慑”战略。由于英国受美国核威慑战略的影响与控制较深，所以，自20世纪60年代以后，英国关于现代海上威慑战略思想的发展变化不大，一直没有形成更为系统的理论体系。然而，随着世界形势的变化，英国军事理论界提出了“海上威吓”的思想，充实和发展了海上威慑战略思想。

一、“日不落”帝国的海上实力论

英国作为近代海军强国，凭借其强大的海上力量，以武力建立了庞大的殖民帝国。英国位居西欧边缘，由英格兰、苏格兰、威尔士和北爱尔兰及附近若干个岛屿组成，四周海洋环绕，英吉利海峡成为英伦三岛阻击外来入侵的天然屏障。从地理特征上看，大不列颠就像是一个“悬挂”在欧洲之外的一个“孤岛”。岛国的特殊地理形势，使英国人懂得必须坚守大海才能免遭入侵。为了利用海洋以控制世界，1546年英国组建“核心舰队”，成立常设海军。

从17世纪开始，英国为夺取欧洲海洋霸权，先后与西班牙、荷兰、法国进行长达1个多世纪的海上角逐，海军力量得到迅速发展。到19世纪初，海军名将纳尔逊在特拉法尔加海战中一举击败法西联合舰队，从而确立了英国海上霸主地位。1840年，英国对中国发动第一次鸦片战争，利用炮舰迫使清政府签订一系列不平等条约，强迫中国开放门户，使中国逐步沦为半封建半殖民地的国家。殖民体系建立以后，英国统治者认为，通过拥有压倒性优势的海上实力，并采取威慑手段来避免战争，比实际使用武力更加经济有效。

英国前首相温斯顿·丘吉尔在总结这段历史时，高度评价了英国海军的威慑作用。他认为："海军的地位得到空前的巩固，没有人再怀疑海军究竟能干什么，事实上海军几乎是无所不能。""英国海军对我们来说是必需的，海军实力直接关系到英国本身的生死存亡，是我们生存的保证。"

海上力量、海外基地和制海权成为英国海上威慑思想的主要内容。在英国殖民扩张过程中，强大的海军无疑发挥着决定性的作用。但是，英国海军力量并不是一开始就强大的，特别是在19世纪上半叶并没有那么显赫。拿破仑战争结束的1815年，英国拥有214艘战列舰，792艘各类巡洋舰，海军力量在欧洲名列前茅。但此后逐年下降，适合服役的战列舰数量不断下降，1817年是80艘，1828年是68艘，1835年下降到58艘。

直到19世纪中叶，随着海外贸易的迅速发展，海外殖民地的扩大和国家综合实力的不断增强，英国才逐步建立了一支实力超强的海上力量。

1847年，英国用于建造舰艇的财政支出约为800万英镑，有4.5万海军官兵，这几乎是1817～1820年英国海军人数的一倍。英国建立了一支比法国、俄国和美国舰艇还要多的海上军事力量。

19世纪下半叶，欧洲其他列强在完成国内统一和资本原始积累双重任务后，开始把目光转向海外，殖民地竞争越来越趋于激烈。

特别是德国，在威廉二世继位后，除了建立一个从北海、波罗的海到亚得里亚海，从柏林到巴格达的“大德意志帝国”外，还提出了“世界政策”，建立“德意志殖民协会”、“德意志海军”，争夺“生存空间”。在此影响下，德国国会在1898～1908年间通过了4个加强海军的法案，拉开了与英国进行海军竞赛和争夺海外殖民地的架势。

为了扼制法、德、俄等国不断加强的海上力量，英国海军理论界提出建设“双强标准”海军理论，即英国海军力量不少于世界上仅次于英国的最强两个海军大国的力量之和。

在英国的海上威慑实践中，海外殖民地以及附属的海外基地，是支撑英国殖民发展和殖民体系、维持海上交通线的有力手段。然而，在早期海外殖民地开拓阶段，英国似乎只有实践并无更多的理论总结。英国殖民公司不断侵占海外领土且范围和规模越来越大，英国海外军事基地借助海外殖民地的拓展而不断增多。为了确保英国在海外利益，英国派往海外执行任务的舰艇数量越来越多。

制海权思想也是支撑英国海上威慑的重要内容。在与欧洲大国海上斗争的实践中，英国逐步认识到了海上决战中的制海权问题。不过，早期只是一些海上决战的感性认识，直到19世纪下半叶，英国才有一些较为系统的制海权专著出现，其中最突出的是以科洛姆和朱利安·科贝特为代表的制海权理论。可以说，在19世纪80年代前，英国在世界上的海上霸主地位无法动摇，其军事威慑实力无人抗衡，英国凭借强大的经济实力、海军力量，充分利用相对稳定的欧洲局势，致力于殖民地的掠夺和鲸吞，威慑力覆盖全球，国家利益得到了极大的扩展。

二、依附威慑思想的产生背景

第一次世界大战后，英国经济衰退、国力减弱，美、德海军崛起，英国丧失了海上霸主地位，被迫放弃海军“双强标准”，退而只求建设“不亚于人”的海军，将保护海上交通线的畅通作为海军的第一战略目标。在第二次世界大战后日益紧迫的国力面前，英国不得不在全球范围内调整海上战略部署，把主要精力集中于应对欧洲和北约范围内的安全挑战。

随着原殖民地国家纷纷独立和国际间竞争的加剧，英国经济日见困难，因而实行“依附威慑”的策略，长期推行追随和依靠美国，强调英美的“特殊关系”，以维持英国对英联邦殖民地的经济和政治控制。

在“依附威慑”思想的指导下，1952 年，英国在经济极度紧迫的情况下，依然保持着一支“全球规模”的海军，共有航空母舰 15 艘、巡洋舰 24 艘、驱逐舰 119 艘、各型潜艇 550 艘，实力仅次于美国，这支海军能够参与全面核战争和在有限战争中独立实施作战。这一时期，英国为维护其在苏伊士运河以东殖民利益，提出要建立一支具有两种能力、能在全球作战的海军。所谓两种能力：一是在美国帮助下，参与全面核战争的能力；二是在有限（局部）战争中，独立实施作战的能力，重点建设能携带核武器飞机的攻击航空母舰战斗群，并使海军均衡发展。

20 世纪 60 年代初，英国重新确立“海军第一”战略理论，以 8 艘“北极星”级弹道导弹核动力潜艇作为战略核打击力量支柱，强调重点发展弹道导弹核动力潜艇和核动力航空母舰，重视其他海军力量建设，使海军成为既能参与世界大战，又能进行局部战争的全球性海军力量。20 世纪 60 年代中期，英国修订威慑政策，强调从实际出发，立足西欧，联合美国，维系英联邦，抗衡苏联。

随着英国国力的进一步衰退，海外殖民地纷纷独立，继续维持一支庞大的全球作战海军，已无可能和必要。英政府决定采取海外力量收缩方针，在 1971 年前将驻苏伊士运河以东地区的英军 8 万人缩减一半，至 20 世纪 70 年代中期全部撤回，将军事重心集中转向北约防务，在美海军和北约空军配合、支援下，保护北大西洋交通线，遂形成确保海上交通线理论，维持近3个世纪的全球性英国海军转变为区域性海军，英国海上力量开始了真正意义上的削弱。

依据“西欧第一”和从“苏伊士以东”逐步收缩的方针，英国撤销了远东舰队和远东空军，但英国不甘心在海外核心利益区域的销声匿迹，企图通过特定的方式保持英国在重点地区和范围内的传统影响。为了加强对新加坡、马来西亚地区等东南亚海域的控制，英国于1971年纠集澳大利亚、新西兰、马来西亚和新加坡签订了所谓的“五国联防协议”，其目的是确保在重点海域和区域的海上军事存在。

依据力量收缩计划，英国也对欧洲海外海军基地做出相应调整。

1967年4月撤销地中海海军司令部和南美大西洋海军司令部。

1967年9月撤销中东司令部，以后又撤销了西印度群岛海军司令部。

1971年10月再撤远东舰队。至此，英国全部撤销了海外的5大海区司令部，整个海军舰艇部队编为皇家海军舰队，主要兵力集中在本土和西欧。

1972年，英国恢复了原地中海司令部和西印度群岛海军司令部建制，舰艇编队由本土派出，定期轮换。

在海军领导机构上，英国自1964年起进行了一系列改革，撤销了原来的海军部，而在国防会议下设海军委员会，海军大臣改为海军国务大臣，担任海军委员会副主席，主席由国防大臣担任。

冷战期间，英国提出了“大威慑力量”方针，认为在核时代军队的主要职能已由实施防御转为实施威慑。英国只有依靠军事威慑才能维护本土岛屿的安全，因为一旦苏联对英国进行直接攻击，英国根本无力保卫本国，英国只有通过北约实施军事威慑，才能幸免于难。

“大威慑力量”分为“主动威慑力量”和“被动威慑力量”，在相当一段时间里，英国的威慑战略主要有四个论点：

1. 面对敌人的大规模进攻，实施毁灭性报复，即第二次打击，称为“被动威慑”，针对对英国本岛的直接核攻击要运用的核力量是“部分被动”的威慑力量；

2. 为慑止敌方对己方主要利益的核攻击，发起第一次核打击，称为“主动威慑”，使用英国核力量来慑止对欧洲大陆的侵略，则属于“部分主动”的威慑力量；

3. 对敌人的非核攻击行动以牙还牙；

4. 对任何敌对行为，包括对西方在第三世界的利益进行讹诈，实施威慑。

由此可见，英国冷战时期实行有限核威慑政策，英国海军坚持精干、有效、可靠为主的发展方针，拥有由4艘弹道导弹核潜艇组成的一支小型海上战略核力量，一直保持1艘弹道导弹核潜艇在海上战备巡逻，时刻准备在英国遭受核打击时，摧毁敌对国家的重要城市，迫使敌对国家不敢向英国发动核袭击。

三、海上威吓思想的解读

20世纪90年代，英国的艾里克·格罗夫和彼得·豪尔在《海上力量——当今世界的战略选择》一书提出了“海上威吓”的思想，引起了一些军事专家的关注。作者认为，“威吓”之所以没有出现在冷战期间北约官方的文件与报告中，是因为当时西方理论界大多数军事专家，都是立足核威慑来探讨“威吓”问题的。另外，在当时这个词的使用有可能会引起欧洲盟国的担忧，并增加苏联的反感。然而，冷战后，西方大国开始对“威吓”问题进行广泛讨论。

目前，“海上威吓”的使用在英国军界成为了一种时尚。英国的军事专家将“海上威慑”与“海上威吓”作了区分，认为海上威慑“本质上是一种被动功能”，而海上威吓则是：“直接威胁以一定的方式使用武力，从而将威慑演变成一种主动的更为集中的行动，威吓不是冲突行为，也不是为达成军事目标，而是迫使潜在的对手或敌人按照特定的方式行事。”

冷战期间，英国著名的外交家詹姆斯·凯布尔爵士出版了一部有关炮舰外交的经典著作，认为海军作战行动应旨在改变目标行动。不过他没有使用“威吓”一词。他认为，炮舰外交所具有的“明确性”、“目的性”、“有限性”和“导向性”与“威吓”有着很多的相似之处。

1993 年英国海军参谋部在提交的一份有关传统威慑的报告中分析，在一定的情况下使用有限的兵力，而不是长期的战斗，以影响政府与领导人的行为。这份报告认为，需要对威慑进行重新界定，以反映出变化了的战略环境。威慑不再主要集中针对俄罗斯威胁与防范对盟国领土的入侵，威慑也不能依赖于核武器。

这份报告在当时引起了广泛的争议，因为报告中指出，在大多数的冲突与战争环境中，核威胁的逐步升级将不会成为双方的选择。如果不能改变观念，那么英国及其盟国只能依赖本身更具危险性的传统威慑手段来保护自身的利益。报告进一步指出，最好把即将出现的战略环境中威慑行动理解为更广意义上的“武力劝服”的一部分，这样就避免了可能产生的歧义。

1994 年，“威吓”一词公开出现在英国国防部长的讲话中。从一定意义上讲，近年来英国军事学说中“威吓”一词得到迅速发展，但现在只是局限于战略行动中，主要是针对政府以及（在内战或动乱中）准政府领导人。在非战争军事行动中也运用积极的威吓战略行动，不过这种行动更确切地被称为“强制”行动。

英国人认为，在进行海上威吓行动时，主要是法律问题，现在得到普遍承认且不可侵犯的观念是先发制人的强制行动，这是非法的，除非得到联合国的授权。有效的强制行动需要在非自卫性的情况下使用武力，这是《联合国宪章》所不允许的。美国通过对自卫概念进行更广义的解释避开了这个法律问题。1986 年，美国对利比亚的空中打击旨在阻止利比亚的恐怖主义，就是一次典型的强制行动。对于美国人来说，根据“先发制人”的自卫理论，这是合法的，但英国人并不接受这种理论。

历史上成功的强制行动例子并不多见。事实上，除了美国对利比亚的空袭外，还很难找出成功的强制行动例证。相反，历史上确实有一些广为人知的强制行动失败的例证。1982 年英国在南大西洋部署特混舰队就未能使阿根廷军队从福克兰群岛撤军。同样，在 1990～1991 年的海湾战争中，多国部队在海湾地区的部署以及“沙漠盾牌”阶段的空中行动，也未能使伊拉克军队从科威特撤退。在这两个事例中，最终都是靠战争来解决的。

《海上力量——当今世界的战略选择》书中提到，海上威吓行动可作为武装劝服的一个组成部分，而强制性行动仅是海上威吓的方式之一。海上威吓是重要的，但不是唯一手段，在武装劝服行动中，海上军事力量起着至关重要的作用。

武力说服是一个国家最直接使用的外交手段，武力说服行动的实施必须紧紧围绕政治目标来展开。

下面用图表的形式来表示武装劝服、威慑、威吓与强制行动这几个概念之间的关系。

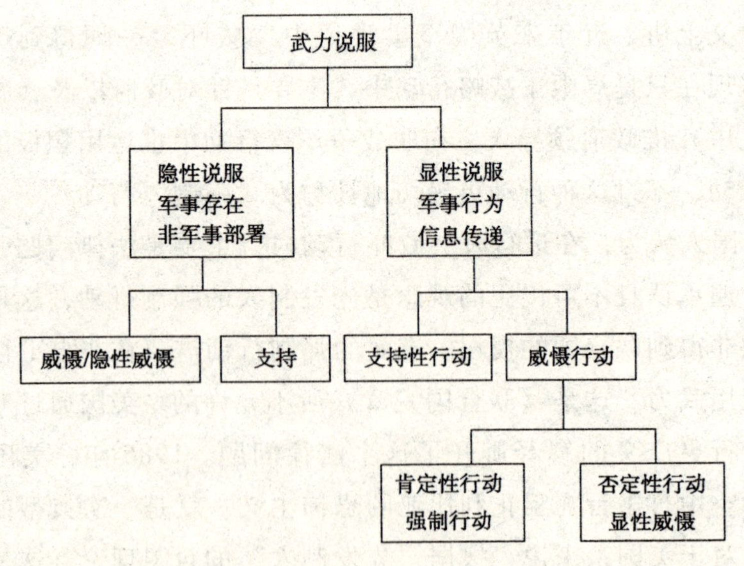

从这个图表可以看出，威慑行动可以分为两大类，显性威慑与隐性威慑。一种是威吓性的，而另一种则并非严格意义上的威吓行动。通过军事力量的部署、演习、宣告与政策来向全世界显示军事力量与威慑目的属于隐性威慑。在海上军事行动中，隐性威慑是军事存在的一部分。显性威慑行动则是针对具体时间与地点的具体对象，是威吓行动的否定性方式。

在武装说服行动中，威吓行动还有第三种形式，这就是英国海上军事学说所讲的预防、防止性或先发制人的海军外交，这被称为“导向性”力量使用。这一重要的范畴反映了一种特殊的海上现象，特别是处于海上军事危机初期，一个国家对事态发展的具体政策目标尚不明朗，还不足以表明要实施积极的海上军事行动，或者政策目标中还未分出轻重缓急，或是在不断变化中，就需要运用“导向性”力量。

尽管海军力量的运用往往与外交联系在一起，但威吓性的武装劝服行动并非仅仅是海上力量的使命。海上力量具有一些独特的优势，他们能在海上创造并利用通往目标地区的通道。从海上危机一开始，他们就能在最低限度外交准备的情况下，公开或隐蔽地保持对对方的威胁，这种能力对于任何一个濒海国家来说都是十分有利的。由于海军有与其他兵种不同的特点，在和平时期能在大洋上保持海上军事存在，能够维护地区乃至世界和平与稳定。在海上危机发生初期，如果部署空中与地面部队不大适合，或者外交不允许进行适当的前沿部署与飞越外国领空，就可以使用海上力量。在原则上决定参与危机或采取行动，当目标还未确定，或目标可能变化的情况下，海上力量运用就具备了独特的优势。

成功的海上威吓性武装劝服行动取决于可靠的信息，也就是说及时而真实的信息是必不可少的先决条件。显性威吓行动不管是威慑还是强制，都可以对已存在的威胁产生影响。威吓行动可以对下列目标产生一定的威胁：领导人的安全、统治集团的稳定与生存、高级指挥与控制中心、主要的军事人员与装备集结地、后勤供应点，或者是国家的重点设施（如海港、航空港或政府中心）以及易于封锁的经济重心。

早期先发制人的威慑行动要比后期的强制行动更有可能达成目的。如果在领导人确定计划前采取行动，那么决策者就应该考虑威吓行动。在危机初期只需要象征性行动的情况下，可以用更少量的部队来进行威吓。一旦军事计划付诸实施，要想通过威吓行动来停止或扭转局面就更加困难了。如果威吓行动能对一个国家决策产生思想上或行动上的让步退却，那么这个行动的成功就十拿九稳了。

要想海上威吓行动取得成功，那么海上威吓力量必须强大，这是最基本的前提。即使是实施威慑行动时也有必要使用有限的暴力手段，以进一步使对方明白己方所具有的能力与决心。有效的威吓说服行动取决于使对方明白，如果不服从己方的意志，迟早会导致大兵压境。当然，要增加威吓力量的有效性，就必须具备相当强的作战能力和赢得战争力量的支持。

四、冷战后英国海上威慑思想的主要特点

冷战结束后，英国面临的海上安全环境发生巨大的变化，苏联和华约的解体，使得苏联和华约所属国家的军事能力遭到根本性的削弱，其进攻能力与过去已不能同日而语。欧洲国家已无外患，英国海军没必要保持较大的兵力规模。但欧洲和世界海上安全形势则出现了新的情况，苏联地区的安全形势不容乐观，前南地区战乱不断，特别是恐怖主义和有组织犯罪等，给欧洲安全带来了新的挑战。这就迫使英国海军必须保持一定的海上威慑能力，以满足欧洲安全稳定的需要。

从世界范围来看，英国在海湾地区具有巨大的国家利益，特别是石油，使得英国海军必须在此保持一定的军事存在，确保本土至海湾交通线的安全。英国在亚太地区和东南亚地区还存在着部分利

益，也需要给予一定关注。

进入21世纪以来，英国海上安全环境进一步得到改善。在欧洲，美国为首的北约保持着强劲的东扩势头，至少在相当长的时间里，英国不必担心俄罗斯在海上对英国利益构成威胁；欧盟政治、经济和防务一体化进程有所加快，处理欧盟内部纷争的能力有所增加；美国和欧盟围绕着海上反恐，达成海上安全倡议，对来自欧洲内外的海上恐怖主义构成了强有力的威慑。为了支撑英国作为一个对世界事务尚具一定发言权的国际地位，英国海军必须努力打造出全新的海上威慑能力。从冷战结束到现在，英国海上威慑思想的主要特点：

第一，强调海上威慑战略运用。虽然英国是工党、保守党轮流执政，领导人不断更迭，但其政府强调威慑的理论与战略的思想始终不变。正如撒切尔夫人所说，这是英国人所能采取的战略上“唯一手段”。英国海军担负着国家战略威慑任务，加强核威慑力量的建设一直是英国海军建设与发展的重点。例如，在1982年的英阿马岛海战中，英“征服者”号核潜艇击沉阿根廷“贝尔格拉诺将军”号巡洋舰，这既是英军在实战中胜利，也有效地遏制了阿海军舰艇的参战信心。阿军舰被击沉后，其舰队再也不敢离开码头，从而大大减弱了阿军抗击的能力。这是一种实战中的威慑。

英国海军作战条令明确规定：“确保安全的战略核威慑是皇家海军的首要任务。”

英国海军核动力潜艇所携带的核武器为英国带来了巨大的政治与战略影响力。海洋覆盖了地球大部分表面，海洋基本不受电磁辐射的渗透，这些本质特点使海洋成为核力量远距离隐蔽部署的理想场所。与陆基核力量相比，弹道导弹潜艇不易被敌方探测，生存能力强，弹道导弹潜艇通过威慑潜在入侵者本土的重要目标，为英国提供了有效的安全保障。

第二，强调共同威慑的作用。1973年，英国加入欧洲经济共同体。撒切尔夫人上台后，强调欧洲经济共同体对于维持英国威慑地位的作用，强调在经济上同西欧联合起来，共同威慑苏联。英国还赞成扩大共同体，支持欧洲议会直接选举。加入欧洲共同体后，英国同法国、联邦德国的关系有了较大改善，在一定程度上扩大了英国的经济威慑力量。在军事方面，英国十分重视军事威慑，其在威慑策略上完全追随美国。对于英国来说，美国是英国“最主要的盟国”，北约是“英对外政策的基石”，西欧需要美国的核保护伞。

1979 年，英国首相撒切尔夫人访美，双方强调加强北约的核武器和常规武器。苏联入侵阿富汗后，英美密切配合，对苏联采取了一系列制裁措施。在限制欧洲中程核武器问题上，撒切尔夫人积极支持美国政府的立场。

英国前首相撒切尔夫人

1983 年末，美苏中断核武器会谈之后，英国即运进美国的首批巡航导弹。另外，根据英美协议，英国可以从美国获得核武器技术、导弹惯性导航技术和卫星技术，并可在美境内进行核试验，这无疑加强了英国的海上军事威慑力量。

第三，奉行“最低限度核威慑”。英国奉行“最低限度核威慑”的核战略，主要由 4 艘“决心”级弹道导弹核潜艇作为威慑力量的支撑。为国家战略服务、提供核威慑力量，是英国海军战略的重要内容。英国保持半独立的战略核力量，目的是提高国家的政治地位，在“核俱乐部”中争得一席之地，也使得其他世界各国在发动战争时需要充分考虑到这支核力量的存在，以遏制战争的爆发。为了保持核威慑的有效性，英国海军不间断地保持至少有 1 艘战略导弹核潜艇在海上，以显示英国核力量威慑力“无所不在”。

第四，加强核力量和常规力量建设。在核威慑力量建设方面，英国强调在现代战争条件下，必须把自身安全与欧洲安全连在一起，强调北约是英国和欧洲防卫的基础，英国的核力量是美国核力量的一种扩展，主要作用是加强北约的战略威慑效能，为此，英国始终坚持与美国的核力量合作，其目的是加强自身战略核力量的建设。

英国“决心”级弹道导弹核潜艇

1. 拓展核战略的内涵，扩大核威慑范围；

2. 缩小力量规模，但保持较高战备状态；

3. 改进现有武器系统，延长武器服役年限。整个战略核威慑力量能服役到 2020 年之后；

4. 筹划发展新型运载平台，加强核武器系统的兼容性。英国海军的新一代多功能核潜艇，预计将在 2020 年左右取代英国现役的“三叉戟”潜艇。新的战略潜艇将会装备垂直导弹发射管，既可用来发射远程核导弹，同时也可发射传统的“战斧”巡航导弹，具有很强的兼容性。

在常规力量的建设方面，英国海军战略要求把海军建设成为技术与知识高度密集，拥有空中、水面、水下和两栖作战力量的综合性军种，将积极研发信息战系统，从而使英国海军成为继美国海军之后具备“网络中心战”能力的高度信息化、高度联合化的现代舰队。英国海军积极参与美国的多用途隐身战机研制计划，并于2002年确定了未来航空母舰主要搭载F－35型战机，重点研制装备新一代隐身型的“伊丽莎白女王”级航空母舰、“机敏”级核动力攻击潜艇和导弹驱逐舰等。

保持一支真正具备全球快速反应能力的海上威慑力量。英国国防部在《战略防务评估》中，已明确提出要组建一支联合快速反应部队，旨在打造一支战斗力更强、真正具备全球危机反应能力的联合部队与战略支援部队。从某种程度上讲，英国海军快速反应能力和应对突发事件的能力较强。1951年伊朗宣布将石油资源收归国有后，英国海军在海湾保持了相当规模的军事存在，对伊朗实施军事压力。1961年当伊拉克和科威特之间出现严重的军事对峙时，英国海军立即出动了一支由2艘航空母舰为主力的特混编队迅速进驻海湾水域，对伊拉克实施威慑性遏制并取得了预期的成果。值得一提的是，1991年海湾战争期间，英国为了显示对美国的全面支持，向海湾地区派遣了各种舰船多达20艘，其中护卫舰以上的作战舰艇就有7艘，还有后勤补给船6艘，扫雷舰5艘，主要担负防空警戒和扫雷护航任务，成为西方阵营中对海湾战争出力最多的国家之一。

进入21世纪，英国拟议中的联合快速反应部队由三大军种组成。其中，海军部队编成由英国防部根据任务具体抽调，其总体兵力包括航空母舰、攻击核潜艇、两栖战舰、驱逐舰或护卫舰等20艘左右大型战舰，还有22艘扫雷和支援舰等舰船。英国防部要求联合快速反应部队的海军兵力必须具备指挥和控制能力、联合后勤保障能力和战略运输能力等三种核心能力，这无疑要求英国海军成为一支全球性的海上威慑力量。

第九章

法国：核威慑与常规打击战略

法国位于欧洲西部，西濒大西洋，北邻比利时、卢森堡、德国，东靠瑞士，南部与西班牙接壤，西北隔英吉利海峡与英国相望，面积约55.1万平方千米，海岸线长约3000千米。法国在欧洲占有重要地位，但其海上威慑战略思想的发展在历史上屡次出现“低谷”现象。尤其是第一次世界大战后，法国的战略思想陷于停滞状态，由于陶醉于第一次世界大战中凡尔登保卫战的经验，导致世人皆知的“马其诺防线”的惨痛教训。第二次世界大战后的头几年，法国的军事战略思想起色不大，只是单纯依赖美国海上军事力量来保障自己国土的安全。在军事理论研究方面，尤其对海上威慑战略的研究，远不如英国。

戴高乐执政后，法国的战略思想出现了重大进步和转折。他极力推行新殖民主义政策，逐步摆脱殖民战争的沉重负担，积极发展经济，对政治、经济、军事体制进行改革，裁减军队，大力发展核武器和现代化的常规武器装备，使法国的军事实力显著增强。在这种情势下，一种独特的威慑战略——“以弱制强”的威慑战略，在法国脱颖而出，并迅速崛起。所谓“以弱制强”或“穷人的威慑战略”，其实质就是弱小的一方保持一支数量适当、生存力和突防能力可靠的核打击能力，而这种核打击能力能使入侵者遭到得不偿失的后果，这样就能够对强者构成有效的威慑。这些有关威慑的理论阐述，明确表达了法国“以弱制强”威慑战略的核心思想，这种思想无论对付陆地威胁还是海上威胁都适用。戴高乐下台后，法国无论哪个党派上台，无论持何种见解，都一直坚持奉行威慑战略，并不断充实这一战略，形成了一套比较完备的、有限的威慑理论和战略体系，被称为“法国最后生存的根本保障”。

一、海上有限威慑思想

法国海军创建于17世纪20年代，并在其后的300年间与英国展开了对海洋霸权的争夺。1692年拉霍格海战后，法国从传统的陆地大国意识出发，提出海军是为陆军服务而存在的，主要作战对象是英国和荷兰，作战的目的是打击和削弱英、荷赖以生存的海上贸易，作战样式是以大陆和海岸坚固防御堡垒工事为依托，以1~2艘或数艘小型舰艇组成编队为基本突击兵力的小规模行动以劫掠商船。加强海岸壁垒防御，建造小型快速舰艇，放弃争夺大洋制海权。1805年特拉法尔加海战的失败，使法国深受震动，逐步认识到夺取制海权的重要性，海军上将朱里恩·德·纳·格纳维埃尔提出，海军作战的目的是，要占领和保持大洋交通干线畅通，在陆地战争中占领海区具有重要意义。

进入20世纪，法国海军在两次世界大战中连续遭受重创，特别是在第二次世界大战中，法国海军自沉于土伦港，从而使法国的海上军事力量遭到了灭顶之灾，无力再建立大规模的海上军事力量。随后，法国海军以“海上有限威慑”思想为指导开始建设海上军事力量。

第二次世界大战后，法国开始重建海军，继续以“海上有限威慑”思想指导海军建设，但由于经济萧条以及美、英、苏等大国的制约，法国海军发展的速度较慢。面对来自强国的军事压力，法国提出“以弱制强”威慑战略，有人称它是“穷人的威慑战略”。法国设想，一旦遭到强大的苏联进攻，法国要使用战略核武器打击苏联的城市、工业中心和经济设施和行政首脑等目标，使苏联丧失大量的人口，瘫痪苏联的工业经济设施和行政首脑中心。

法国的这一战略不仅对苏联产生了威慑效应，而且引起世界的极大关注，产生了深远的国际影响。

20 世纪 60 年代，戴高乐执政，开始推行独立的防务政策，提出建立以战略核威慑为基础的现代国防。这一时期，法国经济开始腾飞，经济实力逐步超过英国。随着法国核技术和造船能力的提高，海军的发展进入加速期，法国用了不到 10 年的时间就成功地建造了第一艘弹道导弹潜艇，而且同步发展了所需的掩护保障兵力。

法国前总统戴高乐

1964 年，戴高乐提出："我们走上了威慑之路，因为任何对法国发起攻击的侵略者都会遭到同样可怕的毁灭。当然，我们的投掷当量比美国和苏联小。但是，一旦拥有一定的核力量，并关系到自身的直接防御，则各方的力量规模是否平衡这一点就不起决定作用。实际上，只要你可以置潜在的侵略者于死地，又有充分的决心去这么做，你就有了威慑，因为人的生命只有一次，国家的生存也只有一次。"

20 世纪 70 年代中期，法国海军兵力已经达到了 6 万人，舰艇总吨位达 26 万吨，开始确立了"核威慑和常规打击战略"。20 世纪 70 年代后期至 80 年代末，法国海军注重提高远洋进攻能力，重点发展中型水面作战舰艇和核攻击潜艇，逐步建立起了一支均衡、精干，有较高作战效能的海上威慑力量。

二、核威慑和常规打击战略理论的提出

随着法国海基战略核力量的发展，20 世纪 70 年代，法国海军提出“核威慑与常规打击”战略理论。这一战略被表述为两个部分。

从核威慑方面说，也就是以海基核力量实施海上核威慑，即以弹道导弹核潜艇对敌国的大城市、工业中心、重要军事目标实施大规模的核报复。第二次世界大战后，核武器一直作为核大国威慑小国家和大国争霸的武器，而法国海军对核威慑解释则不同，他们把核威慑战略称为制止战略，目的是要制止敌人发动对本国的进攻，主要强调威慑的防御性。原则是“威慑”，而不是“使用”。法国认为，建设一个过去意义上的无坚不摧的防御体系已经不可能了，再强大的防御体系也是可以被突破的。弱国防止强国侵略的最有效的方法，就是使侵略者害怕，使它明白侵略行径会给它自己带来不可承受的损失。制止敌方发动大规模侵略战争的根本手段是战略核力量。如果法国以核武器作为后盾，就能够使敌人认识到发动侵略战争是得不偿失的。

从某种程度上讲，如果美苏的核威慑是一种“压制”型的、进攻性的威慑，那么，法国海军所实行的这种核威慑则是一种报复型的、防御性的核威慑。这种威慑，被美国人称为“穷人的威慑原则”。当然，法国战略核力量的使用原则是“威慑”，而不是“实战”，其核威慑战略的基础是拥有一支有可靠生存能力、突防能力和摧毁能力的海基核力量，这是核威慑可信度的保证。

法国政府从未宣布“不首先使用核武器”，他们认为，抗衡苏联对其造成的安全威胁，拥有足够威慑能力、可靠生存能力、突防能力和摧毁能力的海基核威慑力量是实施核威慑的基础，是确保反击能力的关键。与陆基核力量相比，弹道导弹核潜艇不易被敌方探

测，生存能力强，携有潜射弹道导弹的核潜艇能最终确保核威慑与国家安全。

为此，法国建设了一支以保持对苏联和东欧国家约2000万人杀伤力为标准的导弹核潜艇为核心的海上威慑力量。

法国是欧洲除俄罗斯以外唯一拥有陆基弹道导弹、战略轰炸机和弹道导弹核潜艇组成的三位一体战略核力量的国家，其海基核力量的构成是全部核力量的主体，海军弹道导弹核潜艇承担着80%以上的作战任务。在平时，法国始终保持3艘核潜艇在巡逻海区待命，拥有近300枚分导式弹头处于待发状态，这是海上核威慑实力的象征。

核威慑还包括预先战略核打击力量，法国的预先战略核打击力量由空军的核攻击机、陆军的战役战术核导弹和海军的航空母舰舰载攻击机组成，其使用原则是：

在中欧和法国本土受到外部大规模常规进攻的威胁，而对方还未使用核武器之前，对敌人的二线兵团、港口、基地、重兵集团实施突然、集中、短暂的核突击。法国海军航空母舰舰载机将使用中程导弹，对预定目标进行核突击，但不打击对方的大、中城市。

在法国海军“核威慑和常规打击”战略中，由于法国海军战略的核倾向，核威慑占有极重要的地位。用法国人的话讲，如果海军没有核威慑战略就没有独立的海军战略。自1960年法国第一颗原子弹试验以来，核威慑在法国军事战略中具有持久的重要性。制定法国海军战略，以及法国防务政策都离不开核威慑。单纯用军事观点看法国海军的核威慑，其意义完全在于其防御功能，完全用来对付苏联的威胁。

法国海军十分重视发展新一代的弹道导弹核潜艇。原因是，从戴高乐起，法国人就把拥有一支独立的核力量与它在世界上的威望、地位等量齐观。可以说，法国海军的核威慑力量是法国人的自豪和骄傲。从这个角度讲，法国即使不存在实际上或潜在的军事威胁，仍然会坚持核威慑思想。也就是说，核威慑并非仅仅作为一种防御战略在法国战略思想中占据重要地位，在很大程度上是作为一种政治思想体现在军事战略中。同时，核威慑力量也对法国长期以来的谋求西欧盟主地位产生了巨大的积极影响。

核威慑和常规打击合为一体，互相补充，是以维护法国既得利益为特征。对海上强国或超级大国来说，法国海军并不准备进行一场海上战争，而是以海基核力量实施海上核威慑，对较弱的国家来说，则是以强大的军事实力作为后盾，进行恐吓、威胁、甚至打击，在全球避免任何威胁。用法国海军前参谋长莱恩哈特的话说："我国已拥有并还将拥有远程舰载飞机和远程导弹。它在战术上的优势比起陆地的是显而易见的，在战略上也具有决定作用。因为它们都设置在平台上，难以被对方探测到，而且又可以机动，不易遭到摧毁。尤其是如果 A 国拥有这种武器，B 国没有这种武器的情况下，A 国可以在任何时候，从任何地方向 B 国接近，借以向 B 国施加影响或实施打击。"

在注重海上核威慑的同时，法国海军也十分重视海上常规威慑。法国海军认为，海上常规威慑力量主要用于应付局部危机，目的是维护法国的海上和海外传统利益，主要作战对象是对法国安全和利益构成威胁的中小国家，基本要求是更好地把握危机，掌握战略主动权，并在危机中尽可能地采取措施阻止敌方的侵犯。强调着眼预先部署，将海军兵力提前部署在可能发生危机的前沿，以便能够及时展开，通过和平时期的预先部署部队，实现永久性的军事威慑作用。海上兵力的使用方式，主要是以航空母舰编队或大中型水面舰艇编队，对敌方近海和岸上纵深目标采取直接军事行动，显示军事力量和保持军事存在，使用航空母舰编队或核动力攻击潜艇实施海上封锁等。

法国还强调水面舰艇、潜艇、航空兵和空间力量等方面的均衡发展，保持海军各兵种协调、按比例地发展，优先发展海基核力量，重视航空母舰和两栖攻击舰的建设，积极研制新型舰载机和反潜机，注重反水雷舰艇建设，使法国海军既可担负国家重大防务使命，即核威慑战略，也可实施有效的常规打击战略，实现海上方向与陆上方向较好的平衡，确立法国海军的战略地位。

三、核威慑与常规打击战略的调整

冷战结束后，面对世纪交替之际国际战略格局特别是欧洲局势发生的深刻变化，法国的安全环境大为改善，俄罗斯虽仍是主要的潜在威胁，但在欧洲爆发大规模战争的可能性基本排除，法国周边已不存在直接的军事威胁。

危及法国利益的主要现实因素是：地区冲突、局部战争、中东欧和巴尔干地区的民族冲突和动荡、大规模杀伤性武器及技术的扩散等非军事威胁。根据国际战略形势的变化，法国海军对核威慑与常规打击战略进行了相应调整。

第一，核威慑战略的调整。法国一贯重视战略核威慑力量，尤其注重加强海基战略核兵力。进入21世纪后，法国更明确地把海基核力量视为核力量的基石和第一要素，作为海军发展的重中之重。

保持海上威慑能力的有效性。2004年，法国对其核战略进行调整，将“必须和足够”确立为法国发展核力量的指导原则。“必须”是指核威慑政策是法国安全利益和大国地位的重要保证，这一基本国策不会改变；“足够”是指在核力量的规模上，法国不再寻求与其他核大国进行竞争，但要确保足够的“有效性”，今后将保持每年在核力量建设上的费用占军费8.5%的比例，以保证核装备的更新换代和技术领先地位。

重点发展潜基战略核力量。20世纪末，法国对军事力量发展进行了一系列的改革，2002年决定取消陆基核力量（拆除S－3D陆基战略弹道导弹），冻结空军核兵力（暂停“幻影”2000N战斗轰炸机携带ASMP核巡航导弹执行战斗值班飞行任务），但坚持发展弹道导弹核潜艇，这使得法国的战略核威慑体系开始从传统的“三位一体”打击（陆基导弹、轰炸机、核潜艇）向单一的海基战略核打击力量转型，在核大国中法国继英国之后走上海基“唯一”型核威慑之路。

第二，常规打击战略的调整。冷战结束以后，法国海军认识到，世界大战爆发可能性降低了，但地区冲突却在加剧，同时非对称威胁异军突起。因此，法国海军必须在维持核威慑能力的基础上，提高海上常规作战能力，从而能够对地区危机作出快速反应，保持局势的稳定。

法国海军历来重视发展航空母舰和舰载机。随着2001年“夏尔·戴高乐”号核动力航空母舰的服役，法海军把发展的重点放在“阵风”和“鹰眼”舰载机上。

法国“夏尔·戴高乐”号核动力航空母舰

第一支“阵风”战斗机小队已于2002年开始服役，该机有单双座之分，备有可遂行昼夜和全天候精确打击的武器系统和相应的战术数据系统。同时，第三代“鹰眼”侦察机2003年进入现役，该机既可以对海洋和陆地目标进行监测，又可以承担飞行作战群中的信息中转任务，参与特种作战中的搜索与救援行动。

法国海军非常重视掌握海上控制权，驱逐舰和攻击核潜艇是法国海军争夺海上控制权的主要力量。法海军专门制订了“地平线”系统更新计划，对其所拥有的大部分驱逐舰进行了升级改造。法国海军还制订多功能驱逐舰研发计划，旨在替换现有的驱逐舰和护卫舰。这些驱逐舰将成为争夺海上控制权的重要手段，还将承担协助地面作战和潜水作战两项特殊而重要的使命。此外，法国海军还对其所拥有的6艘“红宝石”级攻击核潜艇进行更新，新的攻击型核潜艇数量将保持不变，但作战能力和威慑力大为提高。

法国“红宝石”级攻击型核潜艇

自从法国海军提出“核威慑和常规打击战略”到现在，其核心内容没有发生变化。

“重点发展潜基战略核力量，兼顾舰载预先战略核打击力量。”这一思想是一个中等濒海国家独立建立起一支强大海军的可靠保证。

从总体上看，核威慑属于防守——即盾，常规打击属于进攻——即矛。同时，也兼顾了平时和战时，大战和小战，以及兼顾潜在威胁和现实威胁，主要威胁和一般威胁。

“核威慑和常规打击战略”是符合法国实际的。法国作为一个中等核国家，其核力量的规模将以“合理足够”为原则，即注重核力量的质量，只求拥有“最起码”的核威慑手段。以拥有核武器来确保其大国地位和影响，以威慑企图侵犯法国根本利益的潜在对手。

正如法国海军上将皮埃尔·拉科斯特所说：“有了核武器，历史上破天荒地改变了军事力量平衡的普遍规律，既然不必保持对方一样多的导弹数量，就可行之有效地威慑它，那么，中等国力的国家就可促使对方衡量一下，在潜在侵略者的国土上，遭到毁灭的危险大大超过侵略者自己可能从攻击中希望得到的好处。”

第十章

日本：综合安全保障威慑思想

日本是一个典型的南北狭长的岛国，南北延伸长达2400千米，四周为海洋环绕。它东临太平洋与美国遥遥相望，西隔东海、黄海、朝鲜海峡、日本海同中国、朝鲜、俄罗斯紧紧相邻。日本所处的地理环境，决定了海洋在其国家战略中的特殊地位，无论过去还是现在，建立强大的海上威慑力量，实施海上威慑是日本维护整个国家安全的核心和基础。

虽然日本没有直接用威慑思想来诠释第二次世界大战后的海上战略，但在军事思想上无疑接受了海上威慑的概念和理论。第二次世界大战后的日本处于美军单独占领之下，1951年9月，日美缔结军事同盟条约后，日本开始成为美国实施遏制战略和大规模报复战略的重要一环。经过多年的“渐进扩军”，终于从“共同防卫”逐步向“自主防卫”战略过渡。20世纪70年代后期，日本提出“综合安全保障”战略，主张以经济、政治、外交、文化和军事的综合力量，来遏制和排除军事和非军事的威胁，提出建立并保持一支“具有威慑力量的防卫力量的必要性”。20世纪80年代，日本防卫厅在1983年版的《防卫白皮书》中强调，“日本的防卫力量与包括核威慑力量在内的美国的军事力量相结合，起着使敌国放弃侵略意图、防止侵略于未然的作用”。在加强日美军事合作的同时，中曾根政府决定突破1976年日本政府确定的“防卫费与国民生产总值之比不得超过1%”的限额，大力改进武器装备，提高部队的防空能力，反空降、抗登陆能力和海上交通航线的保护能力，加快了建设具有威慑力的海上防卫力量的速度。1987年11月，竹下内阁上台后，提出要建设一支与日本国力相称的海上“防卫力量”的主张，并强调以包括核武器在内的实力均衡为基础的遏制力量是世界和平与安全的保障。进入21世纪，日本自卫队全面贯彻主动先制的战略思想，大力推进战略转型，加紧构建“西南防线”，不断突破“专守防卫”，其军事威慑视野从日本近海扩展到世界范围，海上军事战略的进攻态势和威慑思想十分明显。

可见，日本在确立自己的海上战略时，不断突出和吸取威慑战略思想的成分，用以筹划和指导海上自卫队的建设，开始以海上威慑思想为重点思考本国的安全与发展问题。

一、近代海上威慑思想的产生

近代日本面对来自欧美的海上入侵，在早期抵抗受到挫折后，即在“得失互偿”理论的诱导下，逐步走上以侵略求强大的殖民扩张道路。其对外战略目标是获取“东洋霸权”，以侵略和掠夺邻国来实现本国富强，推行“大陆政策”，独占以中国为主体的整个东亚大陆；推行海洋扩张政策，夺取东亚大陆以外从中国近海到太平洋的辽阔地区。

日本明治天皇

日本海防理论的先驱林子平指出，日本是无邻国接壤、四面环海的海国，海国就须拥有与海国相称的武备，并指出这是不同于中国兵法和日本自古以来流传下来的各种军事学说的军事思想。

明治天皇继位后，确立了“拓万里波涛，布国威于四方”的基本国策。天皇对海军的发展极为重视，常亲自过问海军建设的一些重大问题。1868 年 1 月明治政府成立伊始，日本天皇即发布谕令：“海军建设为当今第一要务。”

1870 年，日本兵部省提出一份可称为创立日本海军理论的建议书。建议书提出，日本是一个被分割成数岛的独立于海中的岛国，如不大力发展海军，将无法巩固国防。建议书提出：“全国上下发奋努力，兴办海军，加强陆军，建立一支保民卫国之军队，用以压制强敌，扩大我国数千年悠久历史之影响，耀皇威于四海，这才是最紧急最重要的国务。”

根据这一建议，日本提出，需要建立一支装备精良的海军，且要超过英国，确定日本海军军备在 20 年内要拥有军舰 200 艘、常备军 25000 人的目标。建议书还明确表明了日本要以海军为主、陆军为辅的思想。明治政府成立之初，曾以俄国为第一假想敌国，到了 19 世纪 80 年代初，改为以中国为第一假想敌国。

19 世纪末，日本资本主义迅速发展，其统治阶层对外扩张野心日益膨胀，积极鼓吹“国之兴废在于兵”，大力扩充军力，准备发动对外侵略战争。其基本目标是夺取在东亚大陆周边近海的制海权，乘机向大洋拓展，确立在远东的海权优势。

日本之所以下如此大的决心，穷兵黩武，大办海军，源于“富国强兵”的国策，立足向外扩张的海军理论。明治政府受幕府末期兴起的海防论的影响，不断实施侵略扩张，对外发动战争。1875 年侵略朝鲜；1876 年强迫朝鲜与其签订不平等条约。此后又不断制造事端，在朝鲜取得许多特权。日本以朝鲜作为侵略中国的跳板，出兵台湾，强迫清政府签订不平等的《北京条约》，使日本吞并琉球合法化。中日甲午战争中，日本海军取得胜利。战后，日本海军对甲午海战的经验教训进行总结，其海军的地位迅速上升。

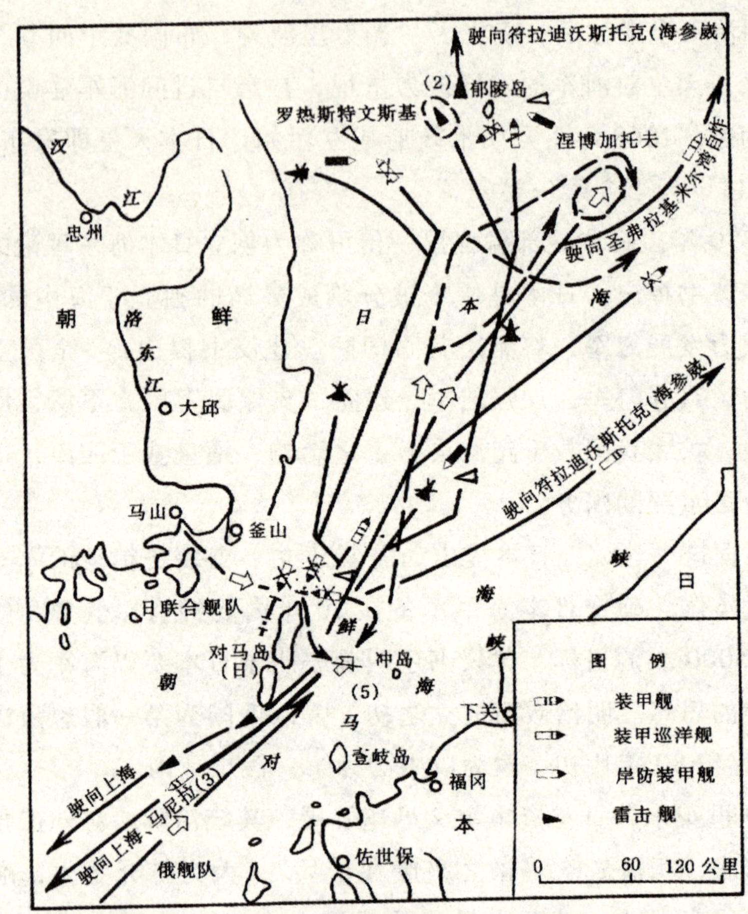

日俄对马海战图示

1895 年底，日本海军提出“战后日本海军发展”的建议，主张以俄国为假想敌，以铁甲舰为主，建立“六六舰队”制的主力舰队，力图通过海上决战夺取制海权，形成强大的海上威慑力量。1904～1905 年，日俄爆发了旅顺口之战和对马海战，此海战开创了近代海军大规模编队作战之先河，其战略战术上的经验教训至今仍有一定的借鉴意义。在装备方面，这场海战充分显示出了巨炮和装甲的重要性，显示出在水面舰艇战斗中大炮起着关键作用。因而，海战结束后，英国立即着手建造“无畏”级战列舰，其他各国也竞相仿效，从此，在海军装备方面进入了“大舰巨炮主义”时代。日俄海战的结局，使日本海军一跃成为一流海上强国，对日本加速走上军国主义道路和对世界形势都产生了深远的影响。

19世纪30年代，日本海军理论界开始研究建立海军军事理论体系，为建立一支强大的海上威慑力量，提出了“巨舰大炮主义”的舰队决战理论，主张通过使用以装载巨炮的战列舰为核心的主力舰队，封锁敌方基地和歼灭敌方舰队来夺取制海权、称霸海洋。同时，日本海军也大力发展舰载航空兵。在第二次世界大战的太平洋战争中，日本海军仍积极贯彻这一战略指导思想，但由于其战争的非正义性和世界战略形势的变化，导致日本海军的彻底失败，“巨舰大炮主义”的舰队决战理论随之也遭破产。

二、第二次世界大战后海上威慑思想的形成

第二次世界大战结束后，日本政府被迫实行“非军事化”。20世纪50年代初，美国基于全球战略需要，帮助日本重新建立军事武装。日本海军以“海上自卫队”名义复活，主要是在日美同盟基础上，充分利用美海军优势，重点建设海军近岸轻型兵力，发展近岸反潜、护航和扫雷装备，迅速形成战斗力。20世纪70年代中期，国际战略环境发生了重大变化，日本成为世界经济大国，在“综合安全保障战略”的指导下，日本提出进一步加强海上自卫队建设，提高海上威慑力。

日本是一个四面环海的岛国，且人多地少、资源贫乏。这决定了其经济对海外极高的依存度，同时也成为其经济脆弱的基本原因。日本的能源与原料在很大程度上需要从海外进口，其中约70%的能源依赖进口。一旦周边海域及海上交通线出现安全问题或遭到封锁，整个日本经济将陷入瘫痪状态。因此，日本提出：“保卫周

边海域以及确保海上交通安全，对确保生存基础是必不可少的。它也是确保持续作战能力以及美军增援的基础所必需的。”

从马六甲海峡到南海的航线是中东石油运往日本的石油航线，又是日本的工业产品运往东南亚、印度、中东、非洲、欧洲的通商航线，通过这条航线运往日本的原油占日本原油进口总量的86%，其贸易总量的50%依赖这条航线。日本把这条航线视为其“生命线”，提出了“日本对东南航线、西南航线周围1000海里的海域进行防卫”的构想。1978年，日美签订了《日美防务合作指导方针》，联合作战被正式纳入双方作战计划。日本海上自卫队主要负责海峡防御，阻止苏联潜艇前出太平洋，担负周边海域及1000海里海上交通线的反潜护航作战与港湾、基地的防御。美国海军则支援日本海上自卫队作战，对日本海上自卫队护航范围外的海上交通线实施保护，组织机动力量打击“入侵”之敌。

1983年，日本通过防卫白皮书，正式确定了日本列岛周边数百海里、东南和西南两条1000海里航线的海空域为其防卫范围。1000海里护航标志着现代日本海上自卫队“近岸专守防卫”战略已发生质的变化。针对这一任务，日本自卫队提出“封锁护航”的战略理论，中心内容是战时充分运用现有兵力和军事地理上的优势，封锁宗谷、津轻、对马海峡，对东南、西南两条1000海里的远洋航线实施护航，阻止和削弱敌方兵力，威慑敌方不能实施有效作战，保持海上交通线畅通无阻。

冷战时期，在威胁判断上，日本于20世纪50年代之前以中、苏、朝三国为敌，20世纪60年代以中朝两国为主要假想敌。但是，这些不过是日本对美国战略的被动反应，体现的是美国的战略而不是日本本国的战略。20世纪70年代以后，日本在主要威胁的判断上开始锁定苏联。

在海上防御范围上，20世纪60年代中期前，日本海上防卫还限于“沿岸海域”，后扩大为本土和琉球群岛以外的“周边海域”，即太平洋一侧300海里、九州西方200海里、日本海100海里和远洋航线500海里。到20世纪80年代初，海上防御范围进一步扩大到周边数百海里和航线1000海里。日本海上安全战略从近海到远洋，谋求“地区性制海权”的动向趋于明显。

需要指出的是，整个冷战期间，日本的海上防卫战略范围虽有所扩大，但基本遵守“专守防卫”原则，战略性质总体上是防御性的，与冷战后海上战略有很大的不同。

三、冷战后日本海上战略调整和发展

苏联解体，冷战结束，意味着日本所面临的直接和现实的威胁消失，日本面临的东亚海上安全格局发生了重大变化。

美国基本获得了西太平洋的垄断性控制。美国作为世界唯一的超级军事大国，力图建立由其领导的“单极世界”。美国的海军力量不但没有裁减削弱，反而借科技革命的成果而大幅度增强。美海军明确提出“由海向陆”战略，企图利用海上优势，获取对西太平洋制海权的垄断性控制。“9·11”事件发生后，美国打着反恐旗帜，在太平洋、印度洋不断扩张其海上威慑力量，企图通过海上强势地位，牢固确立在太平洋海域安全事务中的主导地位。

俄罗斯在远东威慑力呈萎缩之势，对美国的牵制减弱。俄罗斯虽然继承了苏联的主体，但国力虚弱，海上兵力无论是规模还是战斗力都大幅度削弱。从1990年到2003年，俄罗斯远东海军舰艇总吨位减少2/3，核潜艇减少2/3。远东航空兵力中，轰炸机减少3/4，战斗机减少近2/3。俄罗斯还相继撤除了古巴、越南金兰湾的军事基地，海军在太平洋的活动范围较前大大缩小。普京执政后，俄罗斯国力有所恢复，但不再强调维持与美国在太平洋的军事平衡。

面对这些因素，日本为适应国际形势变化，维护自身安全，从20世纪90年代中期开始，开始调整军事战略。通过修改或新制定有关法律，从根本上架空坚持了30余年的“专守防卫”军事战略，其重点是发展外向型高质量的现代化军队，为实现国家战略目标提供有力支撑。经过多年的研讨和论证，对周边安全形势和所谓“威胁”作出了重新判断，认为来自“北方”的威胁基本消失，日本应当对付地区内存在的各种“不稳定因素”和“多种多样的威胁”。为此，其主要做法表现在以下方面：

1. 加紧构建“西南防线”。从21世纪初开始，日本将军事部署重心从冷战时期针对苏联的北方逐渐向西南方向移动，不断加强西南岛屿防御，强化对钓鱼岛的控制是其中重要一环。通过几十年的建设，日本已经在北至鹿儿岛、种子岛，南至冲绳岛，西至石垣、西表岛一线构筑了一条新月形反潜锁链。

2. 重点发展海、空力量。武器装备向适应远洋作战方向发展，海上自卫队加大驱逐舰、护卫舰和新型高性能潜艇建造力度，提高海上威慑能力，重点提高周边海域的威慑能力、确保海上交通安全的能力和反潜能力。日本自卫队不断增强远程投送能力，海上自卫队最新服役的“日向”号驱逐舰，在排水量、动力、设计等方面，都与航空母舰相差无几。订购的4架KC－767J加油机，可以使日本空中力量的作战半径成倍增加。日本还借反海盗之名，频繁向海外派兵，欲在非洲建立军事基地，借机进一步突破“专守防卫”的限制。当前，日本的军事大国化倾向已日趋明显，而军事大国化的核心就是建立以威慑力量为主体的海上军事力量。

3. 加紧建设弹道导弹防御系统。日本2004年版《防卫白皮书》提出，计划耗资100亿美元在7年内建成弹道导弹防御系统，主要目的是防止他国战略、战术弹道导弹对日本实施跨海打击。该系统以宙斯盾军舰为主要探测和迎击来袭导弹的主要平台，很显然反战略威慑已成为日本海上防卫的新任务之一。

4. 海上防卫战略视野已扩大到印度洋。近年来，日本海上自卫队大踏步走向海外，其航迹已超越西太平洋达到印度洋和波斯湾，国际军事影响已在阿富汗战争和伊拉克战争中逐渐凸显。“9·11”事件后，日本国会通过了《反恐特别措施法》，派遣海上自卫队，为印度洋上活动的英美等多国海军舰船提供燃料及后勤保障服务。2003 年向伊拉克派出了陆上自卫队，2004 年 3 月派遣航空自卫队驻扎科威特。2009 年 3 月，以《自卫队法》允许的“海上警备行动”为名义，向索马里海域派遣自卫队打击海盗。2009 年 7 月通过《海盗对策法》，使日本军舰获得授权，可以保护其他国家船只和人员，舰载人员可以“不受限制地”使用武器。

可见，调整后的日本海上军事战略的进攻态势和威慑思想十分清楚，日本的海上威慑思想既继承了冷战时期的一些思想，如强调与美国合作，威慑和牵制大陆国家，又具有不少新的主张和特点，其目标正逐步从服务于经济大国战略转向服务于政治大国战略，其军事威慑视野从日本近海扩展到世界范围。

第十一章

印度：海洋威慑与控制战略思想

印度地处亚欧大陆的南部，是南亚次大陆和印度洋沿岸最大的国家。印度西北部、北部与东北部三面与亚洲大陆主体相连，其间有喜马拉雅山等山脉连绵形成天然屏障，其本土呈圆锥形由北向南伸入印度洋1600千米，在地理上形成了一个北枕高山、南临大海的半封闭的独立地区。从欧亚大陆看，印度位于亚欧大陆外缘弧形地带的中心部位，是东南亚至西亚陆上交通要冲。从海上方向上看，印度半岛控制着被西方称为“海上生命线”的印度洋战略通道。印度所处的重要而独特的地理位置，使印度期望在强大海上军事力量的支撑下，通过海上威慑手段来发挥其在印度洋大国的影响。

印度在第二次世界大战后不断加强军事力量建设，一方面，强化对南亚次大陆的军事威慑，强调“不管世界舆论如何，印度必须奉行一项进攻性防御政策”，“一旦印度的利益受到威胁，我们就采取先敌行动，以制止潜在敌人的入侵”。另一方面，印度还以马汉的“无论谁控制了印度洋，他就控制了亚洲”的预言为信条，把印度洋称为“未来之洋，命运之洋”，力争走海上强国之路，建立对印度洋的有效军事威慑。印度前海军参谋长S. N. 科里曾著书写道：

"纵观海军平时的职责，我们发现其主要任务是威慑。"一些印度防务专家解释说，实行威慑并非要战胜超级大国的海军，而是要使印度海军能够与超级大国海军保持一定的抗衡能力，使其不敢贸然侵犯印度的海域或支持本地区某个国家对印度采取敌对行动。可见，印度海军在确立海上战略时已经融入威慑的思想。

一、海洋威慑意识的初始阶段

由于英国对印度进行了89年的殖民统治（1858～1947年），印度受到英国军事思想的深刻影响，其统治阶层和军事理论界的海洋观念，从印度独立开始就具有一定基础。印度十分信奉马汉的海权论，深信"海上力量对一个国家的发展、繁荣和安全是至关重要的。如果一个国家的力量能够控制公海，它就能控制世界的财富，而控制了世界的财富也就控制了世界"。

印度尤其对马汉1911年的预言十分感兴趣："无论谁控制了印度洋，他就控制了亚洲。印度洋是通向7个海的要冲，21世纪世界的命运将在印度洋上见分晓。"

马汉的这段话对印度的崛起产生了巨大的作用。

印度独立之初，尼赫鲁总理就多次强调："从古到今，发展海上力量，建立海权，是强盛国家的共同特点。""印度以它现在所处的地位，是不能在世界上扮演二等角色的，要么成为一个有声有色的大国，要么销声匿迹。"

印度前总理尼赫鲁

由于印度特殊的地理环境，加之1971年印巴战争以后，印度次大陆出现了有利于印度的战略格局，印度的战略家们根据印度洋对印度未来的政治、经济和国防发展的作用，不失时机地提出了“海洋威慑”思想。这个威慑思想是以印度洋为核心，全面加强印度的威慑力量，立足南亚，监视大国海军，慑止其对印度洋地区的任何干涉，最终成为世界强国。

“海洋威慑”思想的基本要点是：主要强调印度在印度洋中实施威慑的重要地位。

从地缘政治上看，印度洋沿岸的许多国家，如伊朗、沙特阿拉伯、澳大利亚、印度尼西亚、巴基斯坦，都在积极发展海军，谁能控制印度洋，谁就能完全影响印度洋沿岸的国家，就能控制地中海到太平洋之间的广大地区。印度作为印度洋沿岸最大的国家，由于优越的地理条件，他们把印度洋看成是印度的势力范围，依靠印度洋走海上强国之路。

从经济上看，印度洋丰富的渔业资源既是换取外汇的出口商品，又是印度食物的重要来源。印度洋丰富的海底矿藏，尤其是石油和天然气蕴藏量，将是印度重要的能源与资源。作为一个发展中国家，印度离不开海外贸易，印度既需要进口大量的矿产和高技术，又需要出口工农业产品，海洋运输线关系到印度的经济发展。

从军事上看，实施“海洋威慑”必须走海上强国之路，大力发展海军，实现“印度人的印度洋”。为了逐步实现对整个印度洋的控制和威慑，使昔日的“不列颠内湖”变成来日的“印度湖”，印度决定大力发展海上威慑力量。

印度认为，实施“海洋威慑”需要建立四种海上力量：

一是建立一支现代化的远洋海军。这支海军以航空母舰为核心，由导弹巡洋舰、导弹驱逐舰、导弹护卫舰、新型潜艇和反潜侦察机等海上力量组成，能遂行远洋巡航、反潜、拦阻、两栖作战等任务。

二是建立一支用于保卫印度领海的近海海军。这支部队以快速驱逐舰、导弹护卫舰、导弹快艇、近海巡逻艇组成，主要遂行近海攻、防作战任务。

三是建立一支能保卫200海里专属经济区的海岸警卫队。这支警卫队装备各型新式巡逻艇和海上轻型巡逻机、直升机预警雷达，能有效地遂行海上治安与反走私、反污染等任务。

四是建立一支装备有远洋考察船和测量船的海洋勘测科研队伍。

为此，印度采取了一系列措施：一是不断扩大造船工业；二是积极发展海军，扩充数量，装备逐渐现代化；三是建立海军远海岛屿基地，积极开发远海岛屿；四是发展远洋海军与远洋贸易并举。

从20世纪50年代印度海军建立之后，向轻型化缓慢发展，提出了“近海防御”战略思想，以现有兵力保护基地、港口、近海交通和防卫海岸，实行单纯防御。

20世纪60年代在苏联的支援下，印度的海上作战能力不断增强，又提出“积极防御”的战略思想，主张把战争引向敌方领土、领海，夺取海上主动权。

20世纪70年代初的印巴战争中，印度海军出动舰艇数十艘，封锁阿拉伯海和孟加拉湾，切断东巴与西巴的海上联系，突击巴基斯坦舰艇和卡拉奇港，获得相当显著的战果。

此后，印度认为已取得对印度洋沿海国家的明显优势，成为苏伊士运河至新加坡之间占支配地位的海军大国，进而又提出了“进攻防御”的战略思想，企图以进攻手段将势力范围扩展到印度洋近海以外地区。

正如1988年印度总理拉·甘地在其租借苏联海军的C级核动力潜艇命名仪式上所说的，“如果我们要把印度的命运掌握在自己手中，我们就必须完全控制我国周边的海域”。

二、海洋威慑与控制战略的形成

20世纪80～90年代，印度提出了“海洋威慑与控制”战略，认为威慑不仅是运用核武器的战略理论，运用常规武器也能达到威慑目的。实施威慑，并非要战胜超级大国海军，而是要使印度海军能够对超级大国海军保持一定的抗衡能力，使其不敢贸然侵犯印度的海域或支持本地区某个国家对印度采取敌对行动。1986 年也门危机时，印度派出舰艇进入亚丁湾，就是威慑与控制战略思想的具体体现。

印度认为，威慑不仅是拥有核武库国家的战略理论，使用常规武器也可以达到威慑的目的。实施威慑并不是意味必须具备绝对战胜敌人的能力，而是具备使对手为取得胜利要付出得不偿失的代价能力。印度前海军参谋长 S. N. 科里指出，“综观海军平时的职责，我们发现其主要任务是威慑。面向印度洋，实施海洋威慑与控制即成为印度海军的海上战略”。

“海洋威慑与控制”这一战略思想主要涉及到以下几个因素：

1. 环境因素。印度是一个半岛形的国家，从次大陆伸入印度洋中达 1600 多千米，这样突出的地理位置使其海岸线（不含沿海岛屿海岸线）长达 6000 多千米，约占整个国境线长度的 2/3 左右。从印度洋通向世界各大洋，除经非洲南端的好望角进入大西洋较开阔外，经红海过苏伊士运河，再经地中海进入大西洋要通过曼德海峡；印度洋北部的霍尔木兹海峡，则可以控制海湾石油宝库和西方赖以生存的石油航线；东部的马六甲海峡或巽他海峡是进入西太平洋咽喉要道，战略意义十分重要。印度前军事领导人曾于 1984 年 4 月在向议会的报告中称，“印度海军的现代化目标是取得对印度洋沿岸国家的明显优势”。

一位印度海军将军也直言不讳地指出，“印度海军的目标是要取得控制印度洋五个通道的能力，它们是苏伊士运河、霍尔木兹海峡、保克海峡、马六甲和巽他海峡”。

2. 经济因素。当今印度已成为世界第 10 位工业大国，85% 的进出口货物要依赖海洋运输，海上交通线需要保护。20 世纪 70 年代，印度已宣布了200海里专属经济区，迫切需要对经济区实施开发，并予以监护。印度近海石油和天然气资源较为丰富，已在孟买盆地发现大型油田，又相继在戈达瓦里盆地、保克海峡、孟加拉湾和安达曼群岛等海域探明油气资源，储量十分可观。印度洋海底有丰富的锰矿资源，可提炼铁、铝、锰、钴和铜等多种金属。这些战略资源对印度的经济和工业的发展具有深远影响。印度洋渔业资源丰富，年产鱼量在1500万～2100万吨左右，目前印度的年捕鱼量约占整个印度洋的捕鱼量40%。印度拥有一支印度洋沿岸国家中最庞大的商船队，据统计拥有商船673万总吨（108万载重吨），占发展中国家商船总数的14%左右，居世界第16位。同时，还有一支庞大的渔船队，以捕鱼为生的渔民达1500万人。

3. 政治因素。在印度人看来，印度洋理应是印度的势力范围，不容外来势力进入。但是，自英国把军事力量从苏伊士运河以东地区全部撤出后，美苏两个超级大国为了各自的战略利益加紧在印度洋争夺，印度洋周边国家如伊朗、沙特阿拉伯、南非、澳大利亚、印度尼西亚和巴基斯坦等都在积极发展海军，争取控制印度洋，从而控制从地中海到太平洋之间广大地区。面对这一地区复杂的政治形势，作为印度洋中最大的国家印度认为，印度要摆脱次大陆的狭隘安全观念，应不失时机地“去占据印度洋，而且越快越好”。

印度政府认为，印度洋是印度的“命运之洋”、“未来之洋”，是印度生存与发展的战略水域，关系着21世纪印度的安全和幸福。正是鉴于这种认识，20世纪70年代，印度就在其“保陆制海”军事战略中提出了“印度洋控制战略”，但受自身综合实力的限制和当时国际战略环境的影响，这一战略没有得到有效实施。20世纪90年代，印度在巩固了次大陆的支配地位之后，海洋意识日益增强，明确提出，有效制服印度洋沿岸小国海军，有限遏阻大国海军，最大限度地控制印度洋海域。

进入21世纪后，随着条件的日趋成熟，印度加快了推进“印度洋控制战略”的步伐，通过政治、经济、外交等方式增强在印度洋影响力，把建立一支现代化的远洋攻击型海军和强化印度洋的军事存在作为实现其“印度洋控制战略”的主要途径。

综上所述，印度要实现海上战略目标，必须面向印度洋，实施区域威慑，最终实现“印度人的印度洋”。

在兵力运用上，印度海军大力推行运用强大的海上军事力量实施海上威慑。印度海军认为，目前面临两种来自海上方向的威胁，一种来自印度洋地区的国家，如巴基斯坦、孟加拉、斯里兰卡、缅甸和印度尼西亚等国；另一种来自外部大国。印度海军应针对不同的威胁实施不同程度的威慑，对印度洋地区的敌对国家，印海军强调保持绝对优势，一旦发生冲突，印度海军则采用“攻势性打击和封锁”的作战方针，运用海、空优势夺取制海权，消灭敌海上舰艇，封锁其海军基地。对在印度洋地区驻有军事力量的区外大国，如美国、俄罗斯等，印度海军强调，通过威慑同大国形成力量均势，限制大国海军在印度洋的行动自由。

为了达到威慑目的，印度海军制定了“三层防御圈”的作战方针：

1. 外层防御圈为以印度半岛南端为圆心，向外延伸1200海里的海区，由潜艇和海上侦察机进行巡逻，监视对方舰艇的活动；

2. 中层防御圈从印度半岛南端前伸700海里，划分成东西海区，主要由两个航空母舰战斗群和空军攻击机承担防卫任务；

3. 内层防御圈大致为印度宣布的（200海里）专属经济区，部署的兵力有导弹艇、第二线水面舰艇、海岸警备队的炮艇和岸基飞机。

对于印度来说，印度洋寄托着印度的安全与幸福，印度的安危系于印度洋，民族的利益在于印度洋，决心走海上强国之路，力图建立一支具有世界现代化水平的远洋舰队，夺取印度洋的制海权。未来要成为海上中等强国，保持对印度洋的“海上遏阻”，就必须实施区域性威慑，重点发展海上侦察反潜能力、航空母舰特混编队制海能力和两栖作战能力，掌握印度洋的制海权，取得控制印度洋的苏伊士运河、霍尔木兹海峡、保克海峡、马六甲海峡和巽他海峡5个海上战略通道的能力，实现印度洋是印度人的目的，并成为走向世界远洋海军作准备。

三、印度海洋威慑战略思想主要特点

印度把军事实力视为支撑其世界大国地位的主要支柱，尤其强调军事力量的威慑作用。印度海上威慑战略，主要体现在两方面：一是通过提升整体实力提高威慑作用；二是强化海上核力量的威慑作用。

印度认为，作为印度洋沿岸的大国，印度的安全很大程度上取决于对印度洋的控制程度，控制了印度洋，就能控制从地中海到太平洋之间的广大地区，支配印度洋和印度洋沿岸国家。然而，要控制印度洋，就必须具备强大的军事实力，也就是说要具备强大的海上威慑力。具体讲有以下特点：

1. 以“制海威慑”作为实现海上安全目标的主要手段。印度前海军参谋长S. N. 科里上将在《海权与印度洋》一书中指出，“印度海军成功的关键在于对海洋的控制能力”。

20世纪80年代以来，印度的防务专家提出，海洋控制的实质就是“一方面剥夺敌人使用海洋的机会，另一方面维护自己使用海洋的权利”。

印度要实现对印度洋的控制，必须具备对海洋的控制能力，包括对印度周边海域的控制和对通往印度的海上通道的控制。控制印度洋制海权的主要目标应当是：充当印度洋地区的“海上国际警察”，控制航运通道，监视军舰和商船的活动，确保海上设施安全，维护专属经济区内法律的尊严和阻止他国情报搜集活动。

2. 以强大的海军实力为战略支柱，实施海上威慑。印度主张“实力至上”，认为强大的海军是“树立大国形象”，确保控制印度洋的后盾。印度从自身的实力出发，实施有效的威慑战略，一是提升作战效能，增强对入侵者的威慑能力，通过武器测试和发射、加强监视、塑造海上安全环境等，向潜在对手传达有关战备和决心的“信息”。二是确保前沿存在，因为“存在”是“达到能力”和“持续力”相结合的结果。就印度海军来说，前沿存在的目的是：显示印度对地区稳定的关注；熟悉海外作战环境；保持对利益区的监视；提升与友好国家兵力之间的互通性。三是提升远洋活动能力。印度海军要想在印度洋保持周期性的前沿存在，其条件是必须具备在远离印度洋海岸活动的能力。四是提高信息能力，以增强兵力的作战能力。五是建立伙伴关系，加强与区域内区域外海军之间的互通性，从而塑造有利的海上环境。

针对超级大国在印度洋的争霸，印度力图通过海上威慑，限制超级大国在印度洋上的行动自由，使其不敢轻易在该地区采取军事行动或贸然支援本地区某些敌对国家。印度意识到，印度海军要与两个超级大国海军抗衡是不现实的，但可以监视它们在印度洋兵力部署和变更情况。通过自身实力的增强，期望在超级大国的冲突中维持海上军事力量的平衡，通过实施威慑手段使它们的干涉付出更高的代价。

3. 为实现其称霸的企图，在不同的战略方向，印度针对不同对象实行了不同程度的威慑。首先，对南亚周边小国实行“高压”性威慑。早在20世纪70年代印度防务专家就提出要对周边国家实施威慑，其手段是保持一支“一旦发生战争必将以我们的胜利而告终”的绝对优势的军事实力，以使任何国家都不敢触犯印度的利益，否则就要给予军事“制裁”。印度海军力量的迅速发展使其在南亚鹤立鸡群，其他沿海小国的海军力量加在一起也无法与印度海军相抗衡，印度完全掌握了阻止其他南亚国家向印度洋发展的主导权。

其次，印度海军实施“东向”战略，发展与东南亚国家的海上关系和插手马六甲海峡及南海事务，目的是要遏制东南亚一些国家向印度洋扩展，保证东南亚的和平与稳定，确保这一地区不受任何大国势力的影响。

再次，对美、中、巴实行“核对称”威慑。20 世纪 80 年代以来，印度主张发展“包括核报复和常规打击力量在内的总体威慑”，其目的是对付美、中、巴三国潜在核威胁。

由于核国家越来越倾向于把核力量放置于海上方向，海上核力量有着绝对的生存能力，因此，1999 年 7 月印度国家安全顾问委员会公布了《国家核战略方针》，提出放弃首先使用核武器的权利，但为有效防止他国率先发起攻击，印度必须致力发展“三位一体”的核报复力量。印度海军曾公布了一项“核军事学说”，称海军将作为印度最有效的核打击力量，认为海上核发射平台在公海上被敌人当作打击目标时产生的附加损失很小，而陆地上的核发射平台更易被敌方侦察到，遭受打击时附带的平民伤亡人数也会急剧增加，因此，必须优先发展海上核力量，以确保对美、中、巴“核对称”威慑的有效性。

第十二章

世界各国海上威慑战略运用评析

实施海上威慑战略，已不是海军强国的专利，海军弱国为了维护本国的利益，也开始制定海上威慑战略，大力发展具有威慑力的武器装备。也就是说，无论大国小国，强国弱国，在海上发生危机的情况下，运用有效的威慑战略，尽可能不通过武力而迫使对方放弃企图，最终赢得战略上的主动，这是世界各国共同追求的战略目标。

从美国、俄罗斯、英国、法国、印度、日本和东盟等国家海上威慑力量建设的基本情况来看，这些国家在海上威慑战略运用方面存在着一些共同点，但由于各国的国情、军情、地理条件等情况的不同，必然会导致各国在海上威慑战略运用、建设和发展海上威慑力量等方面存在差异。世界各国在制定海上威慑战略和发展海上威慑力量时，大多受到军费开支、科技水平和管理能力等因素的制约，因而发展海上威慑力量的动因、侧重点和途径也各不相同。对于海上强国来说，为达到自身的政治目的，依仗其强大的海上威慑力量，运用海上威慑战略对中小国家施加压力，迫使这些国家在强大的威慑力面前不得不屈服。然而，如今世界上一些海军弱国已经意识到，要保护本国海上方向的安全与发展，必须加强对海上威慑战略的运用，只有这样才能不受他国的欺负。

一、世界强国海上威慑战略运用主要特点

在当今世界强国中，绝大多数是海上强国，且具有强大的海上军事力量和远海作战能力。实施海上威慑是西方国家军事战略的一个重要组成部分，是海上强国长期以来惯用的手法。这种威慑是建立在一定实力的基础上，包括海军综合作战能力、常规“杀手锏”武器和海基核力量。世界强国运用海上威慑战略主要有以下特点：

1. 运用海上威慑战略是海上强国的首选。由于海军的特殊性，当国际危机或战争爆发之前，海军可以通过海洋把兵力迅速集结或预先配置于事先选定的海域，达到控制危机、遏止战争和维护和平的目的。另外，海军舰船具有公开性和可见性特征，海军舰船活动于海洋，可以显示一个国家的军事实力，为国家军事战略提供支撑。海上强国可根据不同对象，在不同海域，选择适当的时机，对敌方实施不同程度的威慑。也就是说，在实施海上威慑时，可严格控制威慑的强度，既给威慑对象以足够的压力，达到预定目的，又要防止威慑转为军事危机而导致海上武装冲突和引发海上局部战争。

海上威慑战略之所以成为西方海上强国的首选，正因为：首先，海上强国对中小国家在实力上占有优势，有条件通过强大的海上实力威慑对方，而获取自身的安全利益；其次，一旦国家之间发生武装冲突，必然会造成惨重的损失，为避免这种难以承受的代价，必须寻求“不战而屈人之兵”的高超谋略；再次，在核武器时代爆发的核冲突中没有胜利者，只有两败俱伤，于是为了谋求国家安全，西方海上强国更加倚重海上威慑。

2. 将威慑作为制定海上战略的重要内容。西方大国海军在制定和调整海上战略时，充分体现了威慑思想。美国把威慑战略作为国

家安全的国策，是制定海上战略的核心内容之一。2007 年美国出台了《海上战略》，明确提出“前沿存在、威慑、海上控制、力量投送、海上安全、人道主义援助与救灾”等六大核心能力，强调了美国海上军事力量建设的重要性，突出了威慑思想。

美国海军始终站在执行美国威慑战略的最前沿，是执行“显示力量”、“战略威慑”、“海上控制”和“兵力投送”四大任务的先锋，按四大任务要求，美国积极发展海上威慑力量。为了遏制一些地区大国军事实力的快速增长，时刻保持军事优势，有效应对来自多方向的威胁，不断调整和完善海上战略，使美国海上威慑力量有了很大的发展。

法国、英国二战后都接受了现代威慑思想，虽然在相当长一段时间内，受到美国军事战略的影响和制约，但是，随着整个世界战略形势的变化，英法等国家根据本国的实际情况，相继确立了海上战略，并将威慑思想作为重点融入其中。2010 年 10 月，英国国防部公布了新的战略防务与安全评估报告——《在不确定的时代保护英国的安全利益》，该报告提出了英国军队未来的 7 项任务，强调为保护英国的利益，要提供核威慑能力，并要求海军以精简舰艇为重点，维持小规模高效作战能力。

可见，海上强国在确立海上战略时，都将威慑思想作为一个重要的内容融入其中，其目的就是为了维护大国的利益，更好地筹划和指导本国海上军事力量的建设和发展，这已成为海上强国战略发展的一个突出特点。值得注意的是，近年来，一些发展中国家为了自身的海上安全，也开始将威慑思想纳入海上战略。

3. 强化核威慑战略。海上强国十分重视核威慑战略。一方面积极调整核威慑战略。法国作为欧洲唯一的独立核力量，希望在欧洲军事一体化进程中通过这一独有的力量提高国家地位。2006 年 1 月，时任法国总统希拉克突出了其为欧盟提供核保护的意义。2008 年3 月，继任法国总统萨科齐再次强调，一定规模的核武器对维护法国乃至欧洲的安全至关重要，是“国家生存的保障”。这是萨科齐就任总统以来，首次对外阐述法国的“核威慑”政策。2010年11月，法国总统萨科齐与英国首相卡梅伦签署了为期50年的全面军事合作协议，该协议确立了法国核力量在英法核合作中的主导地位，扩大了法国对盟国核保护与保障的范围。另一方面确保核力量建设和发展的投入。由于国际金融危机对西方各国经济的冲击，许多国家都压缩了国防开支预算，而海上强国在削减国防开支的情况下重点确保了核力量建设和发展的资金投入。2009年，英国国防部宣布，正在考虑耗资330亿美元，在15年内更换英国核威慑力量的计划。法国总统萨科齐表示，法国政府将仍会保持对武器装备的投资力度。未来12年，法国国防部将投资3770亿欧元（约5270亿美元）用于国防建设，其中约2000亿欧元将被用来购买新装备。法国2010年的国防预算是321亿欧元（合467亿美元），较2009年下降了2.6%，但核威慑方面的支出预算保持了稳定，新的经费保证了“凯旋”级潜艇在2010年期间配备M51弹道导弹。

英国首相卡梅伦

法国总统萨科齐

4. 在全球重点地区和海域保持前沿存在。当前，海上强国运用海上战略威慑的重要手段之一，就是在全球重点地区和海域保持前沿存在。一方面对热点地区和热点事件进行快速反应，另一方面对潜在对手实施“有针对性军事威慑”。

例如，2010 年，美国海军继续在全球各主要地区特别是亚太地区保持前沿存在。在西太平洋，7 月 25 日至 28 日，美、韩在日本海拉开了一系列联合演习的序幕。此次演习美韩两军共投入兵力 8000 多人，包括“乔治·华盛顿”号航母、“阿利·伯克”级驱逐舰和 F－22 型隐身战机，演习区域逼近朝鲜半岛东部海域的“北方界线”。

2010 年 7～8 月，在夏威夷附近海域举行了旨在提高多国联军部队海上协同作战能力的美盟“环太 2010”演习，美国、澳大利亚、加拿大、智利、日本、荷兰、秘鲁、韩国、新加坡、法国、哥伦比亚、印尼、马来西亚和泰国等国派舰参演，参演兵力共计有 34 艘水面舰艇、5 艘潜艇、170 架固定翼飞机和直升机，2 万余人。演习中，韩国和日本各派出 1 艘常规潜艇担任假想敌，还特别增加了应对微型潜艇的演练。

2010 年 9 月中下旬，美国海、空军在关岛海域举行“勇敢之盾 2010”演习，除“乔治·华盛顿”号航母和 1.4 万兵力参加外，还派遣超过 16 架 F－22 战机参演。母港在日本佐世保的“埃塞克斯”号两栖攻击舰第 11 陆战队分遣队和驻日本岩国基地的第 12 海军陆战队航空兵部队也参加了演习。

二、世界各国海上威慑战略运用共性

基于世界各国的国情、军情不同，拥有的海上威慑力量及能力不同，其海上威慑运用的方式也有所不同，但无论是海上强国还是海上弱国，其海上威慑战略运用存在着共同点，主要表现在以下四个方面：

1. 兼顾威慑与实战。世界各国制定海上威慑战略时，一方面，要充分发挥海基战略核力量的威慑作用，另一方面，还要应对不断发生的地区危机和局部冲突。对于美国来说，则既注重威慑，又注重实战。由于美国海军力量在世界上首屈一指，其前沿部署态势和迅速的机动能力，使得美国能够随时介入世界上任何危机地区。

1980 年 4 月 15 日凌晨 2 时，美国动用海军舰载飞机对利比亚的五个重要目标施行了“外科手术”式的袭击。美国飞机向这些目标发射了 20 多枚“百舌鸟”反雷达导弹和“哈姆”高速反雷达导弹，倾泻了大批 2000 磅的激光制导炸弹和 500 磅的集束炸弹，将利比亚首都的黎波里和第二大城市班加西炸成遍地废墟。甚至总统卡扎菲当晚下榻的地方，也遭到美国炸弹的攻击。结果，卡扎菲刚满 15 个月的养女被炸死，3 岁和 4 岁半的两个儿子受重伤。

堂堂超级军事大国为何向人口仅 300 多万的利比亚开刀呢？为什么花费相当多的人力、物力，发动自越南战争以来最大规模的空中袭击呢？这不能不令人想到“威慑”的作用。

就这样，美国依靠强大的海上力量使利比亚屈服，可以说，这是一种“实战威慑”。

2. 兼顾进攻与防御。海上威慑既有进攻性的一面，又有防御性的一面，依据不同的作战对象和作战海域而采用不同方式。强调进攻，力求先慑，历来是强国海上威慑战略的重要内容。

以日本海上自卫队为例，近年来，日本除了注重海上威慑的防御性外，其进攻性日益增强。从活动趋势看，未来日本海上自卫队很有可能参与实战、进行海外军事干涉行动，其战略威慑的进攻性、冒险性将日渐抬头。从 1991 年海湾战争时，日本扫雷艇编队前往波斯湾，到阿富汗战争派遣包括宙斯盾舰在内的大型作战、补给舰只，前往印度洋为美军提供作战支持，日本海上自卫队实际上已成为间接参战者。与此同时，日本还加紧为海外作战与威慑行动作好法律铺垫。2003年5月9日，日本内阁明确表示海上自卫队舰船在海外受到攻击或预感到威胁时同样可视为“有事”，先发慑人并不“违宪”。因此，随着未来和平宪法的终结、日本恢复符合“普通国家”诉求的所谓交战权和集体自卫权，日本海上自卫队可以“有事”为幌子，以协美为借口，主动以直接参战者的身份进行海外联合作战行动，甚至有可能对其认定的“新型威胁和多种事态”，采取“先发制人”的军事行动。

同样，在俄罗斯普京主政时期，俄罗斯的核威慑战略开始重视进攻性，首次将“保留首先使用核武器的权利”作为条文颁布，正式提出了“先发制人”的核打击威慑原则。在普京看来，核威慑是俄罗斯唯一能够与美国抗衡的力量，一旦美国率先“先发制人”，俄罗斯必须要有应对之计。

3. 兼顾战时与平时。进入21世纪，无论是对强国还是对弱国海军而言，不仅重视战争情况下海上威慑的运用问题，而且越来越重视平时海上威慑的运用。各国海军在制定战略时，都将战时海上威慑与平时海上威慑的运用有机地结合起来，把海军在和平时期为国家政治、经济和外交利益服务，作为战略任务的一项重要内容加以规定。

4. 兼顾潜在与现实威胁。每个国家的现实威胁和潜在威胁是不同，威慑的对手也是不同的，但是，每个国家都会依据自己的威胁和战略对手，实施海上威慑，这种威慑可能是核威慑，也可能是常规海上威慑。由于爆发大规模战争的可能性已经很小，所以各国面临的现实威胁主要是局部战争和地区性冲突、国际恐怖主义以及对本国安全和利益构成的威胁，只要海上方向安全威胁和战略对手存在，世界各国就不会放弃海上威慑这种有效的运用方式。

三、世界各国海上威慑力量运用差异

世界各国在建设和发展海上威慑力量时，由于海上威慑力量和能力存在巨大的差距，必然导致它们在建设海上威慑力量时出现一定的差异。

1. 建设海上威慑力量的动因不同。这主要是由国家的政治和军事战略的需要决定的。两极世界格局消失后，各国均适时调整了军事战略，其中沿海国家的军事重点普遍向远海推移，海军成为重点发展的力量。

海上强国美国海军的军事重点由大洋前移至彼岸沿海，随时准备发起“由海向陆”的作战行动，军事威慑的重点转变为应对地区危机和冲突，以维护其全球利益。同时，美军进一步强化海上常规军事威慑力量建设，其海上威慑力量包括两部分：前沿部署的海军/海军陆战队常规部队和灵活机动的海军核动力弹道导弹潜艇部队。美国海军认为，面对大量残留的核弹头和不断扩散的其他大规模杀伤性武器，美国海军的常规打击兵器发挥日趋重要的军事威慑作用。

美国在几次海湾危机中对海军力量的大量使用，充分体现了海上常规军事威慑的运用。

科索沃战争中，美国进行的高技术条件下的海上常规军事威慑，对战争的进程和结局都产生了重大影响。

“9·11”事件爆发后，美海军先后向阿拉伯海部署了6艘航空母舰，在较短的时间内对阿富汗形成了包围态势，为控制阿富汗的局势起到了积极的作用。

英国、法国等发达国家海上军事力量，与美国的海上威慑力量相比存在一定差距，但他们极力将军事重点由近海移向远洋，以扩大防御纵深，维护海上“生命线”安全。而发展中国家也纷纷将海上军事重点由近岸推移至远海，把“海上防线”建立在200海里专属经济区以外，以维护海洋权益，为适应国家利益的需要，这些国家希望建设一支“规模适中、装备精良、反应快速、战斗力强”的现代化海上威慑力量。综合分析各国加强海上威慑力量建设的原因，主要有以下几个方面：

科索沃战争中的美国舰队

（1）提高国际地位的需要。在多极世界尚未最后确立的历史时期，海上霸权主义和强权政治仍然盛行。一个海洋国家如果没有“让人畏惧”的海上兵力，就不会获得应有的国际地位和发言权。

历史表明，任何一个国家的强盛，都离不开一支强大的海上军事力量支撑。现代国际斗争经验同样表明，通过军事实力提升一个国家的地位，一是靠强大海军，二是靠战略核力量，而海军恰恰将两者包容于一身。因此，强大的海军是大国的典型象征，是强国地位的坚强支柱。如果没有强大的全球型或远洋型海军，没有较强的远海作战能力，根本不可能成为世界强国，更谈不上作为世界强国在地区或全球事务中发挥重要的影响和作用。

正如一些西方国家所强调的那样，要使国家成为国际事务的参与者，就必须建立一支“无与伦比”的海上军事力量。而一些发展中国家也意识到，为使国家在国际关系准则中享有“独立、公正与平等”，就要拥有一支“精锐的现代化海、空军力量”。

就拿俄罗斯来说，多年来，一直积极主张，作为海洋大国，必须拥有一支与其国际地位相称的强大海军。由于财政的恶化，俄罗斯综合国力严重衰退，俄罗斯海军总体实力明显削弱，已无法与当年的前苏联海军相提并论。为了维护其大国地位，俄罗斯把保持海上威慑、显示军事存在作为海军的重要使命。在军队建设上，俄罗斯海军认为，要具备全面遏制能力，核遏制要有效、常规遏制要足够。为确保大国的地位及威严，俄罗斯近年来加快了全面振兴军事力量的步伐。2011 年 2 月 24 日，俄国防部第一副部长弗拉基米尔·波波夫金宣布，于 2010 年 12 月通过的俄 2020 年内国家军备计划预算总额超过 19 万亿卢布（约合 6500 亿美元），旨在全面实现军队现代化。他特别强调，“该计划的主要任务是发展战略核力量”。

在巨额经费的支持下，俄罗斯国防预算向海军倾斜的趋势也越发明显。俄国防部计划购买 100 艘军舰，主要包括 20 艘潜艇、35 艘驱潜快艇和 15 艘护卫舰。其中 8 艘搭载“布拉瓦”潜射弹道导弹的战略核潜艇将成为俄军“三位一体”核打击力量的重要组成部分。在俄海军看来，战略核潜艇与携带核弹头的洲际导弹仍是确保其军事强国地位的基石，具备战略打击能力的武器，虽然“布拉瓦”导弹“14 发 7 不中”的成绩并不理想，但俄军对其仍旧充满信心。可见，作为国之重器的核潜艇与核导弹是俄罗斯振兴国力和军力的重中之重。

（2）地区一体化发展的需要。地区经济加速一体化，也使高技术特别是高技术武器装备加速国际扩散。亚太经合组织的经济合作不断加强，带动成员国之间更加广泛的军事合作和军工技术交流。

欧盟各成员国制订了“欧洲长期防务合作计划”，共同优先开发应急军事技术项目。东盟国家为提高地区现代化武器装备，拟成立地区“军工集团”，以加强军用高技术的开发与通用。地区一体化的迅速发展，为科技相对落后的国家引进先进武器装备提供了有利条件，并在一定程度上适应了一些地区国家整体安全的需要。

（3）谋求力量平衡或力图打破力量平衡的需要。为拥有所需要的安全环境，世界各国积极谋求一定范围内力量平衡，特别是沿海国家更加注重谋求包括海上威慑力量的平衡，以维持特定海区的相对和平与稳定。而美、日、印度等国为了遏制海上主要竞争对手，力图打破包括海上威慑力量的平衡，以获取更大范围的战略主导权。

2. 建设海上威慑力量的侧重点不同。世界各国发展海上威慑力量，大多受到军费开支、科技水平和管理能力等因素的制约，因而发展海上威慑力量的侧重点也各不相同。

弹道导弹核潜艇，又称战略导弹核潜艇，是世界各国海军所谋求的最具“核遏制优势”的海上威慑力量，但由于其耗资巨大、技术复杂和难于管理，目前仅为美、俄、英、法等少数国家海军所拥有。一些地区大国正向建立军事核潜艇力量方向努力。

航空母舰是国家综合国力的象征和海上力量的核心之一，在威慑和实战中的地位与作用日益突出，已被世界各国海军所青睐。美国海军在拥有11个大型航空母舰编队的情况下，又在加紧研制更加先进的航空母舰。俄、法等国海军拥有1～2艘中型航空母舰。英国、西班牙、意大利、泰国等国海军也装备了1～2艘轻型航空母舰。印度、巴西、阿根廷等国海军购买并改装1～2艘大国海军退役的轻型航空母舰。

攻击型核潜艇和常规潜艇的威慑力，在于其能在水下隐身地发射战术导弹和鱼雷。攻击型核潜艇仍为大国海军激烈竞争的项目之一，美、俄等国海军均在加紧研制第四代攻击型核潜艇。英、法海军则联手研发新一代攻击型核潜艇。常规潜艇发展很快，迄今已有近 50 个国家和地区的海军拥有了各种类型的常规潜艇。

近年来，各国海军十分注重研制和发展隐形化舰艇，以提高其威慑与实战能力。美国海军已将隐形技术运用于“伯克”级导弹驱逐舰等舰艇上；法国海军研制的“拉斐特”级隐形导弹护卫舰已出口；以色列在美国建造的“埃拉特”级隐形导弹护卫舰已服役多年。中、小国家海军多以研制和引进隐形护卫舰为主。

3. 建设海上威慑力量的途径不同。各国海军发展海上威慑力量，大多遇到实际需要与经费承受不起、科技水平滞后以及管理操作跟不上等方面的矛盾。这些矛盾的存在，既制约海上威慑力量的发展，也制约其发展速度与规模。鉴于此，各国海军发展海上威慑力量，主要通过以下途径实现：

本国自行建设。发展海上威慑力量，不仅需要国家战略和海军发展战略的牵引，更需要强大经济和科技实力作为支撑。比如弹道导弹核潜艇和攻击型核潜艇，目前世界上仅有美、俄、英、法和中国能够自行建造。航空母舰作为海军主要攻击兵力和海上优势的象征，需要的建造经费多，解决的技术难题多，目前只有美、俄、英、法四国能自行建造。

国际联合研制。军事科研和装备费用的不断攀升，迫使包括西方大国海军在内的各国海军越来越注重走联合研制海上武备的路子，以充分发挥各方特长，优势互补，缩短研制周期，节约研制经费，提高通用性。如美国及欧洲一些国家海军，不同程度地参与了对法国海军“戴高乐”号核动力航空母舰的研制。俄国、印度海军正联手研制核潜艇。瑞典、澳大利亚海军已联合研制出当今世界上最大的“科林斯”级常规潜艇。德国、加拿大、荷兰等国海军则联合研制“特罗姆普”级隐形导弹护卫舰等。

多元化引进部件拼装。世界经济科技一体化的迅猛发展，使军事科学技术加快了国际间的转移速度，为各国海军多元化引进部件拼装所需要的武器装备提供了可能。如朝鲜、印度、巴西等国海军，多元化引进包括海上威慑性武器装备在内的有关技术和部件，在本国或他国拼装成所需之武器装备。日本、澳大利亚、加拿大等国海军，坚持多元化引进技术与部件，拼装出潜艇等海上威慑性武器装备。

现代化改装。鉴于海军武器装备更新换代周期加快，各国海军在加强研制新式武器装备的同时，更加注重以新技术改造旧装备，以使其提高现代化水平，增强作战效能，延长使用寿命。美、俄等国海军正对军事核潜艇所载弹道导弹进行改装，使其射程更远、弹头更多、命中精度更高、威力更大。英国、印度等国海军先后对其旧式航空母舰进行了现代化改装。

第十三章

世界主要国家海上威慑力量建设概述

冷战结束后，特别是进入21世纪以来，部分国家为适应世界战略格局的变化和信息化战争要求，对海上威慑战略进行了充实和调整，有些国家虽然没有明确的海上威慑战略，但在制定海军战略时，都重点突出了海上威慑力量的建设。

美国是目前海上威慑力量最强的国家，近些年，为了加强对亚太地区某些国家的战略遏制和围堵，美国海军加紧调整弹道导弹核潜艇和攻击型核潜艇力量部署，全力推进海基弹道导弹防御。俄罗斯在“三位一体”的战略核威慑力量建设中，高度重视海基战略核力量的威慑作用，突出其机动性、隐蔽性、突袭效能、快速反应、战场生存能力和威慑能力等方面的优势，以提高核威慑的有效性。

英国作为老牌的海军强国，十分重视常规海上威慑力量特别是大型水面舰艇的建设。与美、俄、英国不同，法国是唯一首先发展弹道导弹核潜艇、尔后再发展攻击核潜艇的国家。法国认为，现代战争中陆基战略核力量易受到攻击，法国没有辽阔的地域，而辽阔的海洋则是有效的隐蔽所，弹道导弹核潜艇将是最可靠、最适宜发展的核威慑力量。印度重点发展海基核威慑力量，扩建大型战舰，突出武器的威慑力，努力建立一支力量均衡、具有强大威慑能力的海军。日本海上自卫队将提高远洋作战能力作为其战略威慑的重要举措，主战舰艇向大型化、远洋化发展。东盟国家虽然海上力量弱小，但近些年已发展成为一支不可忽视的海上威慑力量。

一、美国：攻防兼备的新“三位一体”

美国核威慑力量由“三位一体”的战略核力量和非战略核力量（主要指战术核武器）构成。战略核力量的“三位一体”，最早由美国福特政府时期的国防部长及曾任小布什政府国防部长的拉姆斯菲尔德于1976年提出。

所谓“三位一体”，是指在战略核力量的构成中包括以洲际弹道导弹为标志的地面部分，以潜射弹道导弹为标志的海上部分和以战略轰炸机为标志的空中部分。此概念深受当时美国政府重视并很快被苏联及其他有核国家效仿。

美国弹道导弹核潜艇水下发射三叉戟导弹

战术核武器主要包括核航弹和核巡航导弹。截至2009年1月，美国拥有约5200枚核弹头，包括2700枚作战部署的弹头（2200枚战略弹头、500枚非战略弹头），2500枚“反应”或“后备”弹头（“反应”核弹头系整装库存但不进行作战部署的弹头，“后备”核弹头系氚部件已经拆除的弹头）。其中的战略核弹头以陆基洲际弹道导弹、弹道导弹核潜艇及潜射弹道导弹、战略轰炸机及空射战略巡航导弹作为载运平台，核航弹由战斗机投掷，核巡航导弹由海军舰艇或潜艇携载。

潜射战略核力量是海上主要威慑力量。目前，美国拥有14艘“俄亥俄”级核潜艇，装备“三叉戟”ⅡD5导弹288枚。“三叉戟”ⅡD5导弹配备10万吨的弹头，各携带4～6枚分导式多弹头。

作为世界上实力最强大的海上军事力量，美国一直奉行核威慑战略。以弹道导弹为主要武器的核潜艇，又称为战略导弹核潜艇，主要用于对陆上军事、政治、经济、文化中心等战略目标实施核打击，是美国战略核力量的重要组成部分，历来受到高度关注。美国曾经拥有弹道导弹核潜艇34艘，潜射弹道导弹672枚，核弹头5760个。冷战结束后，美国海基核威慑力量发展计划不断削减，原计划建造29艘“俄亥俄”级弹道导弹核潜艇，最终决定减少至18艘。

1994年美国海军《前沿存在，由海到陆》提出，21世纪前15年美国海军将保持300艘舰艇、10艘航空母舰、50艘核动力攻击潜艇、14艘“俄亥俄”级弹道导弹核潜艇。1996年，美国开始对海基战略核力量进行较大规模的削减。目前，已淘汰了原有的22艘“富兰克林”级、“麦迪逊”级和“拉斐特”级弹道导弹核潜艇，原有的18艘“俄亥俄”级弹道导弹核潜艇，是美国海军的第四代战略导弹核潜艇，也是美国唯一的“水下战略核威慑部队”。

美国"俄亥俄"级弹道导弹核潜艇

"俄亥俄"级弹道导弹核潜艇吨位大，水下排水量达1.8万吨，载弹多达24枚，采用了高性能核反应堆、先进电子设备和多种降噪措施，水下航速达35节，航行噪音低，隐蔽性好，生存率高，每艘潜艇的造价高达20多亿美元。其中，8艘"俄亥俄"级潜艇装备"三叉戟Ⅰ"潜射导弹，射程7400千米，可携带8个各为10万吨当量的分导式弹头，圆概率误差300米。10艘"俄亥俄"级潜艇装备"三叉戟Ⅱ"潜射导弹，射程11000千米，可携带15个各为30万吨当量的分导式弹头，圆概率误差120米。

美国海军非常注重对现有海基核力量的更新，在"俄亥俄"级核潜艇的基础上，进行新一代战略导弹核潜艇的研制，正在建造的"弗吉尼亚"级新一代核动力攻击潜艇的许多新技术，将使用于未来新型的战略导弹核潜艇上。在新一代战略导弹核潜艇的设计和建造上，主要是提高潜艇吨位，水下、水面排水量提高至万吨级以上，增大续航力、自给力，采用新的消声、降躁技术等，并增加新的作战管理系统、声纳装置、光纤数据公路，以提高技战术总体性能。

美弹道导弹核潜艇以112天为一个工作周期，其中77天执行巡逻任务，35天全面检修。在任何时候，美军都有一半的弹道导弹核潜艇处于巡逻状态，总有2艘保持全面检修状态。而处于巡逻状态的核潜艇中，又有一半处于“硬”警戒状态，即位于能有效打击既定目标的区域，其余巡逻核潜艇则能在数小时或数天内进入“硬”警戒状态。这种巡逻强度与“冷战”时期无异，但与“冷战”时期不同的是，现今超过60%的巡逻在太平洋海域，而在整个20世纪80年代，这个数字平均为15%。

2002年1月，美国提出了新的《核态势评估报告》，在这份报告中，美国确立了新的“三位一体”核战略基础。即美国的核力量基础由原来的洲际弹道导弹、重型轰炸机和潜射弹道导弹组成的“三位一体”转变为由常规与核进攻性战略打击力量、主动与被动防御系统和反应迅速的基础设施组成的新的“三位一体”。在新的“三位一体”中，包括先进常规武器系统、进攻性信息作战力量和特种作战部队在内的非核打击力量，与原来“三位一体”的核打击力量共同构成了美国核战略支柱之一，这表明美国将核常互补打击作为威慑运用的重要手段。美国同时提出，在削减战略核力量的同时，加紧研制可用于实战的微小型核武器。美国的核常一体、核常互补的思想在理论上已经成形，在实践上已经开始运作。

核常一体是一种新的作战理论和作战手段，指的是将核武器与常规武器的作战效能和作用分别向常规及核领域发展，使核、常武器作用效能相互补充，从而能够更加有效地达成威慑。

为了保持威慑效果，加强对亚太地区某些大国的战略遏制和围堵，美国海军加紧调整了其弹道导弹核潜艇和攻击型核潜艇力量部署。美国海军战略核潜艇分别集中部署在太平洋和大西洋的两个潜艇基地。一个是位于美国西海岸、濒临太平洋的吉塞普海军基地，坐落在华盛顿州的吉塞普半岛上，2004年由布雷默海军站与班戈海军潜艇基地合并而成，是美国第三大核武器聚集地，共有大约

1700 枚“三叉戟”导弹。目前，美国海军现有的 14 艘弹道导弹核潜艇中，有 8 艘部署在吉塞普海军基地。正是由于部署在该基地的这些弹道导弹核潜艇，使吉塞普海军基地被称为“太平洋舰队战略导弹核潜艇基地”，这也是美国在太平洋地区的海基战略核力量首次超过大西洋地区。另一个是位于美国东海岸、濒临大西洋的金斯湾海军潜艇基地，坐落在乔治亚州和佛罗里达州边界的北部，是杰克逊维尔市的一部分。该潜艇基地是美国海军大西洋舰队最先进的战略导弹核潜艇的母港，是唯一有能力支持最完善的潜射战略核导弹“三叉戟Ⅱ”型导弹的海军基地，原驻有 11 艘“俄亥俄”级弹道导弹核潜艇。

为了平衡美国东西海岸舰队的实力，2002～2005 年间，5 艘位于东海岸金斯湾海军潜艇基地的战略导弹核潜艇，调整部署到了美国东海岸的班戈海军潜艇基地，作战序列也归太平洋舰队指挥。冷战时代，美国海军有六成弹道导弹核潜艇部署在大西洋，四成在太平洋，现在变成了六成弹道导弹核潜艇部署在太平洋，四成在大西洋。

2005 年之前，美军在大西洋沿岸部署的战略核潜艇数量一直都多于其他地区，而“俄亥俄”级潜艇的调动，是在美国军事战略重心向亚太地区转移的大背景下进行的。在此背景下，美国已经在关岛部署了 3 艘“洛杉矶”级攻击核潜艇，未来这个数字还可能进一步增加。

关岛位于西太平洋地区，是夏威夷与菲律宾之间 2000 多个海岛中最大的一个，面积约为 549 平方千米。岛上的阿普拉海军基地位于关岛西海岸中部，是美国海军在西太平洋的主要军事基地和前进指挥所。

美国海军在把弹道导弹核潜艇部署重点调整到太平洋地区的同时，也加紧将攻击型核潜艇调整部署到了这一地区。美国海军在 2010 年之前将其 60% 的攻击型核潜艇部署到太平洋地区。作为该计划的一部分，美国海军现有最新型的3艘“海狼”级攻击型核潜艇均已部署到了东海岸的吉塞普海军基地。而早在2000年10月，美国海军在关岛正式组建了第15潜艇中队。同年，1艘“洛杉矶”级攻击型核潜艇到达关岛，这是美国海军第一次将攻击型核潜艇提前部署到太平洋岛屿。2004年6月，美国海军决定部署3艘以上的攻击型核潜艇至关岛。

美国“洛杉矶”级攻击型核潜艇

此外，与美国部署在亚洲其他军事基地——驻韩国和日本的基地不同，关岛拥有作为美国领土的优势。韩国和日本对于美国来说，是亚洲地区强有力的军事同盟，但是美国在韩国和日本的军事基地在近几年来受到当地民众的反对声浪越来越高。伊拉克和阿富汗战争提升了关岛的战略意义，因为美军意识到在亚洲拥有一个纯属美国的军事基地的价值所在，美国必须建设最小限度依赖他国的，可以实施远距离持续作战的基地。在关岛集中部署攻击型核潜艇，另外一个重要原因是，可使美军从西部海岸、夏威夷海军基地向亚洲、太平洋海域等地投入兵力时缩短部署时间，迅速在一线展开，也能节省燃料成本。

近年来，随着地区热点形势的发展和反恐作战的需要，美军在战略力量建设运用和指导思想方面发生了重大转变，突破了原有核与非核的界限，一改过去过分倚重战略核威慑，转为注重战略攻防兼备，越来越重视常规作战力量的军事威慑运用，将战略力量建设重点从进攻性的核“三位一体”调整为攻防兼备的新“三位一体”，即核与非核的进攻性力量、主动和被动系统构成的防御力量、可灵活应变的国防基础结构，减少对进攻性战略核武器的过分依赖，提升非核打击力量的战略威慑作用。在确保核优势的前提下，美国大幅度削减进攻性战略核力量，把远程常规精确打击力量作为有效的战略威慑手段，通过发展非核打击力量和导弹防御系统来增强威慑效果。为此，美军将优先发展摧毁机动目标和硬目标的能力，发展在难以涉足的区域和所有地形、气候条件下摧毁不同目标的远程打击能力。为贯彻这一战略指导思想，根据美俄达成的《第二阶段削减战略核武器条约》，美国海军开始退役4艘最老的核动力弹道导弹潜艇（“俄亥俄”号、“密执安”号、“佛罗里达”号和“佐治亚”号），并把这4艘战略核潜艇改装成用于发射“战斧”式巡航导弹，或输送特种部队的平台，由战略武器摇身一变成为通用打击武器，主要担负用巡航导弹对敌纵深目标进行首轮攻击的任务。可见，这一削减方案对美国的威慑能力并没有实质性改变。

按照改装计划，目前“俄亥俄”级弹道导弹核潜艇上原有的24个“三叉戟”导弹发射管将被拆下，调整为22个常规“战斧”对地攻击巡航导弹储运箱和2个“海豹”小队贮存装置。多用途导弹储运箱每套可以容纳7枚“战斧”巡航导弹，这样每艘核潜艇经过改装之后，可携带154枚“战斧”Block Ⅲ型导弹和“战术战斧”对地攻击巡航导弹，成为名副其实的“水下航空母舰”。

另外，两个“三叉戟”发射管将改为“海豹”小队贮存装置，是专门为美国海军陆战队“海豹”特种突击队员准备的特别装备，其设计目的是，为了让“海豹”突击队队员从潜艇出发前往目标海岸执行特别任务的过程中处在相对良好的环境当中，不必长时间浸泡在冰冷的海水里，每艘潜艇能够搭载102名特种作战队员。另外，能够水下发射“鸬鹚”无人机，可为潜艇提供信息支援。在潜艇上进行水下发射的“鸬鹚”无人飞机，是美国洛克希德—马丁公司为“俄亥俄”级核潜艇量身定做的特殊装备。这款新式无人机不到半吨重，长5.8米，既能侦察，又能攻击。

近期，美国海军将保留所有14艘“俄亥俄”级潜艇，2015～2020年“俄亥俄”级弹道导弹核潜艇的数量将由14艘降为12艘。筹划论证新一代弹道导弹核潜艇，以替代目前的“俄亥俄”级弹道导弹核潜艇，成为美国海军新的战略方向。

美国海军主要潜艇种类、舰级、舰名及数量

舰种	舰级	太平洋舰队舰名	大西洋舰队舰名	数量/艘
战略导弹核潜艇	俄亥俄 SSBN	杰克逊　亚拉巴马 内华达　宾夕法尼亚 肯塔基　内布拉斯加 缅因　路易斯安那	阿拉斯加　田纳西 怀俄明　西弗吉尼亚 马里兰　罗得岛	
	小计	8	6	14
核动力巡航导弹潜艇	俄亥俄 SSBN	俄亥俄 密执安	佛罗里达 佐治亚	
	小计	2	2	4
核动力攻击潜艇	弗吉尼亚	德克萨斯　夏威夷 北卡罗来纳	弗吉尼亚　新汉布什尔 新墨西哥	6
	海狼	吉米·卡特　海狼 康涅狄格		3

续表

舰种	舰级	太平洋舰队舰名	大西洋舰队舰名	数量/艘
核动力 攻击 潜艇	洛杉矶 SSSN	布雷默顿 杰克逊维尔　拉霍亚 科帕斯克里斯蒂市 阿尔布凯克 旧金山　休斯顿 布法罗　奥林匹亚 芝加哥　基韦斯特 路易斯维尔　海伦娜 帕萨迪娜　托皮卡 阿什维尔　杰克逊城 哥伦布　圣菲 夏洛特　汉普顿 图森　哥伦比亚 格林维尔　齐恩尼	费城　菲斯 达拉斯 诺福克　普罗维登斯 匹兹堡　俄克拉荷马城 纽波特纽斯　圣胡安 奥尔巴尼　迈阿密 斯克兰顿　亚历山德拉 安纳波利斯　斯普林菲尔里 博伊西　蒙特培利尔 哈特福德　托莱尔	44
	小计	31	22	53
总计		41	30	71

美国十分重视运用航空母舰进行海上威慑。据不完全统计，在第二次世界大战后连绵不断的局部战争和武装冲突中，航空母舰是美国进行海上威慑运用的次数最多、效率最高的武器之一。

例如，1946 年 3 月，希腊发生内战，美国派遣航空母舰进行武装干涉。

1950 年 3 月，美国“拳师”号航空母舰驶抵越南西贡（今胡志明市）附近海域，表示对南越政权的支持。

1950 年 6 月，朝鲜战争爆发，美国、英国和澳大利亚海军有 15 艘航空母舰和 3 艘护航航空母舰参战。

1954 年 9 月，美国 4 艘航空母舰接近台湾周边海域，介入台湾海峡的紧张局势。

1955年2月，美国派遣5艘航空母舰，掩护和支援国民党军队从浙东沿海的大陈岛撤退。

美“俄亥俄”级弹道导弹核潜艇上改装的常规导弹

1958年7月，美国对黎巴嫩进行武装干涉，美国第六舰队“埃塞克斯”号、“萨拉托加”号、“黄蜂”号航空母舰支援登陆作战。

1958年8~9月，中国人民解放军炮击金门，美国3艘航空母舰开赴台湾周边海域协助台湾国民党军队。

1962年10月24日，针对苏联在古巴部署SS-4中程导弹对美国本土造成的直接威胁，为了对苏联施加压力、迫使其撤走导弹，美国海军出动包括8个航空母舰编队在内的200艘舰船，沿着古巴周围500海里设置海上警戒线，对古巴实施全面封锁，拦截和搜索驶往古巴的苏联舰船。苏联被迫在古巴停建导弹基地，并从古巴撤走全部SS－4中程导弹。

1964年8月，美国借口“北部湾”事件，出动“星座”号、“提康德罗加”号航空母舰对越南实施攻击。

1964～1972年，在越南战争中，美国先后派出15艘航空母舰轮流参战，担负空袭、空中掩护、空中运输、布雷的战斗任务。

1968年1月，美“普韦希洛”号情报搜集船在元山海域被朝鲜抓获，美国出动“突击者”号、“约克城”号、“企业”号航空母舰驶入日本海，向朝鲜显示武力。

1969年4月，美1架EC－121飞机被朝鲜击落，美国出动“企业”号、“提康德罗加”号、“突击者”号、“大黄蜂”号、“小鹰”号航空母舰抵近朝鲜半岛海域，对朝鲜施加压力。

1971年12月，印度和巴基斯坦之间爆发战争。印度“维克兰特”号航空母舰上的舰载机袭击东巴基斯坦（后成立孟加拉国）的吉大港和科克斯巴扎尔。美国为表示对巴基斯坦的支持，派遣“企业”号航空母舰战斗群进入孟加拉湾。

1973年10月，发生第四次中东战争。美国第六舰队的“独立”号航空母舰战斗群前出到地中海东部，密切监视事态发展，与苏联的插手相抗衡。

1974年7月，塞浦路斯发生军事政变，国内局势动乱，引发希腊、土耳其两国对抗。美国2支航空母舰战斗群接近塞浦路斯附近海域，表示对事态的关注，配合斡旋调停。

1975年5月，美国“马雅克斯”号集装箱船被柬埔寨俘获，“珊瑚海”号等2艘航空母舰向柬埔寨沿海的一座岛屿发起攻击，迫使柬埔寨释放被俘船只。

1976年8～9月，朝鲜板门店发生“白杨树”事件，美国“中途岛”号航空母舰战斗群驶入朝鲜半岛附近海域示威。

1979年10～11月，南朝鲜总统朴正熙遇刺，美国“小鹰”号航空母舰抵近朝鲜半岛海域，实施军事威慑。

1979年12月，美国与伊朗关系恶化，伊朗学生占领美国驻伊朗大使馆。美国“中途岛”号、“小鹰”号航空母舰驶入波斯湾威慑。

1980年5~6月，南朝鲜发生光州暴动，美国“珊瑚海”号、“中途岛”号航空母舰战斗群抵近朝鲜半岛海域，为南朝鲜政府稳定局势撑腰。

1981年8月，美国海军舰载机与利比亚飞机发生空战，美国“尼米兹”号航空母舰的2架舰载机在锡德拉湾上空击落2架利比亚战斗轰炸机。

1982年4~6月，英国“常胜”号、“竞技神”号航空母舰参加英阿马岛战争。

1983年1月，尼加拉瓜局势动荡，美国“突击者”号航空母舰战斗群进入尼加拉瓜海域，对该国实行“军事隔离”。

美国“尼米兹”号核动力航空母舰

英国航空母舰参加英阿马岛战争

1983 年 10 月，美国入侵格林纳达，“独立”号航空母舰支援登陆作战和地面进攻。

1983 年 12 月，美国“艾森豪威尔”号航空母舰的舰载机袭击驻扎在黎巴嫩境内的叙利亚军队。

1986 年 3 ~ 4 月，美国“珊瑚海”号、“美国”号、“萨拉托加”号、“企业”号袭击利比亚，先后实施“草原烈火”和“黄金峡谷”行动。

1987 年 7 月，两伊战争的战火危及海湾的国际航运，美国出动“星座”号航空母舰等 50 多艘舰艇开始为科威特油轮护航。

1988 年 4 月，美国与伊朗在波斯湾发生海上武装冲突，位于阿拉伯海的美国“企业”号航空母舰出动舰载机袭击伊朗的导弹护卫艇和巡逻艇。

1991 年 1 月，海湾战争爆发，美国 6 支航空母舰战斗群参加了战斗。

海湾战争中的美国航空母舰

1993年，美国“肯尼迪”号、“罗斯福”号、“美国”号航空母舰，英国“阿克·罗杰尔”号航空母舰，法国“克莱蒙梭”号航空母舰在亚得里亚海参加对南联盟的海空封锁，迫使有关方面接受联合国提出的解决波黑危机方案。

1997年10月，发生伊朗空袭伊拉克事件，美国“尼米兹”号航空母舰战斗群驶往波斯湾关注事态进展。

1998年11月，伊拉克中止与联合国武器核查委员会的合作后，美海军便将两艘航空母舰分别部署在地中海和阿拉伯海海域，对伊拉克实施军事威慑。

2007年年初，美军公布了未来20年建设的《四年防务评估报告》，该报告明确提出，要加强美军在太平洋地区的海上作战力量，确保11艘航空母舰中至少有6艘能够随时在该地区展开战斗。

美国航母舰级、舰名及数量

舰种	舰级	太平洋舰队舰名	大西洋舰队舰名	数量/艘
航空母舰	尼米兹级航母（CVN）	尼米兹、文森、林肯、华盛顿、斯坦尼斯、里根	艾森豪威尔、罗斯福、布什、杜鲁门	
	“企业”号航母（CVN）		企业	
	小计	6	5	11

可见，航空母舰具有海空陆一体、攻防一体、慑战一体的巨大作战效能。在今后相当长的一个时期内，只要这个世界上还有战争和威胁存在，航空母舰就将继续发挥海上威慑作用。

美国总统奥巴马

奥巴马当选美国总统后，积极推进“全球快速打击”构想，赋予常规武器战略能力。根据该构想，美国可在1小时内确定计划，并使用新型常规战略武器对全球任何目标实施快速、精确、决定性打击。目前美国正在对“三叉戟”II型潜射弹道导弹进行常规化改装，其目的是减少对核武器的依赖，以多种手段灵活应对多样化的涉核威胁。

二、俄罗斯：高度重视海基战略核威慑力量建设

海上核威慑是俄罗斯海军的战略使命。当前俄罗斯海军的战略

核力量占全俄核力量的40%以上。在俄美第二阶段削减战略核武器条约完成之后，俄罗斯海基核力量的比例将占全俄核力量的60%以上，将成为俄军战略威慑力量的基础。在俄罗斯“三位一体”的战略核威慑力量中，海基战略核力量由于机动性、隐蔽性、突袭效能、快速反应、战场生存能力和威慑能力等方面的优势，越来越为俄罗斯高度重视。

在海基核力量的使用上，俄海军强调在平时保持海基战略力量的高度战斗准备，使其处于良好的战斗状态，以提高核威慑的有效性。在战时，战略核潜艇将前出到预定发射阵位，随时进行核打击或核反击。在发射阵位的选择上，俄海军战略潜艇主要选择掌握有较强制空制海权的巴伦支海和鄂霍次克海。

为了确保海基战略核力量的威慑力和打击力，核潜艇一直是苏联/俄罗斯的海上主要战略威慑力量。20 世纪 80 年代苏联解体后，俄罗斯接收了苏联海军 80% 的力量，其中包括弹道导弹核潜艇 63 艘、潜射弹道导弹 940 枚、核弹头 2800 余个。受经济下滑的影响，俄罗斯无力保持苏联留下的庞大海基战略核威慑力量，核潜艇数量急剧减少，出海巡航活动次数也呈递减趋势。1996 年，美俄两国开始对海基核威慑力量进行较大规模削减，俄罗斯弹道导弹核潜艇削减至 22 艘，潜射导弹 440 枚，弹头 2272 个。其中，“德尔塔”Ⅱ、Ⅲ、Ⅳ级潜艇 19 艘，“德尔塔”Ⅲ型潜艇装备 16 枚 SS－N－18 导弹，每枚可携带 3 个分导式弹头，射程 8000 千米。“德尔塔”Ⅳ型潜艇装备 16 枚 SS－ N－23 导弹，射程 8340 千米，每枚可携带 10 个分导式弹头。

由于 20 世纪 90 年代出现资金短缺，俄罗斯潜艇研发曾陷入停滞。普京总统上台以后，俄罗斯开始加大对潜艇开发的资金支持力度。随着俄罗斯经济的逐渐恢复，普京把强军甚至强国的梦想首先寄托在海军身上。

俄罗斯“德尔塔”级弹道导弹核潜艇

俄罗斯“台风”级弹道导弹核潜艇

俄罗斯总统普京

2002 年 1 月，俄国防部发言人称，莫斯科正在从根本上修改战略核力量发展构想。俄武装部队第一副总参谋长巴卢耶夫斯基上将表示，在俄军未来的各项军事计划中，重点是发展海基核武器。

2002 年 6 月 26 日，在国防部长谢尔盖·伊万诺夫的亲自主持下，俄海军“台风”级弹道核潜艇首艇“德米特里·东斯科伊”号在北德文斯克造船厂经过长达 10 年的大修后重新服役，这是当今世界上最大的弹道导弹核潜艇，其水下排水量高达 4.8 万吨，最大潜深 400 米，能连续航行 120 天。这条“核巨鲨”装备的 SS－N－20 型弹道导弹每枚可携带 10 个核弹头，如果它在白令海水下发射弹道核导弹，可以同时摧毁 10 个纽约。

2004 年 2 月 18 日，俄罗斯在巴伦支海举行了大规模战略核力量军事演习，俄总统普京亲自登上“台风”级弹道导弹核潜艇“阿尔汉格尔斯克”号，指挥并观看了另一艘“德尔塔”级弹道导弹核潜艇“新莫斯科夫斯克”号向俄远东地区的堪察加半岛模拟发射两枚 RSM－54“无风”潜射弹道导弹，导弹准确“命中”预定目标。此举引起了世界舆论的广泛关注，再一次凸显了俄罗斯对海基战略核遏制力量的高度重视。

俄罗斯十分注重对现有海基核力量的更新。俄认为，拥有战略核潜艇不仅关系到未来的水下的战略抗衡，更关系着俄实现核打击能力的总体分量。

根据俄总统普京 2000 年 3 月批准的《俄联邦 2010 年前海上军事活动政策基础文件》，俄罗斯决定以每年 1～2 艘的速度发展新一代“北风之神”级弹道导弹核潜艇。“北风之神”级是俄最新型战略导弹核潜艇，是俄海军发展的重中之重。首艇于1996年开工建造，原计划2020年前建成12艘，用以取代“台风”级。该级潜艇在艇体表面敷设了厚度为15厘米的消声瓦，采用了独特的减振、降噪技术，隐蔽性和下潜深度明显优于“台风”级，成为21世纪中期俄海基战略核威慑力量的中坚。

此外，俄罗斯不仅决定恢复生产携带10个分弹头的SS－N－23潜射导弹，还将研制新一代的SS－NX－28潜射导弹，以提高海上军事核打击能力。2007年4月26日，俄第五代战略核潜艇“北风之神”级的首艇“尤里·多尔戈卢基”号下水，该潜艇长172米，宽13米，水面最大行速15节，水下行速达29节，排水量达1.7万吨，装备“公共马车”型自动作战控制指挥系统和“斯卡特”型综合声纳系统，可实现全自一体化的高效作战指挥，能够发射20枚洲际导弹，每枚洲际导弹可配备6个分导式核弹头，威慑范围达8000千米，误差范围只有350米。这是苏联解体后，俄罗斯第一艘自主设计、建造的战略核潜艇。根据俄罗斯海军计划，“北风之神”级潜艇在2018年后成为俄罗斯海军战略力量的基础。

俄罗斯“北风之神”级弹道导弹核潜艇

俄第五代弹道导弹核潜艇“北风之神”级的首艇“尤里·多尔戈卢基”号

2007年6月28日，为检验战略核潜艇的核打击能力，俄罗斯北方舰队“德米特里·东斯科伊”号弹道导弹核潜艇在白海水域从水下发射了一枚“布拉瓦”（又称“圆锤”）潜射洲际弹道导弹，成功击中位于俄远东堪察加半岛库拉靶场的预定目标。“布拉瓦”导弹是为“鲨鱼”级和“北风之神”级战略核潜艇研制的，将与RSM－54潜射弹道导弹一起，共同构成俄罗斯海军核力量的基础。由于该型导弹之前的三次试射连续失败，因而，此次试射成功格外引人关注。

“布拉瓦”是俄罗斯利用最先进技术开发研制的最新型潜射弹道导弹，并可改造成海陆基通用的弹道导弹使用，俄方称它能轻而易举地穿透任何一种导弹防御系统。该导弹采用了多种先进突防技术。

例如，速燃固体火箭发动机技术；分导式多弹头技术、弹道变轨技术；隐形技术；弹头抗核加固技术。该导弹长 11.5 米，直径 2 米，采用三级固体燃料推进，有效载荷 1150 千克，发射重量 36.8 吨，是同类导弹中最轻的一种，采用星光惯性制导，可携带 10 个分导式核弹头，射程达 8000 千米以上。

“布拉瓦”导弹被用于装备俄罗斯正在建造的 8 艘 955 型“北风”级新一代战略导弹核潜艇和改装后的 941 型“台风”级核潜艇（如“德米特里·东斯科伊”号，每艘可装备 20 枚，目前还有若干艘该级潜艇正在改装之中），需要 150～170 枚“布拉瓦”潜射弹道导弹。“布拉瓦”与“白杨－M”弹道导弹将成为俄罗斯未来战略核威慑力量的主体。

俄罗斯发射“布拉瓦”潜射弹道导弹

俄罗斯表示，今后将加大试射新型弹道导弹的次数，从而确保在任何情况下，俄罗斯核威慑力量都不被削弱。

2007 年 7 月 9 日，俄海军司令马索林宣布，俄罗斯已决定拨款 90 亿卢布在堪察加新建一个现代化的核潜艇基地，将在彼得罗巴甫洛夫斯克附近的阿瓦哈湾新建一个现代化大型水面舰艇基地，将在北方舰队和太平洋舰队各部署一支攻击型核航空母舰编队，各舰队将拥有3艘航空母舰，以充分保障俄海军强大的战略威慑力。

多年来，俄罗斯虽然一直重视弹道导弹核潜艇的建设，但也强调在保持海上战略核力量的同时，强化战术核打击能力。为此，俄罗斯海军注重提高多用途核潜艇所装备的巡航导弹的射程和打击精度，并准备为其换装小当量核弹头。目前在对SS－N－21型巡航导弹进行升级改造，增加射程，采用新型制导与目标瞄准系统，为其换装小当量和弹头，以强化战术使用。SS－N－21型巡航导弹无论是在结构上还是在作战使用上，与战略核武器的威慑作用相比，战术核武器弹头威力小、命中精度较高，主要用于海区作战，因而具有很强的作战使用性。

俄罗斯海军主要潜艇种类、舰级、舰名及数量

舰种	舰级	舰名及舷号	数量/艘
弹道导弹核潜艇	台风	德米特里·东斯科伊 TK208　阿尔汉格尔斯克 TK17　谢韦尔斯塔 TK20	3
	DIV	K51　K84　K114　K117　K18　K407	6
	DIII	K44　K506　K211　K223　K433	5
	小计		14
攻击型核潜艇	SII	普斯科夫 K336　尼兹尼－诺夫格罗 K534	2
	奥斯卡	维罗内斯 K119　斯莫林斯克 K410　车里雅宾斯克 K442　奥廖尔 K266　霍木斯克 K186　托姆斯克 K150　维尔雅钦斯克 K456　卡拉斯诺雅尔斯克 K173	8
	AK I 和 AK II	萨马拉 K295　马加丹 K331　狼 K461　库兹巴斯 K419　豹 K328　虎 K154　卡沙洛特 K322　黑豹 K317　毒蛇 K157　猎豹 K335	10
	VIII		4
	小计		24

作为当今世界拥有最多核武器的国家之一，俄罗斯强调，要优先保证打造新一代战略导弹潜艇部队，加快战略核潜艇部队调整、改革步伐，启动新一代核潜艇装备建造。未来，俄罗斯海军将拥有15艘弹道导弹核潜艇和50艘攻击型核潜艇，成为俄罗斯举足轻重的“海上脊梁”和前沿存在的主要力量。为应对美国核战略的调整，对抗其军事力量向亚太地区扩张，俄罗斯明显加大了海基核力量建设力度，尤其注重太平洋舰队的建设。目前，俄海军共有13艘弹道导弹核潜艇，共装备有173枚核潜射导弹，可携带609枚核弹头，分别部署在俄北方舰队和太平洋舰队。由此可见，核潜艇是俄罗斯国家实力的象征，也是国家利益与意志的体现，更是现代化海军不可缺少的海上威慑武器。

三、英国：发展常规海上威慑力量是重中之重

英国认为，战略核力量不仅是军事上的威慑力量，更是政治上发挥大国作用的重要条件。从综合实力和地理条件考虑，由于英国国土狭小、人口密集，部署陆基战略核导弹根本不现实，不仅抗打能力弱，安全可靠性也差。在水面舰艇上部署战略核导弹隐蔽性差，生存力弱，需要众多防护兵力，世界上从来没有哪个国家尝试过。使用战略轰炸机携载核巡航导弹，需要研制新型轰炸机和巡航导弹，不仅花费巨大，而且突防能力弱，可靠性不高。综合比较，海基战略核力量的效费比是最高的，在可靠性、安全性、灵活性和生存力、突击力、威慑力等方面都是最好的，也是英军经过长期实践后作出的最佳选择。因此，英国自1956年以来就拥有了独立的战略核力量，并且在20世纪取消了陆基和空基核武器，仅保留海基核武器作为唯一的战略核威慑力量，并将战略导弹核潜艇部队作为军队质量建设的重点。

英国对核潜艇的研制起步比较早，是继美国和苏联之后第三个研制出核潜艇的国家。1954 年，英国在美国的援助下开始实施核潜艇研制计划。1960 年 10 月 21 日，英国自行建造的第一艘攻击型核潜艇“无畏”号下水。1963 年 4 月 17 日，该潜艇正式加入皇家海军战斗序列开始服役，英国自此正式成为世界核潜艇俱乐部中的一员。

“无畏”号核潜艇是一艘试验型潜艇。该艇采用水滴形艇体，长 81 米，宽 9.8 米，吃水 7.9 米，水面排水量 3556 吨，水下排水量 4064 吨，水面航行速度为 25 节，水下 30 节，艇员 88 人，其中军官 11 名，动力装置为美制 S5W 压水反应堆 1 座，蒸汽涡轮机 1 台，功率 1.5 万马力。

英海军虽然拥有了核潜艇，但在很长一段时间内并不具备战略核威慑及核打击能力（“无畏”号为攻击型核潜艇，只在艇艏部装备有 6 具 533 毫米鱼雷发射管，没有装备导弹）。这是由于此前英国的战略核威慑及核打击任务由装备战略轰炸机及机载弹道导弹的皇家空军承担。后来，由于美国放弃了对“闪电”型机载弹道导弹的继续研制，转而采用核潜艇及潜射型“北极星”弹道导弹承担核威慑及核打击任务，并同意向英国皇家海军提供上述弹道导弹系统，英国皇家海军战略核潜艇的发展才由此步入正轨。

1967 年，英国第一代核动力弹道导弹核潜艇“决心”级的首艇“决心”号诞生。

“决心”级弹道导弹攻击型核潜艇长 129.5 米，宽 10.1 米，吃水 9.1 米，水面排水量 7600 吨，水下排水量 8500 吨。动力装置为 1 座 RRPWR－1 型压水反应堆，2 台蒸汽轮机，1.5 万马力。武器装备包括 6 具 533 毫米鱼雷发射管，使用马可尼公司的“虎鱼” MK24－2 型鱼雷。导弹发射舱内有 16 枚“北极星”－3 型弹道导弹，其采用两级固体燃料火箭，惯性制导，射程可达 4600 千米，每枚弹头可载 3 个 20 万吨 TNT 当量的分弹头，圆概率偏差 900 米。

英国“无畏”号攻击型核潜艇

英国“决心”号弹道导弹核潜艇

在保持一定数量规模的基础上，英国非常注重海上威慑力量质量的提高。1986 年以来，英国逐步淘汰了老式的“北极星”级战略导弹核潜艇，为了弥补其退役后所带来的战略威慑与打击方面的空缺，开工建造了仍具有浓重美国技术色彩的“前卫”级战略核潜艇。1993 年 8 月 14 日，“前卫”级战略核潜艇的首艇“前卫”号加入海军现役。到 1999 年，该级核潜艇已建造 4 艘并加入英国皇家海军。

“前卫”级战略核潜艇长 149.5 米，宽 12.8 米，吃水 12 米，水下排水量 1.6 万吨，水下航速 25 节，艇员 132 人。动力装置为 1 座 RRPWR－2 型压水反应堆，2 台蒸汽轮机，2.75 万马力。武器装备包括 4 具 533 毫米鱼雷发射管，发射“虎鱼”MK24－2 型和“旗鱼”鱼雷。导弹发射舱内有 16 枚“三叉戟”Ⅱ型潜射弹道导弹，其采用三级固体燃料火箭，星体惯性制导，射程 1.2 万千米，每枚弹头可载 8 个 15 万吨 TNT 当量的分弹头，圆概率偏差 90 米。

在英国核潜艇发展历程中，尽管战略核潜艇仅发展了两代，但却具有一些耐人寻味的特点。

长期以来，英国奉行与美国合作的发展方针，坚持有效、机动、生存力强的发展原则，始终“站在美国人的肩膀上”，利用两国良好的关系，通过直接引入美国的先进技术和装备，仅发展两代战略核潜艇就跻身世界前列。尽管英国早在 1952 年就已试验成功第一枚原子弹，但相应的核武器投送手段的发展却相对滞后，直到 1956 年其战略核力量才初步形成。当时，为了应对苏联核技术及运载系统飞速发展的强大压力，英国军方开始研制性能更胜一筹的“蓝光”弹道导弹。该导弹采用液体燃料，最大射程为 3200 千米，但其耗资巨大，且性能并不先进。恰在此时，美国海军研制的“北极星”潜射弹道导弹以其特有的水下发射方式，引起了英国军方高层的极大兴趣。利用英美两国之间良好的关系，英国顺利得到美国“北极星”潜射弹道导弹系统，完成了皇家海军替代皇家空军承担战略核威慑任务的转换。当时“北极星”－3 型潜射弹道导弹是世界上最先进的弹道导弹，英国第二代弹道导弹核潜艇“前卫”级采用的“三叉戟”Ⅱ型潜射弹道导弹的最大射程、命中精度等方面也都名列世界前茅。正是由于采用了从美国引进成熟技术与本国自行研制生产相结合的方式，英国皇家海军在研制与建造核潜艇时少走了许多弯路，得以在较短时间内成功地跨越了两级台阶，使第二代“前卫”级弹道导弹核潜艇一问世，便成为世界上最先进的弹道导弹核潜艇之一。

尽管英国核潜艇的发展是“站在美国人的肩膀之上”，但英国皇家海军对战略核潜艇的运用理念，却与美国海军截然不同。英国皇家海军无法做到像美国海军那样拥有数量众多的战略核潜艇，与当时苏联的战略核潜艇进行抗衡，因此，英国强调性能的先进性，以确保每艘战略核潜艇均有不俗的打击威力，在战时至少能保持有一艘战略核潜艇隐蔽航行于水下，能在必要时对苏联境内的战略目标实施远程威慑与打击即可。由于英国皇家海军第一代及第二代弹道导弹核潜艇都分别只有 4 艘，除去正常的维修保养、训练演习外，真正能在水下担任战备值班任务的弹道导弹核潜艇仅有 1 ~ 2 艘。为了能确保水下核威慑力及对苏联核打击的还击能力，英国皇家海军要求每艘弹道导弹核潜艇的技术水平与武器性能要稳居世界一流，且战备率完好。

英国海军主要潜艇种类、舰级、舰名及数量

舰种		舰级	舰名及舷号	数量/艘
潜艇	弹道导弹核潜艇	前卫	前卫 S28、胜利 S29、警惕 S30、复仇 S31	4
潜艇	攻击型核潜艇	快速	君权 S104	1
		特拉法尔加	图布伦特 S87、不懈 S88、托贝 S90、锋利 S91、天才 S92、凯旋 S93	6
		机敏	机敏 S20	1
	小计			12

英国十分强调弹道导弹核潜艇的隐身性能和静音效果，第二代“前卫”级弹道导弹核潜艇在提高安全性、可维修性、功率和降低噪声方面均有较大改进。英国的第一代“决心”级核潜艇沿袭了美国海军“拉斐特”级核潜艇的基本外形，所以其隐身性能并不十分显著。而第二代“前卫”级核潜艇则可以称得上是真正意义上的隐身核潜艇。

“前卫”级核潜艇采用水滴形艇体，略显瘦长。导弹舱为平行中体，采用艇艏水平舵取代围壳舵，尾部为“十”字形尾鳍。艇体结构为单双壳体混合型，有利于降低艇体阻力和提高推进效率。艇内从艇艏至艇尾依次设置有鱼雷舱、指挥舱、导弹舱、辅机舱、反应堆舱、主机舱等6个主要舱室。“前卫”级核潜艇的动力装置包括1台压水反应堆、2台蒸汽轮机、齿轮减速装置、单轴及泵喷射推进器。该级艇采用的PWR－2型压水反应堆装置属于英国自行研制的第二代潜艇压水反应堆，采用G型堆芯，热功率140兆瓦，可提供轴功率25.73兆瓦，为第一代RRPWR－1型压水反应堆装置的1.4倍；堆芯寿命增长50%，由8年延长为12年，提高了潜艇的续航能力。

“前卫”级战略核潜艇运用了英国多年来研究积累的多项先进降噪技术，例如艇内采用浮筏减振基座、高频硬化减速齿轮；艇尾部采用了英国首创的泵喷射推进器，可以有效降低辐射噪声，同时增大了潜艇的下潜深度。该级潜艇还采用了一系列消磁、消除红外特性等隐身措施。由于艇体外壳光滑，减少了流水孔，因此航行阻力较低，加之敷设有消声瓦，因而静音效果非常明显，提高了潜艇的隐蔽性和生存能力，成为超强的“水下隐蔽杀手”。

“前卫”级潜艇设计寿命25年，最多服役30年，第一艘将在2022年退役，第二艘将在2024年退役，为确保始终有1艘战备执勤，新一代弹道导弹核潜艇最迟必须于2024年开始服役。为此，英国政府计划从2007财年起，用17年时间，投资150亿～200亿英镑，发展新一代海基战略核武器系统，核心是研制建造4艘新型弹道导弹核潜艇，同时由美国帮助对其现役“三叉戟”导弹进行改造以延长服役期，使现役导弹能服役至2040年，之后再向美国采购或联合研制新一代潜射弹道导弹。英政府已得到美方承诺，新一代导弹将可与“三叉戟”导弹共用发射平台。从目前计划来看，英国只需研制新一代潜艇即可保留核威慑能力。

英海军“前卫”级弹道导弹核潜艇

作为老牌的海军强国，英国十分重视常规海上威慑力量特别是航空母舰的建设。航空母舰是以舰载机为主要战斗装备，并为其提供海上活动基地的大型水面战斗舰艇，主要用于攻击敌水面舰船和潜艇，打击陆上目标、沿海基地和港口设施，夺取作战海区的制空权、制海权、制电磁权，支援登陆作战等，是国家综合国力的象征和海上威慑力量的核心之一。通常国外海军以一艘或多艘航母为核心，与水面战斗舰艇攻击型潜艇和补给舰船等组成航母编队执行任务。和平时期，航母可以显示存在，维护海上主权和海洋权益，遏制危机，起到战略威慑作用；战时，它可以远离国土和基地执行各种战略、战役、战术级的作战任务，具有综合作战能力强、攻防兼备、航海性和适航性好、续航力大等特点。2010 年，英国海军根据《战略防务与安全审查》报告开始调整装备发展计划，在 2020 年前，将以海上威慑、海上防卫以及优先区域的持续存在作为主要发展目标，其中，新一代航空母舰（CVF）、攻击型核潜艇及大型水面舰艇是未来重点发展装备。目前，正在建造的 2 艘新一代航空母舰（CVF），分别被命名为“伊丽莎白女王”号和“威尔士亲王”号。该型航空母舰满载排水量达 6 万吨左右，是英国皇家海军迄今建造的最大型航空母舰，采用了隐身化设计，装备了多功能雷达、全电力推进系统、C^4ISTAR 系统等新设备、新系统，舰载机将采用美国正在研制的 F－35B 垂直短距起降型隐身联合攻击战斗机。该型航空母舰不但改进了甲板设计，在舰载机运用方面也引入了“一站式补给”等新概念，加油、挂载弹药等作业全部在一处完成，大幅提高了甲板空间使用效率，缩短了作业时间。装备“未来航空母舰”后，英舰队作战能力将至少提高 3 倍以上。

英海军未来新型航空母舰

新一代航空母舰预计分别于2014年和2016年装备部队，以替换现役的3艘“无敌”级轻型航空母舰。

四、法国：加强海基战略核威慑力量建设

法国一贯重视战略核威慑力量建设，尤其注重加强海基战略核威慑力量建设。与美、俄、英国不同，法国是唯一首先发展弹道导弹核潜艇、尔后再发展攻击型核潜艇的国家。法国认为，现代战争中陆基战略核力量易受到攻击，海军战略导弹核潜艇将是最可靠、最适宜的核威慑力量。法国海基战略核力量虽然规模较小，但具有较强的战略核威慑能力和核反击能力。因此，法国海基战略核力量占其全部战略核力量的85%以上，是法国国家战略核力量的绝对中坚，也是实施第二次核打击的唯一主力。

法国1966年退出北约军事共同体后，更是强化推行独立的防务政策和军事战略，特别强调核潜艇装备的国产化，并重点在高质量、高性能上下工夫，而不是一味拼数量。重视海基核力量的发展，优先发展弹道导弹核潜艇，实行海上核威慑与核反击，并且明确提出，“如果海军没有核威慑战略，就没有独立的海军战略”，把弹道导弹核潜艇誉为国家战略核反击力量中“最珍贵的宝石”。

法国海军自20世纪60年代开始，自行发展战略核潜艇，迄今先后建成了三级弹道导弹核潜艇（“可畏”级、“不屈”级和“凯旋”级）共10艘。冷战时期，水下战略核打击和核威慑力量一直是法国“三位一体”核力量中的重要一员，而冷战结束之后其作用与地位更显突出，在核力量中所占比例及弹头数量大幅增加。据专家预测，最新的“凯旋”级战略核潜艇及M51型弹道导弹的换装工作结束以后，水下战略核打击兵力及弹头数量将占法国全部战略核力量的85%以上，届时弹道导弹核潜艇将成为法国核力量的绝对

中坚。尽管法国的水下战略核力量与美、俄两国相比仍有明显差距，但从其发展进程看，法国不仅是“特立独行”，而且非常注重吸收其他国家的先进技术，已经形成与众不同的性能特点和作战威力。

潜射弹道导弹是弹道导弹核潜艇形成威慑力和打击力的核心所在，备受法国历届政府和海军将领的重视。冷战结束后，针对国际形势的变化，法国政府开始结合自身特点对核政策进行调整。1996年2月，法国总统希拉克宣布从1997年至2002年，将对包括核力量在内的法国武装力量进行改革，其中最重大的变化就是决定撤消“三位一体”核力量中陆基核导弹。1996年7月，法国国防部颁布“1997～2000年军事建设规划”等一系列文件，正式将法国的核力量发展方向由原来的陆、海、空“三位一体”协调发展，调整为大力发展海基力量。到2003年1月，法国共拥有各型核弹头348枚，其中由潜射弹道导弹和舰载机投放的有298枚。至此，海军正式成为法国战略核威慑和打击力量的支柱。

法国海军历来强调自行研制与发展潜射弹道导弹的必要性，并注重更新换代的步伐。在现役的三级战略核潜艇中，法国海军始终坚持采用自行研制的各型弹道导弹，即使对同一型号的弹道导弹也注重改进、提高老式弹道导弹的性能，并及时对后续艇上的弹道导弹进行“更新换代”，先后发展了M－1、M－2、M－20、M－4、M－45、M－51型潜射弹道导弹，使弹道导弹核潜艇始终保持先进水平。

最早的M－1型潜射弹道导弹研制成功后，法国就立即将其装备在海军第一代战略核潜艇“可畏”级的前两艘“可畏”号和“可怖”号上。

M－1型潜射弹道导弹与同期美国海军的“北极星”潜射弹道导弹非常相似，但前者的尺寸和重量均稍大一些。该型导弹是在法国S－2型地地中程弹道导弹基础上改进而成的，长度10.4米，直径 1.6 米，最大射程 2500 千米。之后，法国海军又在 M－1 型导弹的基础上改进而成了 M－2 型导弹。M－2 型导弹与 M－1 型导弹的外型尺寸和弹头威力完全相同，前者增加了第二级发动机，使最大射程增加到 3000 千米。

“可畏”级潜艇从第三艘开始装备 M－2 型潜射弹道导弹。“可畏”级潜艇的最后两艘，也就是第四艘“无敌”号和第五艘“雷鸣”号建成时，换装了 M－20 型潜射弹道导弹。该型导弹的外形尺寸与 M－2 型导弹完全相同，但弹头威力增加了一倍，达到 100 万吨 TNT 当量。后来，“可畏”级前三艘潜艇在大修、改造过程中，也全部换装成 M－20 型潜射弹道导弹。1985 年，法国海军在 M－20 型导弹的基础上又研制出更新的 M－4 型潜射弹道导弹。该型弹道导弹采用三级固体火箭发动机，最大射程 5300 千米，共携带 6 个 15 万吨 TNT 当量的分导弹头。

法国“不屈”级弹道导弹核潜艇

法国“凯旋”级弹道导弹核潜艇

法国海军第二代战略核潜艇“不屈”级采用M-4型潜射弹道导弹，但其发射方式却由“可畏”级的压缩空气发射方式改为燃气发射方式，导弹舱的结构也得到了优化。

法国海军第三代“凯旋”级战略核潜艇上所装备的弹道导弹相比第二代核潜艇又上了一个台阶。

“凯旋”级潜艇装备的M-45型潜射弹道导弹属于M-4型导弹的最新改进型，采用三级固体燃料火箭发动机，最大射程5300千米，每枚导弹可以携带6个15万吨TNT当量的分导弹头。接着，法国又研制了性能更优良的M-51型潜射弹道导弹。

2010年法国海军淘汰在役的4艘“不屈”级老式弹道导弹核潜艇，而由4艘性能先进的“凯旋”级核潜艇取代。该级核潜艇可携带16枚最新推出的M-51型潜射弹道导弹，逐步取代现役的M-45型潜射核导弹，配备4具直径为533毫米的鱼雷发射管，可发射SM39“飞鱼”反舰导弹，具有噪声小、隐蔽性好、作战能力强及自动化程度高等特点。

M-51导弹是由欧洲EADS公司制造的一种三级固体远程弹道导弹，长12米，弹径2.3米，发射重量为48吨，采用惯性制导方式。该导弹射程达10000千米，不仅使法国可以在更大的区域内巡逻，而且将继续保持对传统目标的覆盖，并打击到更远的新目标区，增大了应对突发威胁的威慑能力。与M－45型潜射弹道导弹相比，M－51型核导弹的作战性能皆有长足的进步，每枚M－51型核导弹可携带6个隐形分导式弹头，每个核弹头核当量为10万吨，配备先进的突防装置和诱饵弹头，大大提高了突防能力，使打击精度和强度都增加一倍以上。

M－51型潜射弹道导弹

2006年11月9日，法国海军成功试射了首枚M－51型潜射弹道导弹，此举标志着M－51型潜射弹道导弹具备执行战略值班任务的能力，引起世界对这个第三核大国的广泛关注。2008年6月21日，法国再次进行了M－51潜射弹道导弹试验并获得圆满成功，标志着核武器研制又向前迈出了重要一步。

从以上可以看出，攻击型核潜艇是法国海军的重要海上威慑力量。法国从 1976 年开始，就建造了第一艘“红宝石”号攻击型核潜艇。该攻击型核潜艇兼有核潜艇和常规潜艇之长，无论从机动性、隐蔽性、安全性，还是从造价方面来看，都有质的突破。该级核潜艇的水下航速为 25 节，下潜深度超过 300 米，装备高性能的探测设备和 4 个鱼雷发射管，可发射 F17 型反潜鱼雷或 SM39“飞鱼”式导弹，于 1983 年 2 月服役，比弹道导弹核潜艇整整晚了 12 年，但“红宝石”级攻击型核潜艇创造了三个世界第一：

法国“红宝石”级攻击型核潜艇

一是目前世界上最小的攻击型核潜艇，水下排水量仅为 2670 吨，全长 73.6 米，其大小与常规潜艇相当，机动性较好，非常适合地中海等浅海海域隐蔽活动。

二是在世界上率先采用“一体化”自然循环核反应堆，即把分散的核动力装置“浓缩”成一个整体，具有结构紧凑、系统简单、体积小、重量轻的优点，特别是大大减少了管道引起的破损事故和提高了核反应堆在低功率下的安全性。

三是推进方式全部采用电力推进，航行中产生的噪声比蒸汽齿轮推进小，但其最大的不足是潜艇装载的武器少，在一定程度上影响了战斗力。

为了提高攻击型核潜艇的作战能力和隐身性，法国正在研制名为“梭鱼”级的核潜艇，首艇已于2004年开工，计划2012年建成。该艇长约85米，比“红宝石”级增加10米左右，水下排水量约为4500吨，比“红宝石”级多1000多吨。改用泵喷射推进装置，低速时仍用电机推进，增加了对陆攻击巡航导弹，雷弹装载数量增至18枚（“红宝石”级为14枚）。

法国“可畏”级弹道核潜艇

为维护法国的安全和海外传统利益的需要，法国海军还把实施“常规打击”作为核威慑的重要补充，大力发展以核动力航空母舰为主的大中型水面舰艇，其主要目的是为了对付那些对法国安全利益构成威胁的一些中小国家。为了能够确保常年有1艘航空母舰在海上战备执勤，法海军在目前仅有1艘“戴高乐”号核动力航空母舰在役的情况下，决定再建1艘6万吨级的常规动力航空母舰，预计2014年服役。新航空母舰计划采用综合电力推进系统，能够搭载32架阵风3型战斗机、3架E-2C鹰眼预警机、5架NH90型直升机，其搭载的最新型阵风3型战斗机可携带核武器，成为法海军空中核打击力量的中坚。

五、印度：海上核威慑力量与常规威慑力量建设并举

1947年独立后，印度历届政府一直将跻身世界大国行列作为印度的长远战略目标，争当军事强国是这一目标的重要组成部分。实施核威慑战略不仅可以有效慑服巴基斯坦等周边国家，确立印度在南亚地区的“霸主”地位，而且可以“核大国”的身份成为多极世界中的一极，从而实现“世界”大国的夙愿。

自1998年5月进行核试验以来，印度发展核军备的做法引起了世界各国的普遍关注。在南亚地区建设具有最低限度的核威慑能力，形成陆基、空中和海基三位一体的核威慑力量，是印度加强国防实力发展的主要方向。印度认为，要集中全力确保核武器遭到第一次核打击后而不被全部摧毁，除改进陆上“烈火”中程弹道导弹外，还须发展装备核导弹的核潜艇，以形成第二次核打击能力。1999年8月，也就是在核试验的15个月后，印度就出台了“核原则”草案，抛出了所谓“最低限度有效核威慑”的战略思想，明确提出，组建陆、海、空“三位一体”核打击体系，建立可靠的、最低限度的核威慑力量；在和平时期有效威慑潜在的对手，阻止任何国家或实体对印度及其军队使用和威胁使用核武器；不首先使用核武器，但在遭到其他国家核攻击时将进行核报复。“核原则”草案充分反映了印度决心要以核武器为后盾，巩固其南亚霸主地位，跻身于世界核大国行列的战略目标，同时标志着印度正式将“核威慑战略”提升到“地区威慑”军事战略的主导地位。2001年5月，印度国防部在《国防年度报告》中再次强调，为建立可靠的、最低限度的核威慑能力，印度必须发展陆、海、空“三位一体”的核武

器体系。具体做法是:

1. 把海军建设放在优先发展的地位，确保海上力量在该地区形成绝对优势。1968 年印度海军取得了与陆军、空军同等的地位后，不仅增强了建设的计划性，而且加快了建设速度。为了建立在印度洋上的军事威慑优势，印度逐步把发展海军视为国家武装力量的重点，海军的军费开支逐年稳步增长，在三军中所占军费比例不断提高。20 世纪 70 年代在国内经济困难的情况下，印度政府以减少陆军、空军的份额来不断增加海军的份额，对海军的资本投入额占国防总开支的年均比重，从 20 世纪 60 年代后期的 2.3%（陆军占 4.6%，空军 1.78%）增至 70 年代的 3.3%，居三军之首（陆军为 2.9%，空军为 1.1%）。20 世纪 70 年代印度的国防开支以不变价格计算，1972 ~ 1973 年度至 1979 ~ 1980 年度只增加了 8.4%，而海军军费却增长了 24.3%。同时海军总兵力也不断增长，由 20 世纪 60 年代末的 2 万人上升到 80 年代初的 5.2 万人。20 世纪 80 年代印度正式确立优先发展海军、持续提高空军、大力改编陆军、三军均衡发展的总方针。在这一建军方针的指导下，海军建设更是加快了发展速度。2000 年，印度又提出所谓的“21 世纪海军战略新构想”，其主要内容是：向南中国海扩展，在本世纪内，不仅继续巩固在南亚、印度洋的支配地位，还将把势力扩展到南中国海，从地区军事强国跃入“世界一等强国”之列，成为仅次于美国、俄罗斯和英国的海军强国，称霸亚洲，雄踞印度洋和太平洋。

2. 重点发展海基核威慑力量。发展海基核威慑是印度海军的建设重点。海基核力量是形成第二次核打击能力以及组成“三位一体”核打击力量的重要组成部分，海基核威慑的主要支柱是战略导弹核潜艇。因此，在印度未来军事发展中，海军的发展计划是最庞大的，研制核潜艇是重点，是确保优先发展的项目。印度海军部长库玛尔上将称，印度海军从未放弃发展核潜艇的选择。由于印度承诺不首先使用核武器，非常需要第二次核打击能力，因此，研制可携带核导弹的核潜艇成为印度发展海基核力量的既定目标。为了适应未来作战需求，印度海军已经开始着手改进潜艇的动力系统、武器系统和传感器系统。到 2015 ~ 2017 年，印度计划至少拥有 2 艘攻击型核潜艇和 3 艘弹道导弹核潜艇。攻击型核潜艇由国内建造 1 艘，另一艘则从俄罗斯租借，而弹道导弹核潜艇将完全由国内自主研制建造。核潜艇不仅能为海军提供远距离打击能力，更重要的是，将成为印度战略核威慑中不可或缺的中流砥柱。

印度加快了海军攻击型核潜艇部队的建设，启动长期搁置的核潜艇自主研制计划，组装测试自主研制的潜射弹道导弹。目前，印度租借了 1 艘“阿库拉”级攻击型核潜艇，将其命名为“猎豹”号，该艇于 2009 年正式服役，停靠在邻近维萨卡帕特南的弹道导弹核潜艇基地。

印度引进俄罗斯“阿库拉”级弹道导弹核潜艇

与此同时，印度国产弹道导弹核潜艇建造计划也重新启动。印度核潜艇一旦服役，将对亚洲海上力量格局产生巨大影响，印度海军将具备封锁马六甲海峡和印度洋的能力。2009 年 7 月 26 日，印度第一艘国产核潜艇“歼敌者”号宣告下水。该潜艇排水量 6000 吨，可配备最大射程为 700 多千米的弹道导弹，计划于 2011 年正式服役。届时，印度将成为继中国、法国、俄罗斯、英国和美国之后第 6 个拥有核动力潜艇的国家。在世界 5 个核大国中，除法国外，另外 4 个成员国第一艘核潜艇均是攻击型核潜艇，而印度海军第一艘核潜艇却是技术极为复杂的弹道导弹核潜艇，直接缩小了与 5 个核大国核潜艇的差距。

印度海军对战略核潜艇的追求远未止步，印度还批准建造另外 4 艘核潜艇，包括 2 艘“歼敌者”级核潜艇和 2 艘大型弹道导弹核潜艇。为给这些潜艇配备更具威慑力的武器，印度海军正在研制射程达 3500 多千米的潜射弹道导弹。在未来 10 年里，印度海军计划部署 3 ~ 5 艘核潜艇，可以像核大国那样在全球展开部署，有望成为印度进行第二次核打击的最重要平台。印度海军当前的主要规划是将国家采办和建造导弹核潜艇计划的战略框架系统化。印度计划在 2030 年前使用国外技术建造大约 24 艘潜艇。同时加强对印度洋、孟加拉湾和阿拉伯海三个方向的海上影响力，建立能够增强阿拉伯海及其以外地区力量的蓝水舰队。

在加强海上核威慑力量建设的同时，印度还不断提高海上常规威慑力量建设，着力建设远洋攻击型海军。例如，印度海军大造航空母舰和导弹驱逐舰，企图在印度洋对沿岸有关国家进行远距离海上威慑。2009 年 2 月，印度国防部宣布，印度将成为继美国、俄罗斯和法国之后世界上第 4 个能建造大中型航空母舰的国家。英国《简氏防务周刊》认为，目前印度海军是印度洋周边地区最强大的海上力量。随着印度经济和国力的提升，印度计划花费上百亿美元用于购买武器装备来实现海军现代化建设，力争进入世界海军四强，形成强大的海上威慑力量。

印度海军“维拉特”号航空母舰

3. 建造大型战舰，建立一支力量均衡、具有强大威慑能力的海军。为了能做印度洋上的主人，印度大力发展水上、水下和空中三种海上威慑能力。1978 年印度政府批准了实施海军的 20 年发展计划，目的是要将现有海军的规模扩大一倍，使之成为“蓝水海军”，能在远离海岸数千米的公海上作战。在夺取制海权思想的推动下，印度海军大力发展航空母舰等战略武器。2009 年 2 月 28 日，印度第一艘自主研制航空母舰的组装开工仪式在南部港口城市科钦举行，这艘国产航空母舰将在 2014 年左右形成战斗力。而印度此前由俄罗斯进口的“戈尔什科夫”号航空母舰则有望在 2012 年服役。未来印度海军的两个航空母舰编队同时执勤，一艘可以在印度洋保持日常巡逻，另一艘则可以前出阿拉伯海甚至太平洋、大西洋等地活动，提高印度的全球影响力。

同时，印度常规潜艇、大型水面舰艇、海军航空兵都有很大的发展。20 世纪 80 年代以后，印度海军拥有的苏制 F 级常规动力潜艇增至 14 艘，有 5 艘苏制“卡辛”级导弹驱逐舰、3 艘国产戈达瓦里级导弹驱逐舰，17 个海军飞行中队，拥有从“海鹞”舰载战斗机到图 - 142 反潜巡逻机等约 180 架军用飞机，海上综合作战能力大大提高。

从海军兵力和舰艇数量来说，印度海军兵力居世界第五，舰艇数量和总吨位居世界第十，是亚洲和发展中国家中少数拥有航空母舰的国家之一。目前，印度海军总兵力为 6 万人，现有 150 多艘各型战舰，包括 1 艘航空母舰、1 艘大型两栖战舰、8 艘导弹驱逐舰、约 40 艘大小护卫舰、16 艘潜艇以及大量辅助战舰。海军航空兵拥有“鹞”式垂直起降战斗机、图 - 142 远程海上巡逻机、卡 - 31 预警直升机、卡 - 28 和“海王”反潜直升机等。

从印度海上威慑力量建设和发展的过程可以看出，其海军的“沿海防御—区域性威慑与控制—远洋进攻”的发展思路就是要发展一支大型远洋舰队，力求全面控制印度洋，对大国海军实施海上威慑，这充分说明了印度海军战略正朝着威慑性、远洋进攻性的方向发展。

4. 采取引进与自制、改造与建造并举的方针，突出武器的威慑力。在武器装备上实现最大限度的自力更生，是印度国防发展的主要目标。20 世纪 70 年代印度在引进的同时开始改装、仿制和研制，自行设计、研究和生产各种海军武器装备，使武器装备的自给率达到 50% ~60%。例如，以国产“林德”级护卫舰淘汰英式旧舰，并自己生产“甘加”号多用途导弹护卫舰。同时，为了加快武器装备的更新换代，印度加大了引进的步伐。20 世纪 60 年代中期主要从苏联引进了大量新型舰艇。70 年代，印度海军拓宽了引进先进武器装备来源的渠道，开始从英国、西德和法国等西方国家引进武器装备。80 年代，随着军费的逐年增长，印度海军武器装备更新换代步伐加快，作战舰艇由 20 世纪 70 年代末的 96 艘增至 113 艘。到 20 世纪 80 年代末，通过走成套引进、研仿改装、自行研制相结合的道路，印度海军基本上完成了武器装备的更新换代，其作战和威慑能力可抵达印度洋北部的广阔海域，可以在有限时间内对局部海域实施控制。

当今，印度海军作为一支区域性的海上力量，在取得印度洋北部地区海上优势的情况下，正在全力实施其远洋战略。从印度的主观愿望看，不仅具备这种能力，客观上也有这种条件。印海军前参谋长科里曾明确指出：“毋庸置疑，地理优势是一个重要的因素，印度位于印度洋的中心，横跨东、西方贸易要道，且外围岛屿又处于有利的位置，距大洋和暖流近在咫尺，这本身就是一种资本。”

六、日本：努力提升海上战略威慑能力

随着“远洋防卫、海上歼敌”战略思想的确立，日本海上自卫队将提高远洋作战能力作为其战略威慑的重要举措，主战舰艇向大型化、远洋化发展。

日本是世界上较早研发航空母舰的国家之一。早在 1922 年，日本建造的“凤翔”号被认为是世界上第一艘标准航空母舰。

1922 年日本建造的“凤翔”号航空母舰

第二次世界大战期间，日本建造了20多艘航空母舰，一度横行海上，成为其野心高度膨胀的催化剂。在中途岛海战中，如果不是日本海军在作战方向上判断失误，美太平洋舰队司令尼米兹很难重创由山本五十六率领的日本联合舰队。第二次世界大战结束后，日本作为战败国，放弃了进攻性武器，航空母舰自然也在禁止范围之内。但由于日本拥有建造航空母舰的技术和基础，再加上再现昔日称霸海洋的辉煌一直是其挥之不去的梦想，日本国内几度出现要求重造航空母舰的声音。

1954年，日本海上自卫队成立初期就提出，新海军的规模包括4艘8000吨级的航空母舰。1959年，日本在制订《第二次防卫力量整备计划》时，提出在1962～1966年期间建造排水量14万吨的直升机航空母舰。1984年，日本再次策划建造小型航空母舰。但由于美国与日本国内反战人士的反对，日本3次造航空母舰的计划都被迫取消。冷战后，日本国内再度提及发展航空母舰，并吸取了以往的教训，以发展大型运输舰、护卫舰的名义，走上了实质性拥有航空母舰的道路。美国为了实现对全球的控制，需要日本的支持，因此，对日本的做法采取默许态度。

为了适应形势发展和海上作战需要，日本特别注重海上威慑力量的建设，努力将海军建成“合理、高效、精干”的远洋威慑力量。依仗经济技术优势，日本多年保持高额军费投入，发展先进武器装备和海上大型作战平台，其海上武器装备的发展方向正以提高远洋作战能力为目标，努力实现水面舰艇的大型化、多用途化，以及舰载武器导弹化、飞机现代化，提高大型舰艇的水面打击能力和防空能力。

目前，日本已建成了一支战斗力很强的海上力量，拥有作战舰艇约150艘、各型飞机300余架、P－3C型反潜巡逻机79架，最新型P－1型反潜巡逻机已装备部队。已正式服役的直升机驱逐舰“日向”号标准排水量达1.35万吨，全长197米，建造费用1000

亿日元（约66.2亿人民币），最多可搭载11架直升机。从吨位上看，已接近英国现役中的“无敌”号航空母舰，具有了航空母舰的作战能力。宽大的飞行甲板明显超过“无敌”级和西班牙“阿斯图里亚斯亲王”号轻型航空母舰，机库可装设反潜直升机、运输直升机等大型直升机。从外形上看，该舰甲板从舰首延伸至舰尾，外形酷似航空母舰，可同时起降3架直升机，并具备良好的通信指挥能力。“日向”号与“摩周”号补给舰并列为日本海上自卫队最大的舰艇。今后该舰还将装备对空导弹，由于“日向”号的规模与英国海军的轻型航空母舰相当，因此有报道称，虽然“日向”号现在还不能起降战斗机，但由于形状与航空母舰相似，不排除将来可能起落战斗机。

日本海上自卫队舰艇编队

日本海上自卫队对这种超大型驱逐舰寄予希望，因为它不仅可以搭载反潜直升机，还能搭载4架超大型运输直升机，承担登陆和两栖攻击等任务。更重要的是，这艘驱逐舰拥有先进的指挥控制功能，可在海上指挥作战。“日向”号驱逐舰在 2009 年 3 月正式服役，成为日本海上自卫队的主力军舰，而日本政府并不满足于现状，还准备再建造 3 艘同级别的大型驱逐舰。

同时，日本从 2005 年 10 月开始建造高速运输舰，尽管日本媒体声称，高速运输舰与航空母舰不同，但分析人士指出，只要加装部分指挥控制和舰载武器系统，就将具备航空母舰的全部性能。目前，在日本海上自卫队的作战序列中，已经有 5 艘堪称准航空母舰的大型舰船，明显具有发展航空母舰倾向。

日本直升机驱逐舰“日向”号

2005 年，排水量达 1.35 万吨的“近江”号大型补给舰正式服役，部署在长崎县的佐世保海军基地。另外一艘同级补给舰“摩周”号 2004 年春天服役，现驻舞鹤海军基地，这两艘大型补给舰具备准航空母舰的性能。如果搭载固定翼舰载机，就是一艘轻型航空母舰。

日本海上自卫队现已建成的3艘“大隅”级大型运输舰，满载排水量1.35万吨，可运载1000名陆战队员、16架CH－47重型直升机、10辆90式主战坦克或1400吨物资、2艘大型气垫登陆艇，除直升机外，还可起降垂直起降飞机。从该级舰的作战能力、舰体设计及今后改装升级的前景看，“大隅”级舰甲板从舰首延伸至舰尾，外形酷似航空母舰，相当于轻型航空母舰。虽然该级舰现在不能起降战斗机，但由于形状与航空母舰相似，可以加装滑橇式飞行甲板，并可把甲板下的空间改装成机库，必要时还可加装舰载机的指挥控制导航等相关设备，即随时可以改装成轻型航空母舰。

值得关注的是，日本还积极参与美国F－35“联合攻击战斗机”的研制。这种战斗机目前已被美海军陆战队和英国皇家海军看中，计划装备其小型航空母舰。如果日本今后将该机配备在“准航空母舰”上，那么这种航空母舰的海上作战能力将大大提高。

日本海上自卫队现役大型舰艇平均使用年限为10年，是世界各国舰艇更新换代最快的国家。其主战舰艇为世界最先进的“金刚”级宙斯盾导弹驱逐舰，满载排水量达9400吨，配备74枚标准型舰对空导弹，装备有最先进的相控雷达，能自动探测和识别150余个目标，并可引导舰载导弹同时打击十几个目标，在远洋为编队提供有效的防空掩护。目前，日本已拥有4艘“金刚”级宙斯盾驱逐舰。

2007年3月15日，宙斯盾舰“爱宕”号服役，意味着日本拥有5艘宙斯盾驱逐舰，这是在标准排水量7250吨的“金刚”级宙斯盾驱逐舰基础上研制的，采用了隐形设计，全长177米，宽21米，标准排水量7700吨，满载排水量甚至可达1万吨，实际上相当于一艘巡洋舰。其装备的MK41导弹垂直发射系统总数达到96个，可以大量发射防空导弹，是继美之后世界上第二个具备有限海基中段反导能力的国家，成为一座海上漂浮的“导弹发射堡垒”，是日本最大的新型宙斯盾导弹驱逐舰，也使日本成为亚太地区拥有宙斯盾驱逐舰最多的国家。

日本“金刚”级宙斯盾驱逐舰

据悉，到2018年日本还将装备8艘宙斯盾驱逐舰，其中有5艘部署在面向日本海与东海的基地。日本不惜巨资建造宙斯盾驱逐舰不仅仅是为了拦截作战飞机和战术导弹，更主要的是拦截一些国家的弹道导弹，削弱对方的战略威慑能力，并对其他国家安全构成一定的威慑作用。

为谋求水下优势，日本一直十分重视潜艇力量建设。

作为世界上发展潜艇起步最早的国家之一，日本的潜艇发展最早可追溯到20世纪初。1904年日俄战争期间，作为强化日本海军兵力的重要步骤，日本决定从美国购买5艘“霍兰”级潜艇。虽然这些潜艇最终没有来得及用于日俄战争，但从此开启了日本的潜艇时代。1907年，日本海军又从英国购入了5艘C级潜艇（改进的“霍兰”级潜艇），从而拥有了可以真正参加实战的潜艇。1910年，日本自行设计的“川崎”号潜艇正式开工建造，1912年9月竣工下水。这是日本独立设计和建造的第一艘潜艇，装备了美国制造的标准型汽油发动机，该艇建成服役后，水面最高航速仅为10节，从总体性能上看，该型潜艇没有满足日本海军的要求。1911年12月，日本海军又与法国签订了购买2艘“罗伯夫”型潜艇的合同。1917年6月，日本将1艘从法国购买的尚未完工的潜艇继续建造完成，这就是日本的第15号潜艇。另外，为弥补被法国强行征用的另外1艘潜艇的空缺，1920年4月以第15号潜艇为母型建造了1艘几乎完全相同的潜艇，该艇被命名为第14号潜艇。

日本宙斯盾驱逐舰“爱宕”号

从1917年开始，日本海军经过近10年的艰苦努力，相继建成了“海中”-1级、2级、3级和4级潜艇，基本掌握了先进的潜艇技术，最终达到了日本海军的作战指标要求。第二次世界大战爆发时，日本联合舰队的潜艇战队规模已经超过了100艘，包括“甲”、“乙”、“丙”、“丁”级潜艇，“海大”、“海中”、“海小”级潜艇。

第二次世界大战期间，日本甚至还建造了当时最大的潜艇——“伊-400”级水下航空母舰，其水下排水量达到6560吨，续航力达37500海里，成为当时世界上最大的潜艇。到1945年日本战败投降时，日本已建成224艘具有水面航行能力、可进行充电、艇内舾装简化的“海龙”级袖珍潜艇，此外，日本海军还建造了450艘“回天”-1级和200艘“回天”-2级自杀式潜艇。

第二次世界大战后的潜艇与第二次世界大战中的潜艇相比，排水量、航速、下潜深度、续航力都大大进步了，尤其是武器装备，更是不可同日而语。“苍龙”级研制成功后，日本并没有放松潜艇研制的步伐，新一代潜艇的研制已经在“高技术潜艇”的项目下开始进行，显然这一级潜艇的作战能力将会比“苍龙”级有更大的提高，这型潜艇将会取代现有的“亲潮”级与正在建造的“苍龙”级，构成2020年日本海上自卫队的水下作战体系。

在常规潜艇建设方面，日本将建造重点放在了“另类核潜艇”——AIP潜艇上，使得日本水下作战与威慑能力大幅提升。从战技性能上看，“亲潮”级已是当今世界上最先进的常规动力潜艇了，但是日本海上自卫队仍然认为其远洋作战能力不足。1995年，日本从瑞典考库姆公司引进了2台斯特林发动机，经过测试，决定在新型潜艇上采用这种AIP动力装置。2007年底，备受关注的日本2900吨型AIP潜艇首艇“苍龙”号在日本神户造船厂举行命名和下水仪式。这是日本海上自卫队第一艘实战型AIP潜艇，也是继韩国“孙元一”级潜艇和巴基斯坦“阿戈斯塔90B”级潜艇之后的亚洲第三款AIP潜艇，标志着日本潜艇从此步入AIP时代。

“苍龙”级水上排水量2950吨，水下排水量3300吨，采用单壳体设计。其推进系统除2台柴油机和1台主推进电机外，还装备了川崎重工生产的4台斯特林发动机（由瑞典考库姆公司授权生产），因此相比“亲潮”级，其水上排水量增加了200吨，艇体长度增加了2米，水下续航力也有了大幅度改进和提高，能够以5节的巡航速度在水下连续航行15天。虽然这个指标无法与核潜艇相比，但是比起传统的柴电动力潜艇来说已经是一个巨大的进步。“苍龙”级还首次采用了X形尾舵替代战后日本潜艇一直采用的十字形尾舵，通过改变舵板长度的限制，大大提高了尾舵的效能，增加了潜艇的水下机动性能。

日本“苍龙”级AIP潜艇

按照日本海上自卫队的计划，日本将建造4艘AIP潜艇，并以每年1艘的速度建造完成。该级艇能够执行包括反潜、反舰、巡逻警戒、编队护航、封锁、破坏海上交通线、情报搜集与监视、布雷和特种作战等多项任务，是一型既能执行近海巡逻警戒任务，也适合远洋作战的大型多用途常规潜艇。从持续作战能力来考量，“苍龙”级算得上是一款“准核潜艇”。

日本潜艇数量目前虽然居东亚第三位，但其更新换代率和科技自动化程度却保持着世界最高的纪录，现役潜艇服役时间只相当于国外潜艇服役期限的 1/2。从 20 世纪 70 年代以来，日本海上自卫队基本保持了每年服役 1 艘新艇、退役 1 艘旧艇的装备更新频率，其潜艇的平均服役时间只有 15 年。另外，日本的潜艇由三菱重工和川崎重工两家造船厂轮流完成，每家船厂都有独立的生产线，负责对自己建造的潜艇进行详细设计，从而加快了潜艇的建造进度。通过这种互相竞争、相互超越的独特发展模式，日本保持了相当大的潜艇生产能力，一旦形势需要就可以在很短时间内建造出大量的潜艇。

日本海上自卫队潜艇种类、舰级、舰名及数量

舰种	舰级	舰名及舷号	数量/艘
常规潜艇	苍龙	苍龙 SS501　云龙 SS502	2
	亲潮	亲潮 SS590　满潮 SS591　涡潮 SS592 卷潮 SS593　矶潮 SS594　鸣潮 SS595 黑潮 SS596　高潮 SS597　八重潮 SS598 濑户潮 SS599　望潮 SS600	11
	春潮	夏潮 SS584　早潮 TSS3606　荒潮 SS586 若潮 SS587　冬潮 SS588　朝潮 TSS3601	6
	小计		19

2010 年底，日本政府正式通过新《防卫计划大纲》，确定了未来 5 年中防御力量整备计划，其中明确规定：日本海上自卫队推迟现役潜艇退役期，分阶段使潜艇从目前的 16 艘增至 22 艘，以提高日本在周边海域的“监视能力”。这是日本自 1976 年发布《防卫计划大纲》以来，首次决定将潜艇规模扩大到 20 艘以上，加上 2 艘训练艇，日本海上自卫队潜艇总数将达 24 艘。新《防卫计划大纲》公开宣称，增加的潜艇主要配置在日本的西南方向，借助水下

的“潜艇狼群”和水上的“十·九”舰队，日本已经超越了一个正常国家所具备的海军实力，正在扩大其在亚太地区乃至全世界的巨大影响力和战略主导力。

2011 年 2 月 17 日，据日本《产经新闻》报道，日本政府早在 2004 年制订《防卫计划大纲》时，就曾在当时的防卫厅秘密召开“日本防卫力存在方式检讨会议”，讨论日本独立制造核潜艇的可能性。由于与常规动力潜艇相比，核潜艇具有航行速度快、下潜时间长、隐蔽性高、威慑能力强等优点，日本对此装备十分感兴趣。除了自行研发外，日本还曾考虑从美国购买核潜艇。可见，日本虽然未作出装备核潜艇的决定，但试图装备核潜艇的意图足以表明它希望大幅度扩充海上军事力量。

七、韩国：令人注目的海上威慑力量

韩国三面环海，海岸线长 4000 多千米，既是日本列岛与亚洲大陆间的“天然桥梁”，又扼东北亚通往东南亚的海上交通要冲朝鲜海峡北翼，控制着俄、美太平洋舰队北上日本海、南下太平洋的必经之路，战略地位十分重要。韩国拥有大小数千个岛屿，进出口贸易几乎全靠海上运输，海上航道已成为韩国生存与发展的生命线，因此，发展海上力量保护海上安全对于韩国至关重要。

韩国海军发展迅速，其力量触角已超出半岛防御范围。冷战结束以后，韩国提出了“国防自主化、军队现代化、军事科学化”的战略目标，加快了其海军建设的步伐。冷战时期，韩国海军以朝鲜和苏联海军为主要作战对象，苏联解体后，俄罗斯与朝鲜的关系发生了变化，俄对韩国威胁减弱，朝鲜半岛南北关系也一度出现缓和。相反，韩国与周边国家在海洋划界、与日本在岛屿归属等问题上的矛盾日显突出，因此，韩国海军在继续以朝鲜为主要作战对象的同时，提出了“攻势防御”和“全方位防御”的概念，准备应付“多元威胁”。

为适应多元威胁的需要，韩国海军提出了由近海防御型海军发展为有相当实力、精锐有效的“大洋海军”的目标，并提出了“沿岸海军”、“地区海军”、“大洋海军”、“世界海军”四阶段发展的构想。之后，韩海军又提出未来海军的战略及作战基本任务是：战略扼制、海洋统制、兵力快速投入、军力显示。这实际上已确定海军建设由近海防御型向远洋作战型发展的海军建设方针。2005 年 3 月，韩国国务总理李海瓒在海军士官学校学员毕业典礼上表示：“韩国海军将进入 21 世纪的海洋时代，保护海上交通和海洋资源，在五大洋维护韩国的国家利益。”

海洋对于韩国的经济发展和安全保障具有极为重要的意义，所以韩国一直非常重视海军的建设。从 20 世纪 90 年代以来，韩国根据三个五年“中期国防计划”（1993 ~ 1997 年、1998 ~ 2002 年、2003 ~ 2007 年）加强海军建设，使其海军获得了长足的发展。特别是进入 21 世纪后，韩国根据世界形势和朝鲜半岛局势的发展变化，制定了新的国防发展战略规划，提出了建设面向 21 世纪“先进精锐国防”、“建立小而强的信息化、科学化、技术集约型 21 世纪国防力量军队”的发展目标。为了提高海上威慑力，韩海军亦根据国防政策变化，提出扩充海上力量，建设“大洋海军”的军种发展目标，即建设具有多位一体化作战能力和能在中、远海域遂行作战任务的远洋舰队”。重点是加强武备现代化，加速舰艇大型化、高速化、导弹化建设，提高早期预警和海上监视能力，并着手加强对海军建设领域的军事研究和规划，加快由“沿岸防御”向“远洋防御”的转变。

一是增强近海作战能力，防范朝鲜军事渗透。韩海军认为，朝鲜仍将是韩国的主要作战和防范对手。为了防范朝鲜海军的军事渗透，韩国海军采取了一系列措施，增强近海作战能力。一方面，韩国海军开始淘汰从美国接收的老式驱逐舰，加快了新装备的建造和研制步伐；另一方面，引进新技术、新装备，进一步完善部队的指挥通信系统，提高对部队的指挥控制能力。在朝鲜进行第二次核试验后，韩国明显加快了远程打击武器的发展步伐。2009 年 8 月 17 日，韩国已经开始部署射程 1000 千米的“玄武－3”地对地导弹。这是韩国第一次承认研发制造“玄武－3”型导弹。同时，射程达 1500 千米的“玄武—3A”型导弹也正在研制进程中。韩军方表示，将尽快发展舰载对地攻击型导弹，用于攻击敌地面战略设施，率先部署于“北方界线”附近海域的海军舰艇，实现部署后可对朝鲜海军形成有效威慑。

2010 年 3 月 26 日夜，韩国“天安”号警戒舰在白翎岛和大青岛间海域发生爆炸沉没。5 月 20 日，韩国公布正式调查结果，认为“天安”号警戒舰沉没事件的原因是“朝鲜小型潜水艇实施的鱼雷攻击”。于是，从 2010 年 7 月下旬开始，美韩两国举行了一系列联合军演。为了进一步威慑朝鲜，2010 年 7 月 25～28 日，美韩在韩国东部海域（即日本海）进行“不屈的意志”大规模联合海上军事演习。这是 1976 年以来，美韩进行的最大规模的海上、空中、水下立体军演。

2010 年 11 月 23 日的朝韩延坪岛炮击事件后，新上任的韩国国防部长金宽镇表示，如果韩国再遭到朝鲜的攻击，韩国各级部队指挥官都可以行使自卫权，根据“先采取措施后报告”的原则，对朝鲜进行精确打击，最大程度遏制朝鲜。即使面对朝鲜挑衅，韩国军队也可以行使自卫权，而且不受《交战守则》的影响。在这种敏感情况下，韩美决定在 2010 年 11 月 28 日举行海上联合军事演习。美第七舰队的核动力航母“乔治·华盛顿”号为首的航母编队参加此次军演。美国借军演之机，不顾中国的强烈反对，把“乔治·华盛顿”号航空母舰开进黄海，使本已非常紧张的地区局势更加复杂。

由此可见，“天安”号沉没事件和延坪岛炮击事件已对朝韩关系、半岛形势和东北亚地区稳定产生了重大影响，使韩国将其过去的对朝鲜防御战略转变为对朝鲜积极遏制战略。同时，也对韩国军队建设、海军发展以及韩国造船工业等产生了深远的影响。对韩国海军装备发展来说，“天安”号护卫舰沉没事件发生后，韩国新一代舰艇的研制和建造将继续进行，将一如既往地建设一支拥有先进舰艇装备的强大海军，以保持对朝鲜海上力量的优势，进一步扩大对海域的控制力度，有效地威慑来自朝鲜方面的威胁。

二是提高远洋作战能力，全力建设“大洋海军”。为实现“远洋海军”的目标，韩海军大力加快了新型大型舰艇的研制与建造工作，重点是分三批建造 KDX 驱逐舰，第一批舰型为 KDX－I，第二批舰型为 KDX－II，第三批为 KDX－III，每批为 3 艘。目前已陆续完成了驱逐舰的建造计划，初步具备了较强的反潜和反舰作战能力。加速海军装备建设是韩军实施其发展战略的重要内容，目前已取得了令人瞩目的进展。韩军已成功研发可垂直发射、射程为 20 千米的“红鲨鱼”反潜导弹。该型弹可与舰空、舰舰导弹实现共架、共库，可使韩海军舰艇攻击来自任意方向的敌方水下目标。预计“红鲨鱼”列装后，韩国海军的反潜作战能力将大幅提升。

三是加快潜艇建设步伐，增强水下舰队力量。潜艇因具有很强的隐蔽性与较强的水下攻击能力，因此，韩海军认为，潜艇力量发展的高低将是衡量一个国家海军力量强弱的重要标志。经过几年的发展，韩国海军目前拥有 9 艘仿德国 209 型潜艇的“张宝皋”级潜艇。为进一步提高水下作战能力，韩国海军仿照德国的 214 潜艇，建造 KSS－2 型潜艇。该型潜艇排水量为 1800 吨，具有较高的自动化程度，隐形性能优异，潜深可超过 400 米。根据韩“远洋海军”的规划，韩国海军将建立一支由以上 3 种潜艇组成的“潜艇舰队”，潜艇数量将保持在 25～30 艘。

四是为应对日趋激烈的海洋领土争端，大力提高海军机动作战能力。近年来，鉴于各国对海洋资源以及海上争议领土的争夺日趋激烈，韩国不断与日本、中国、朝鲜等邻国发生海上纠纷，特别是日韩独（竹）岛之争难以调解。因此，韩海军正着手组建一支海军战略机动舰队，由 3 个战团组成，每个战团将配属 KDX－III 级宙斯盾驱逐舰、4500 吨级驱逐舰 2～3 艘、13000 吨大型多用途运输舰（LPX）、重型潜艇（SSX）等，不仅可以实施近海和沿海作战，还可执行海上反恐、打击海盗、应对海上冲突等多种任务，保证从济州岛南部到马六甲海峡的海上运输航线安全，提高韩国对抗日本的实力。

五是扩大与盟国的军事合作。为加强对朝鲜的威慑，韩国除继续要求美国在韩国驻军外，还加强与美军的大规模联合演习。虽然“协作精神”演习已于 1994 年停止举行，但与美海军联合进行的“乙支·焦点透镜”和“鹞鹰”等演习规模却逐年增大。此外，近年来，韩国还向印尼、菲律宾等国出售小型舰艇和辅助船，并派舰艇访问了俄罗斯和日本等国。

目前，韩国海军已发展成为一支拥有人员 6.7 万余人、各型舰船 240 余艘、飞机 70 余架的相当规模的海上力量。随着韩国海军实力的提高，到 21 世纪中期，韩海军将成为一支装备精良的现代化海军，进而成为亚洲乃至太平洋地区一支不可忽视的海上威慑力量。

有些人认为，世界海洋史是海上强国书写的，海上弱小国家只是充当陪衬的角色。从某种意义上讲，这种观点只能说明过去。自从殖民地半殖民地民族意识的觉醒，开始为国家独立和自由而抗争的时候，国际局势的演变已经越来越多地与这些国家的行为联系在一起，弱国只能在殖民者的铁蹄下、战争的硝烟里和大国争夺的夹缝中求生存、求发展的时代已经一去不复返了，海上弱小国家有资格、有能力、有条件追求和借重多种力量、化解多重矛盾，达到预期目标，在未来的国际事务中发挥更积极的作用。

八、东盟国家：不可小觑的海上威慑力量

威慑，并不为强国所独有，如今，许多发展中国家对海上威慑都有所认识，这些国家海军的规模很小，冷战时期几乎没有发挥过什么作用。由于冷战后对抗消失，各国自主国防意识增强，海洋作用地位提高，海上力量发展成为这些国家的首要军事问题，为了国家利益，一些中小国家已经开始注重对海上威慑问题的研究。

弱国与强国相比，难以挑战强大的对手，但遇到海上强大对手威慑时，海上弱国也可以其人之道，还治其人之身，通过运用某些非实战威慑方式，挫败海上强国的威慑战略企图，以达到反威慑的目的。这是劣势地位之下的生存之道。

在东南亚，东盟国家海军的发展十分引人注目。特别是冷战结束后，大国在东南亚地区的争夺有所减弱，美、俄海军从东南亚地区实行战略收缩后，该地区力量失衡，东南亚地区国家间的领土、领海争端日益突显出来，民族和宗教矛盾开始抬头，围绕海洋资源的争夺加剧。为此，东盟各国纷纷调整了军事战略。在战略思想上，由依赖大国保护转向主要靠本国及联盟独立防御；在军队职能上，由重点对内转向抵御外侮；在作战指导上，由本土防御转向“海洋本土综合防御”；在作战准备上，由以应对地区大规模战争转向立足于应对地区冲突和因领土、领海、海洋权益争端而引发的局部战争；在建军方针上，由数量建军转向质量建军。为了扩大管辖海域，争取更多的海洋利益，在东盟国家新的军事战略中，海军的地位有了很大提高，各国都加快了海军的现代化建设速度，其海上威慑能力越来越强。

（一）印度尼西亚

印度尼西亚是东南亚最大的国家，人口居世界第四位，领土由

13600多个岛屿组成，世界著名的海峡如马六甲、望加锡、巽他、龙目等都在其管辖海域之内，战略地位十分重要。随着经济实力的增长，印尼的国际影响也在提高。印尼可以说是东南亚地区最早关注海军发展的国家，印尼海军自1945年初建时期起，迄今经过了60多年的建设和发展，已具有一定的数量和规模。印尼海军的舰艇早期主要来源于美国、苏联、荷兰等国。20世纪80年代中期又从英、德、韩和南斯拉夫购进护卫舰、潜艇、导弹艇等作战舰艇，并逐渐淘汰苏式等陈旧舰艇，同时加强了造船工业的建设。目前，印尼的造船能力还是比较低的，主要作战舰艇和大型两栖、辅助舰船依靠进口。

从印尼海军现有的规模和实力来看，要在近海形成一定的军事威慑力量还存在较大的距离。但进入新世纪以来，随着印尼国家政治、经济状况的好转，印尼海军正加快建设步伐，使其具备一定的“高度机动能力和威慑能力”。其主要措施有：

1. 以多元引进方式改进武器装备。目前，印尼海军已基本淘汰了陈旧的和缺少零件的苏制舰艇，取而代之的是从荷兰、英国、意大利、西德、澳大利亚、日本、新加坡等国购进的全新或较新的舰艇。海军现役主战舰艇有潜艇、护卫舰、导弹艇共100余艘，飞机60多架。其中潜艇2艘，护卫舰33艘，导弹艇4艘，巡逻艇59艘，扫雷舰13艘，两栖舰船26艘。目前在印尼海军编成中有30多艘护卫舰，是东盟各成员国中规模最为庞大的护卫舰战斗群。此外，为了加强水下力量，2006年新订购2艘俄制“基洛”级潜艇，并制定了于2024年之前配备12艘潜艇的计划。

2. 以加大军事演练的方式，提高实际作战能力。印尼海军一贯重视部队的军事演练，强调部队训练必须同其担负的使命任务和实战密切结合。据统计，印尼海军每年单独举行或与陆空军联合举行以及与盟国等联合举行的各类演习，最多达40余次。总之，印尼要在东盟地区事务中扮演更积极的角色。

（二）泰　国

泰国位于中南半岛腹地，东濒泰国湾接南海，邻太平洋，扼印度与太平洋重要航道马六甲海峡东口，西濒安达曼海，连印度洋、扼马六甲海峡西口，海域广阔、战略地位重要。地理位置决定了泰国海军必须打造一支均衡发展，走向“蓝水”的海军。

泰国经济的发展对海洋的依赖程度越来越高，不仅体现在海上运输方面，而且近年来新发现的石油、天然气资源均在海上。开发海洋、利用海洋为泰国提供了前所未有的机遇和挑战。随着经济的迅速发展，泰国对海洋的依赖程度越来越深，围绕海洋权益引起的纠纷和冲突将更加突出，泰国海军认为，为了保卫海洋资源等国家利益，必须加强海军力量建设。

泰国海军是冷战后发展最快的一支海上力量，不仅人数增加，总兵力已有7.3万人，编制得到扩充，而且通过大量采购新装备，各型舰船已达290余艘。泰国海军的现代化水平和作战能力有了明显提高。

为了在激烈的军事竞争中站稳脚跟，找准自己的位置，泰国海军将防御重点由近岸海区推向了200海里专属经济区，并特别加强了对沿海重要港口、城市以及海上交通运输线的守控和防卫。泰国模仿和借鉴海上强国——美国海军，优化海军编制体制，并从西班牙、美国等国大量购买先进的武器装备，其主要做法有：

1. 调整编制体制。泰海军于1992年对编制体制进行了调整，并对海上力量进行了重大改组。根据新战略的需要，泰海军按照防区，把作战舰队划分为3个区舰队，每个区舰队的海上力量由作战舰队各战术编队定期抽派，并分别组成3个特遣大队。在各战术编队中，原作战舰队辖区的反潜大队被撤消，另组建了2个护卫舰大队，此外还在编制上新组建了航空母舰大队和潜艇大队。经过一系列的调整、组合，泰海军的编制体制更趋合理，指挥、控制及部队管理机制更趋完善。

2. 购买航空母舰。1992 年向西班牙订购了 1 艘轻型航空母舰，于 1997 年服役，这艘“查克里·纳吕贝”号航空母舰长 182.6 米、宽 22.5 米，吃水 6.2 米，飞行甲板长 174.6 米、宽 30.5 米，满载排水量 11485 吨，是当今世界最小的航空母舰。该航空母舰航速可达 27.5 节，续航力 1 万海里；可载 15 架飞机，其中 9 架 AV－8A 垂直起降战斗攻击机、6 架 S－70B“海鹰”反潜直升机。该航空母舰的服役使泰国海军控制泰国湾和安达曼湾、实施机动作战和两栖作战、保卫海上交通线的能力大为提高，也使泰国海军成为继印度之后亚洲第二个、东盟第一个拥有航空母舰的国家。

3. 拟组建潜艇部队。泰国海军认为，潜艇具有其他舰种无法比拟的优点，是保护海底资源、保卫海上交通线的有力武器，拥有潜艇是泰国国家利益的需要。1991 年，泰国海军就派出人员赴荷兰学习潜艇技术，随后制订计划准备购买 2～3 艘潜艇。1992 年，泰国海军在还没有装备潜艇的情况下，就成立了一个潜艇大队。但由于 1997 年发生亚洲金融危机，泰海军被迫取消潜艇大队编制。

4. 新组建两支护卫舰大队。1991 年至 1992 年，泰海军先后组建了两支护卫舰大队，其中，第一护卫舰大队主要由从美国购买的 10 艘护卫舰和猎潜艇组成；第二护卫舰队由 20 世纪 90 年代从中国订购的 6 艘新型导弹护卫舰组成。这两支护卫舰大队的成立，使泰海军的作战能力进一步提高。

5. 扩编海军航空兵部队。1990 年 5 月，泰国海军将海军“航空兵飞行队”由团级扩编为师级单位，并更名为“海军航空兵大队”，主要任务是为两栖攻击部队提供空中支援、纵深打击和侦察巡逻、海洋控制、监视等。为提高空中支援和打击能力，进入 20 世纪 90 年代后，泰国先后从美国、西班牙购买了 18 架 A－7E“海盗”攻击机、9 架 AV－8A 舰载攻击机（教练机）和 6 架 S－70B 反潜直升机、2 架 P－3T 反潜巡逻机等先进装备，使其成为目前东南亚国家中唯一一支具有空中格斗能力的海军航空兵部队。2001年8月7日，泰海军与英国签约购买2架超级山猫-300型直升机，并于2005年2月、11月先后开始在泰国服役。

6. 购买水面舰艇。2000年以来，泰海军先后向意大利购买了1艘猎雷艇，向美国购买了2艘侦察艇，向英国订购2艘护卫舰，向中国订购了2艘巡逻舰，为海军院校学员建造一艘多功能训练舰。泰国还通过与澳大利亚合作，为海军建造了3艘PC-30型海岸巡逻艇和3艘登陆艇。

如今的泰国海军已形成了以轻型航空母舰为核心、以导弹护卫舰为骨干、以大型综合补给舰为支援力量的远洋作战舰队，初步具备远海作战能力，成为亚太地区一支不可小觑的海上威慑力量，其发展势头令周边国家刮目相看。

（三）马来西亚

马来西亚东邻南中国海，西靠马六甲海峡，地处要冲，在地缘政治上有相当重要的地位。马来西亚拥有4800千米长的海岸线，专属经济区达42.18万平方千米，比其陆地面积还大。

马来西亚海军的前身是1934年4月27日在新加坡组建的海峡殖民地海军预备队，1938年更名为马来亚皇家海军志愿兵部队。1939年第二次世界大战爆发后，为保护新加坡和马来亚联邦的安全，英国以增强其在马来半岛的防御力量为名，成立了皇家海军马来亚小队。1941年，参加了第二次世界大战期间英国军队在印度洋和太平洋的许多作战行动。1947年4月，由于战后财政困难，英国政府解散了这支部队。但由于马来亚海防的重要性，英国于1949年3月4日又重新组建马来亚海军。1952年8月，英国女王伊丽莎白二世授其皇家头衔，马来亚海军更名为“马来亚皇家海军”。由于是从属于英国、澳大利亚等盟国的辅助部队，多年内一直未得到发展。1957年8月31日，马来西亚联邦独立。1958年7月12日，马来亚联邦正式接管马来亚皇家海军。1963 年 9 月，马来亚皇家海军改称为马来西亚皇家海军。马来西亚联邦成立后疆域成倍扩大，海上防务任务不断加重，但由于缺乏海上作战指挥人才，海军参谋长等职务长时间由英籍军官担任。随着大英帝国衰落和东南亚地区安全形势的变化，马来西亚政府逐渐认识到必须建立一支独立的军队来保卫国家安全。对此，马来西亚政府积极采取措施，实行了海军管理“马来化”，努力扩充海军实力，初步形成了一支海上防卫力量，但主要在近岸和近海活动。

20 世纪 70 年代后，随着英国从远东撤离军事力量，马来西亚逐步改变过去依赖英国发展海军的建军思想，转为独立自主地建设海军，提出了依靠自身力量建立一支小型的现代化海军的主张。20 世纪 70 年代后期至 80 年代，根据当时国际形势和国内的需要，马来西亚海军确立了以攻为主的所谓“积极防御”的战略思想，把防务重点转向南中国海海域，有针对性地制定了以海军武器装备现代化为中心的国防发展计划，建设一支中型的、具有远岸打击能力的、令人畏惧的现代化海军，以对付来自海上方向的不断增长的安全威胁。

冷战结束后，马来西亚和东盟内外的大部分邻国都存在海上领土争议，保卫海洋权益的任务也日益突出。马来西亚海军根据本国军事战略的需要、军队自身作战能力的发展、战场条件的改变和作战对象的变化，加快推进新时期海军转型，进一步确立了立足维护海洋战略利益的“走向远海”战略。

进入 21 世纪，马来西亚进一步突出其海洋国家的身份，加大海上控制力度，扩大海上控制范围，使其势力范围不断向远海方向推进，其中，向西可前伸到印度洋，向东可深入苏禄海、苏拉威西海一带海域，向北可进入南海中南部海域，以构筑海上防御屏障，扩大陆上防御纵深。特别是为“对付区域潜在威胁”，马来西亚海军已把南沙作为作战重点，以保证曾母暗沙盆地油气田、马六甲海峡和东、西马来西亚之间交通线的安全为主要战略目标。

马来西亚海军按照质量建设优先的方针，积极加强海军部队武器装备的现代化建设，从而使海军能够实现从近海走向远海的战略，在亚太地区显示军事存在，其主要举措有以下几个方面：

1. 不断扩充现有舰队规模，提高舰队的作战能力。马来西亚海军计划在目前两个海军区的基础上再增加第三、第四两个海军区，以期实现对周边海域的有效控制，扩大现有护卫舰中队的规模，组建新的舰艇中队。组建首支潜艇部队，提高海军的反舰和反潜作战能力。未来，马来西亚海军计划采购自己的海上巡逻机，并从空军手中接过海上巡逻任务，在马来西亚专属经济区内部和外部水域执行海上巡逻监视任务。马海军也可借此提高反水面战能力，弥补在目标搜索和反潜作战方面的差距。

2. 不断增加经费，加快海军武器装备的现代化建设步伐。马来西亚将逐步增加其国防预算，把军队建设重点向海空军倾斜。为提高装备的现代化水平，马来西亚海军向英国、德国、法国购买大量海上武器装备。从 2006 年开始相继配备了 6 艘德制驱逐舰，并计划在 2015 年之前装备 2 艘英制驱逐舰。马来西亚海军还计划从国外购买先进武器设备，以提高海上攻防作战能力。目前，18 架苏－30 战机已全部到位，首艘“鲉鱼”级潜艇已经服役，6 艘“吉打”级护卫舰项目也全部完成。空中预警机、“超级山猫”舰载反潜直升机等装备的采购及反舰导弹和电子战设备升级等装备发展计划正在进行中。随着新型武器装备采购计划的全面落实，马来西亚的海空作战实力将得到全面增强，海上主体机动作战能力和威慑力将迅速提高，将成为东南亚地区一支重要的军事力量。

3. 加紧军事设施建设，对基础设施进行现代化改造。马来西亚海军计划在 2010 年前增设 15 个海军基地，以担负舰艇驻泊、维修、物资补给等任务。由此可见，虽然马来西亚皇家海军仅有少量较先进的战斗舰艇，但是马来西亚海军正积极加大高科技方面的投资和资源优化配置等措施，来保证海军成为实施“走向远海”战略可靠的威慑力量。

（四）新加坡

新加坡位于马来西亚半岛以南，是一个由55个岛屿组成的岛国，隔1.4千米宽的柔佛海峡与马来西亚相望，面积538.1平方千米。新加坡扼马六甲海峡和新加坡海峡的咽喉。马六甲海峡和新加坡海峡共长600海里，是沟通太平洋和印度洋的最短水道，战略地位非常重要。

新加坡优越和独特的战略地理位置，历来为列强所觊觎。新加坡1824年沦为英国殖民地，一直被英作为远东的重要商埠和军事基地。第二次世界大战期间的1942年2月被日本占领，战后英国恢复了殖民统治。1963年9月16日作为一个州并入马来西亚。1965年8月9日退出，成立新加坡共和国，为英联邦成员国，当时，就曾给李光耀留下了“英国想把新加坡变成一个永久的英国基地”的印象。所以，自从独立以后，国家安全一直是新加坡最严重的问题。1965年8月9日，李光耀在荣任独立的新加坡第一任总理时，曾感慨地告诫国民：“世界犹如大海，在大海中鱼可以生存，小虾也可以生存。新加坡将以一条小虾生存于国际大海中。”

新加坡前总理李光耀

李光耀把大国和弱小国家分别比做大鱼和小虾。他号召全国上下把新加坡建成一个“有毒素的小虾”，威慑来自海上的威胁，以保护自身的安全。从此，新加坡开始实施“毒虾”海上安全战略。20世纪60年代末期以来，新加坡经济发展很快，目前人均国民生产总值已跨入发达国家行列。为了保卫国家的经济建设成果和人民的安居乐业，新加坡海军继续奉行“毒虾”海上战略。事实证明，新加坡这种海上威慑战略取得了成功。鉴于新加坡海上军事力量的有限性，还难以维护海洋国土安全和海洋权益的需要，新加坡在积极发展本国海上军事力量的同时，加大了与美国及东盟国家海军的联合。1971 年 4 月，新加坡参加了与英国、澳大利亚、新西兰和马来西亚组成的“五国联防”组织，1992 年新加坡又与美国达成海上合作协议。新加坡利用这些“友好”国家海军的军事存在，通过武力威慑和外交手段，达到维护海洋国土安全的目的。

冷战结束后，由于美苏军事力量相继从东南亚地区撤出，新加坡抓住这一有利时机，调整军事战略，积极面向海洋。与此同时，新加坡把海军的现代化建设视为国防建设的头等大事，积极建成一支现代化程度较高、有“威慑”能力的海军，使侵略者如食“毒虾”一样，不敢轻易吃掉这支很小但却有“毒”的海军。随着军事战略上的调整，新加坡海军正积极加强自身实力的建设，真正能够担负起抗击来自海上的对新加坡的威胁，确保海上交通线——马六甲海峡和新加坡海峡的畅通无阻，执行海岸巡逻、海空救援和护渔等使命任务。

新加坡海军规模相对较小，现有兵力 4500 人，各型舰艇 50 余艘，但其作战能力不可小觑。2006 年至 2009 年装备了 6 艘具备最新对空和对舰及隐形性能的法制“拉斐特”级护卫舰。

该型舰艇不但是目前新加坡海军拥有的最大的水面战斗舰艇，更是东南亚地区最大、最先进的护卫舰。另外，新加坡海军正计划采购 8 艘具有远洋能力的现代化的新型反潜轻型巡洋舰，由瑞典造船厂提供平台设计和技术帮助，新加坡自行制造。与此同时，新加坡正大力发展水下作战力量，从瑞典引进了 4 艘“海蛇”级潜艇，并将其命名为“挑战者”级，使新加坡成为东南亚地区继印尼之后第二个拥有潜艇的国家。

新加坡“拉斐特”级护卫舰

新加坡“海蛇”级潜艇

此外，新加坡海军还拥有4架荷兰生产的反潜机和E－2C鹰眼预警机，其预警侦察能力在东南亚地区首屈一指。新加坡海军已逐渐发展成为一支具备防空、反潜等综合作战能力的海上威慑力量。

（五）越　　南

越南位居东南亚的中心地带，处于巴士海峡与马六甲海峡航线西侧，扼太平洋和印度洋海上交通之要冲，对控制两大洋战略航线有重要作用。越南海军组建于1955年，经过56年的建设发展，已成为东南亚地区有一定实力的海军力量。20世纪80年代中后期，越南实现了国家战略的重大转变，确立了新的国家安全战略和海洋经济发展战略。越南海军战略也随着国家战略的调整而变化，开始实施“进军海洋战略”。

1. 调整兵力部署，增强对“一海两湾”（南海、北部湾、暹罗湾）的管控能力。进入21世纪，越南海军对其兵力部署作了相应的调整，将其主要作战兵力部署在中南地区，加强对“一海两湾”的管控，实施重点部署和防御。为巩固和谋求更大利益，越南不断完善南海斗争策略，强化军队对南海侵占岛礁区的管控，加强对南海海洋资源的保护，增强在南海的防卫能力。

2. 对重点海域实施“重点防御”，不断巩固已占岛礁。近年来，越南海军的战略活动主要是围绕着维护其“领海主权”进行的，为提高南海防御作战能力和改善驻岛部队的生活条件，越南海军采取“重点防御”的策略加紧对已占岛礁、特别是主要岛礁的防御工事和生活设施的建设，加大了对南沙专项建设的投资力度。

3. 加快新型舰艇建造，提高机动作战能力。近年来，越南海军逐步调整了部队结构，重点加强水面舰艇部队、导弹部队、岸炮部队、潜艇部队、海军航空兵部队的建设，以建立一支兵种齐全的海军。优先发展水面舰艇，尤其是导弹舰艇和猎潜舰艇。越南为提高海军近海作战能力，改变装备陈旧的现状，实现对南海地区的有效监控，投资建设大型战舰，先后从俄罗斯引进了“闪电”级导弹艇、苏－30MK型战机、“基洛”级潜艇、反潜机和电子侦察机等装备。先进装备的引进，使得越南海军海上机动作战能力得到大幅度提高。

4. 频繁举行军事演练，增强实战能力。越海军按照“基本、切实、稳固”的军事训练方针，不断改革现行训练模式，跟踪研究作战对象的新战术、战法，使军事训练更加贴近实战，有针对性地进行部队机动、防守、反击、伪装、佯动等科目的演练，以使每艘舰艇和每个海队、海团、舰艇旅既能独立作战又能协同作战。目前正将作战预案与海上侦巡、跟踪监视外国目标等日常战备活动结合起来，以预防和遏制为主，及时、灵活地处理各种海上突发事件。

总之，为了适应未来战争的需要，越南在海军建设方面采取了一些措施，依据“总体规划，合理发展”的原则，按照“数量适中，战斗力强”的要求，建设一支具有“高度的机动能力、装备现代化”的海军。

第十四章

世界各国海上威慑力量发展趋势

21世纪是海洋世纪，是人类向海洋进军的世纪，争夺海洋资源、争夺海洋区域、争夺海洋岛屿、争夺海洋通道将是世界海上斗争的焦点。广袤富庶的海洋与人类的生存、发展，与沿海国家的荣辱、兴衰息息相关，海洋不可避免地成为国际政治角逐的“大舞台”和信息化条件下局部战争的“主战场”。为了维护国家的安全与发展，濒海各国不断调整和完善海上战略，突出海上威慑思想，发展海上军事力量，使海上威慑力量建设向着更有效的方向发展。

和平时期，依靠海军这支独特的力量实施海上威慑，已成为海军战略运用的重要手段，备受政治家和军事家的青睐，海上威慑力量的地位作用更加突出，世界各国更加重视发展海基战略核威慑和常规威慑力量，海上威慑手段更加强调多元整体运用。

一、突出海军在海上威慑中的地位作用

海军是由多兵种组成的军种，能够执行多维空间、多种作战任务，拥有“小三军”的优势。和平时期，海军是维护国家海上安全的中坚力量，在实施海上威慑中起着重要的作用。如，处置海上涉外事件、处置海上恐怖事件、海上搜救、海空侦察巡逻警戒、军舰出访、中外海上联合演习、海上联合巡逻、海上护航等等，这些行

动的实施，一方面是维护国家海上利益，另一方面是显示海上军事力量。据统计，战后，世界范围内发生的近200场局部战争和武装冲突中，有海上军事力量参与的占一半以上。1946年至1982年间，美国动用军事力量处理危机达150起，其中使用海军的约占80%。可以预见，在21世纪，海军的战略地位将空前提高，海军将会成为海上局部战争的“主角”。

当今海洋并不平静，海洋特殊的战略地位和价值，对未来海上局部战争和武装冲突产生了巨大的“牵引”作用。防御者，将在海洋筑起“屏障”，进攻者，则把海洋作为“跳板”。而海军与其他军种相比，具有适应现代海上局部战争需要的独特优势，其兵力可跨越国界而不受到别国的制约，加上海军主战兵力大都具备机动性好、自持力强的特点，对维护国家安全利益与发展利益提供了保障。

从海军的武器装备来说，其武器技术密集、装备复杂，其技术几乎涉及科学技术的各个领域，新的科学技术也往往在海军装备的发展中得到率先而广泛的应用。20世纪末，海军主战武器就已经具备了全方位、全纵深、全天候、全过程在海、陆、空、天、电磁等多维空间遂行作战的能力。比如，一支航空母舰战斗群的控制范围达100多万平方海里，舰载巡航导弹可攻击1000千米之外的岸上目标，海军航空兵可深入陆地纵深500千米。

随着现代科学技术的进一步发展，信息技术、新材料技术、新能源技术、自动化技术、航空航天技术、海洋开发技术等高新技术，在海军装备建设发展中同样得到率先而广泛的应用，使21世纪海军装备朝着更加密集的电子化、数字化、隐形化、智能化、一体化方向发展，从而大幅度提高海军装备的远战能力、机动能力、突防能力、生存能力和自动化水平、智能化水平，使海军作战能力进一步提高，威慑能力进一步增强。

海军是平时唯一能以整建制规模走出国门的军种，是一支国际性军种，当国家的海外利益遭受损害时，海军可以派出舰艇编队赶赴海外，在海洋上游弋，通过公开显示武力，慑止有损国家利益的行为。

正如美国著名海军战略理论家马汉指出的：“唯有海军的活动范围是国际性的，它和政治家活动范围同样广阔。”这是海军与其他军种相比，所具有的一个最基本、最重要、最明显的区别。

海军具有的另一个最显著的特征是平战兼容性。海军的这个特性使其成为和平时期实施常规威慑最为适宜的武装力量。无论是平时还是战时，海军兵力都可以依据国际法所赋予的使用海洋的权利，根据维护国家利益的需要，远离本国国土和基地，前往广阔的公海海域，灵活地遂行海上常规威慑任务。为此，海军建设发展普遍得到海洋国家的高度重视。在高新技术迅猛发展的推动下，世界主要国家积极推动海军由机械化时代的数量规模型向信息化时代的质量能力型转变，主要特点是向远海、远洋和攻势化方向发展。其中，美、英、法等强国海军重点强调的是越过大洋由海向陆，提升对陆打击能力，进一步增强军事威慑和对外干预能力。印度、韩国、日本等国海军未来发展则强调走向深海远洋，提升远洋作战能力、扩展远洋活动范围，更好地为本国争夺海洋利益和维护海洋权益服务。

在世界政治、经济、外交趋于向海洋发展的形势下，海军的战略功能和战略作用更加突出，成为世界各国最经常使用的海上军事力量，成为配合国家政治、军事、经济和外交斗争的有力工具。

在和平与发展的国际形势主流趋势下，世界各国大力发展海军。美国、俄罗斯、英国、法国和日本等强国海军建设方兴未艾。目前世界拥有海军的国家和地区，已由战后初期的20个发展到120多个。在当今世界缩减军费和精简裁军的大环境下，各国用于海军的军费仍居首位。例如，美国和俄罗斯就核军备和陆、空军常规军备的裁减进行谈判、签订协议，唯独裁减海军军备成为双方默认的谈判禁区而闭口不提。这就是海军这一具有战略性、综合性、国际性和威慑性的军种所带来的独特魅力。

二、强调以军事实力为基础的海上威慑

强大的海上军事实力，是实现“不战而屈人之兵”的基本前提。在海上威慑诸多要素中，海上军事实力是最重要的因素，它是实施威慑活动的主体。如果海上军事实力强大，就可以使对手望而生畏，不敢轻举妄动，达到不使用武力就使对方屈服的效果。从海上威慑要素的整体结构上看，强大的军事实力，是进行威慑与反威慑斗争的物质基础。值得注意的是，一个国家的海上威慑力量，除海上军事实力外，还包括国家的国土、人口、地理和经济实力、科技实力等非军事因素。这些因素处于一种资源状态，不能直接发生威慑效力，只有经过有意识、有目的的开发和强化，并作为一种手段加以运用时，才能成为直接意义上的威慑能力。海上威慑尽管有虚张声势的成分，但如果不具备实实在在的威慑能力作支柱，就很难真正收到威慑的效果。

海上军事实力是最直观的海上威慑力量，特别是战略核力量和其他战略性武器系统，更能直接产生出威慑的效能。因此，开展海上威慑与反威慑斗争，必须以海上军事实力的不断增强为依托，并能动地做好由潜力向实力的转化，以获得必要的力量支撑。增强海上军事实力，就要把发展能直接体现军事威慑效能的力量放到突出的位置。

海上威慑力量是实施海上威慑的基础，只有把海上威慑力量建设好，具备了足够的实力，才能达到真正的威慑效果。

在和平时期，实施海上威慑的方式多种多样，其中最重要的是显示海上军事存在，如海上巡逻、海上护航、海上游弋等。

1. 显示海上军事存在。根据国家安全需要的轻重缓急，加强在

一些关键性海域、敏感性海域以及海上战略通道显示军事存在。

2. 海上训练。和平时期，利用海军可自由在公海活动的特点，组织兵力在“敏感”海域进行海上训练，这不仅是一种显示兵力存在的“示形”，而且还能进行各种战术训练，表明海军有在此海域进行作战的能力，这无疑是一种直接的威慑行动。适时进行一些规模不等的、定期或不定期的、并带有针对性的军事演习，会给对方造成恐惧和畏战心理，这是显示实力、发挥威慑作用的重要手段之一。

3. 舰艇远航。海军舰艇远航出访有关国家，不仅是国家综合国力和海军作战能力的具体体现，也是间接发挥军事威慑作用的一种形式，是军事外交的重要内容。

4. 部署调整。海军在海上进行兵力部署具有极强的指向性，也具有较强的军事威慑作用。因此，应当充分运用这一方式实施威慑。

5. 新装备发展。军事威慑的核心就是实力，实力的重要因素就是有先进的武器装备，先进的装备无疑会促进威慑作用的发挥，有时甚至是难以估量的。

军事科技的多学科、尖端性特点，决定了武器装备向多样化、精确化方向发展。目前，世界各国确定装备发展的重点主要是三个方面：一是未来的军事需求及技术可行性，选择急需的武器装备，并将“需求牵引”与“技术推动”相结合；二是从全局的视角把握制约本国武器装备建设的“瓶颈”，加强武器装备的薄弱环节；三是科学论证其经济的可承受性，在此基础上确立关键装备，全力投入实现突破，并以此带动武器装备的全面发展，产生“牵一发而动全身”的效果。如美国根据其联合作战的构想，把部队投送和保障装备、精确制导打击装备、掌握机动主动权的装备、全面控制和打赢战场信息战的装备作为重点。可以说，武器装备发展、更新速度加快、作战效能不断提高，为实施海上威慑奠定了基础。

三、重视发展海基战略核威慑力量

综观世界各国海上威慑理论和实践的发展，主要呈现出以下发展趋势：努力完善海基战略核威慑力量建设，核威慑战略将向更有效方向发展。核威慑力量是慑止外敌大规模入侵、维护大国地位的力量支柱，可以在常规威慑力量威慑无效时，发挥强大的震慑作用。作为发挥海上战略威慑最有效的手段，就要大力发展战略导弹核潜艇，使之既能实施战略核威慑又能实战，这是当前及未来海军发展的重点。

所谓海基战略核威慑力量是指携带核武器执行军事威慑任务的海基兵力，其中，核动力攻击型潜艇是以布雷、反潜导弹、反舰导弹、巡航导弹为主要武器，主要使用战术性武器攻击对方战舰，包括核鱼雷等战术核武器，为弹道导弹核潜艇及航空母舰等大型水面舰艇编队护航，执行侦察、运输、布雷、输送特种人员等任务。攻击型核潜艇隐蔽性好，下潜深度深，水下航速高，续航力大，机动范围广，攻击力强，是一支重要的水下力量，是核大国发展的重点。弹道导弹核潜艇是以弹道导弹为主要武器的核潜艇，又称战略导弹核潜艇，一般用于发射远程弹道导弹，攻击对方远距离的陆地战略目标，相当于弹道导弹水下发射平台，排水量可达几万吨。目前世界上只有美国、俄罗斯、英国、法国等国家装备有弹道导弹核潜艇，具有海基核威慑能力。在进行战略作战的远程武器装备中，核潜艇具有最隐蔽的全球机动作战能力，潜射弹道导弹可以打击10000千米远的战略目标。一旦需要，核潜艇随时可以潜伏在世界任何国家附近地区的海底，进行战略威慑作战。因此，核潜艇已成为一个国家对全球任何地区、任何国家进行战略威慑的最隐蔽作战平台。

随着国际格局的变化，世界主要核大国都适时调整了核力量建设的方向，逐步将战略核威慑力量移置海洋。这是因为海上核力量与陆、空基核力量相比，具有如下优点：

1. 隐蔽性好，生存能力高。核潜艇采用降噪“安静”技术、深潜技术，以及改进动力技术和发展伪装模拟、水声对抗等技术，隐蔽能力不断提高，而现代探潜技术对潜艇的搜索率仍很低。在核潜艇上发射导弹，对于反导弹拦截系统来说，就很难判断它在什么地方发射导弹，无疑很难对付。

2. 自给力、续航力和突击威力大。一般来说，弹道导弹核潜艇的自给力均在90天以上，它可以远离基地，深入敌方控制区进行长期待机活动。潜艇携带潜射导弹的数量多、威力大，例如，美国的三叉戟潜艇每艘可携带的核当量为1920万吨。

3. 机动性能好，选择突击目标灵活。潜艇可以进入世界各大海洋，在敌国周围的广大海区活动（包括可被武器射程覆盖的内陆国家的广大海区），而且能在某个海区有选择地对敌数个重要的军事目标实施军事突击，致使敌人防不胜防。世界各海军强国都把军事导弹核潜艇作为重要的海上威慑力量。

世界各国为了使有限的核威慑力量真正有效可靠，优先发展海基核力量，并保持一定的规模，使其成为实施有限、有效、可靠核威慑的重要手段。具体做法：

1. 增加弹道导弹核潜艇的数量。考虑到潜艇的出勤率和生存概率，要形成有效的威慑力，必须有一定的规模和数量。

2. 提高导弹射程、精度和突防能力。通过增大导弹的射程，导弹核潜艇的作战海域可以大大扩大。同时，军事导弹核潜艇的巡逻海域也可更靠近本国海域，巡逻活动的容易程度和潜艇的安全性将显著提高。要发展新型军事核潜艇，提高命中精度和突防能力，以提高潜基军事武器的作战能力。由于弹道导弹防御系统不断发展，有效的弹道导弹突防能力成为确保核威慑的重要方面。导弹防御系统使进攻一方的核打击能力大打折扣，且防御能力越强，对方的核进攻能力相对越弱。美、日等国家目前正在大力发展导弹防御系统，其导弹防御系统的部署将削弱中国核威慑能力。另外，通过缩短导弹助推阶段时间，使对方反导系统发现后来不及拦截，也将增强导弹的突防能力。提高精度的办法是改进潜艇的定位精度和潜艇姿态测量精度，改进导弹的制导和控制精度。

3. 采取综合措施提高弹道导弹核潜艇的生存能力。弹道导弹核潜艇是军事核力量中最不易被摧毁的部分，它提供了核袭击时实施报复的可靠能力，因此它对确保核威慑的有效性举足轻重。目前，由于反潜技术的改进，世界主要大国海军的反潜能力正在稳步提高。要确保有效威慑，必须改进核潜艇的性能，提高其生存能力。降低潜艇的噪音是提高潜艇性能的关键。降低噪音不仅对提高潜基武器的隐蔽能力十分重要，同时还可提高潜艇的声纳作用距离。潜艇辐射噪音降低 20 分贝，将使艇上被动声纳探测距离增加一倍，提高了先敌发现的能力。此外，加强反潜兵力的建设，以对付对方的攻击型潜艇，也是保护弹道导弹核潜艇的重要举措。

进攻性与机动性是海军最重要的特点。现代高技术的迅猛发展和在海军武器装备上的广泛应用，使海军武器装备的威力更大、射程更远、机动性更强。一艘先进的弹道导弹核潜艇可携带 192 枚核弹头，射程几乎可以覆盖整个地球。进攻能力越强，就越能有效地威慑敌人，牵制敌大量兵力，夺取主动，有利于达成以攻助防的目的。

海基核力量是一个国家实施战略威慑、战略核反击的重要力量，直接关系到国家的生存与发展。由于海基核力量具有隐蔽性好、生命力高、机动性强的突出优点，在当今核战争危险不能完全排除的情形下，海军的核威慑能力是确保国家安全的基石之一。因此，重点发展先进的核潜艇，建设一支具有现代化作战能力的水下攻击力量，才能有效形成强有力的海上核威慑效果。

四、重点发展海上常规军事威慑力量

对世界各国来说，只有当一个国家的生存受到严重威胁时才会使用海基战略核力量，这就使得海上军事核力量的使用受到极大限制。因此，各国海军在发展海基战略核力量的同时，非常注重海上常规军事威慑力量的建设。在现代海上局部战争中，常规威慑力量既有一定的威慑力，又能符合实战需要。在和平与发展成为时代主题的背景下，以往那种单纯运用核威慑方式来实现军事目的的做法已不再可取，而常规武器装备特别是巡航导弹和舰载机等武器装备，已具备对敌沿岸及陆地较大纵深范围内的目标实施精确打击的能力，世界各国更倾向于运用常规威慑达成战略目的。

海上常规军事威慑力量是指携带常规武器作为军事威慑手段的海上兵力。为适应国家利益发展需要，应对世界强国海军发展挑战，一些发展中国家大力加强海上常规军事威慑力量建设的力度，主要建设发展航空母舰编队、两栖攻击编队、信息战部队等能够远海机动作战的兵力。

航空母舰编队集航空兵、水面舰艇和潜艇为一体，是空中、水面和水下作战力量高度联合的海空一体化机动作战部队，具有灵活机动、综合作战能力强、威慑效果佳等明显特点，尤其是不受岸上基地的限制，可在远离军事基地的广阔海洋上实施大范围机动作战任务，成为各国海上常规军事威慑力量的核心兵力。

航空母舰是世界强国海军的建设重点，是海上威慑的有效手段。弹道导弹核潜艇的战略威慑力虽然较强，但由于其投入实战的可能性很小，因而弹道导弹核潜艇对海上局部战争威胁的威慑显得非常有限。航空母舰不仅是海上战略性力量，又是可以用于武装冲突和局部战争的常规力量，在世界大战打不起来的情况下，世界各国纷纷发展航空母舰，其目的就是发挥其重大的战略威慑作用。

两栖编队是海上常规军事威慑力量的重要组成部分。作为政治意志的一种表达方式，两栖兵力可以部署到一个国家或地区的外海，以示对该国或地区的支持，或是施加压力。同样，两栖兵力的部署可以对即将实施战争行为的侵略者产生威慑，或者对其他威慑对象施加压力。和平时期，两栖编队主要担负处理海上军事危机、军事冲突时的兵力投送任务。

信息部队也是执行海上常规军事威慑任务的重要力量。由于信息技术的不断发展，信息威慑也成为重要的威慑手段。随着信息技术在军事领域的不断运用，机械化战争正向信息化战争转变，信息作战在未来海上局部战争中将起到至关重要的作用。如同过去夺取制空权和制海权一样，夺取制信息权将是未来海上局部战争中敌对双方争夺的焦点之一，而取得信息优势的地位将成为取得海上优势和空中优势的前提。

海上后备力量是海上威慑的重要组成部分。海上后备力量是指在战时可以征集或得到支援的人力和物力，主要包括海军预备役部队、海上民兵和各种参与海战的战备物资。为了在和平时期保持强大的威慑，必须要有足够数量的后备力量作为常备军的军事储备。加强后备力量的建设，可以充分利用蕴藏于社会的潜力和资源，可以为国家储备雄厚的后备兵源，保证国家战争潜力高质量的积聚和迅速释放，这对于提高海上威慑效能具有十分重要的意义。例如，1982 年英阿马岛战争中，英国就凭借其海上后备力量，为前线输送了大量的作战兵员和物质，有力保障了远洋进攻作战的进行，显示出海上后备力量的重要作用。

在加强海上军事力量建设的同时，还要加快发展海军高技术武器装备。军事技术既是一个国家国防力量强弱的标志，也是一种威慑要素。当军事技术超过对方，尤其是掌握了一些尖端军事技术时，就能对敌形成一定的军事压力。例如，1945 年 7 月 24 日，在波茨坦召开的最后一天会议前，美国杜鲁门总统接到刚刚从华盛顿发来的关于新墨西哥州原子弹试验成功的电报，他在会上迫不及待地同丘吉尔耳语了一番，然后告诉斯大林："美国已经造出了一种具有异常破坏力的武器。"他是想借此对斯大林进行心理震慑，进而在会谈中捞到更多的东西。然而，在众人的注视下，斯大林却显得异常平静，以致杜鲁门、丘吉尔和当时在场的美国国务卿贝尔纳斯都断定斯大林根本就没有听明白那句话的意思。可斯大林听懂了，只是在对手面前不露声色。当他返回住所后，跟莫洛托夫、朱可夫讲到与杜鲁门的这次谈话内容，并指示苏联加紧原子弹秘密研制工作。

可见，不论是进行威慑也好，还是打破威慑或实施反威慑也好，手里都要有力量、有手段，这就是威慑的实力基础。

在高技术突飞猛进的当今时代，抓住以信息技术为核心的军事革命的机遇，确保 21 世纪的信息优势，已成为越来越多周边国家海军的共识，各国大力发展以信息和精确打击为核心的高技术武器装备，加速海军从数量密集型向技术密集型的转变，提高部队信息化作战的能力。

1991 年海湾战争中美国的航空母舰

信息技术包括信息的获取、传输与处理技术以及信息战技术。近年来，美军用于信息技术装备的研制费用始终名列装备研制费的前茅，计划投资近200亿美元，研发新的一体化C⁴ISR系统，使海、陆、空三军部队能够共享准确、实时的战场情报，实现各部队的无缝隙联接，从而进一步提高联合作战能力。美海军正式成立了网络战司令部，作为整个海军的作战网络指挥中心，负责改进海军舰载“21世纪信息技术”网络系统、海军计算机网络攻击防御工作及海军陆战队内联网的筹建工作。美海军还加紧发展“网络中心战”技术，重点是研制“CEC”协同作战能力系统。装备此系统后，结合“联合战术信息分发系统”和“16号战术数据链”，将实现所有空中、水面、水下和地面武器系统的网络化联接，进而实现由传统的“以平台为中心的作战”向“以网络为中心的作战”转变。目前，美三军中海军的信息化程度已达70%，不久美海军将全面实现信息化、数字化。俄、英、法等国海军和日本海上自卫队也将信息化建设作为未来海军建设的重中之重。俄海军正积极发展海上侦察系统、电子战系统和隐性系统，以实现海军信息化和一体化作战。英国海军提出增强“网络化能力”，使舰船、飞机能够通过计算机联接在一起，实施一体化联合作战。法国海军计划大力发展C^3I系统和海上平台信息化建设，加强平台之间、军兵种之间以及盟国军队之间的高速联网作战能力。印度加快步伐提高其信息化作战能力，发射了首颗军用侦察卫星，开展专用网络体系开发，以增强海军对海上目标的探测能力和攻击能力。

信息化战争的主要特点之一是“非接触性”作战，高科技支持下的远程精确打击，已成为发达国家海军的基本作战样式，是海军强国制胜的“杀手锏”。远程精确打击威慑虽然对敌方杀伤破坏作用有限，但其可操作性强、可信度高，而其附带毁伤性小、便于灵活使用、可控度强。由于现代军事斗争受制约因素较多，运用打击威力不等的各种远程精确制导武器，精心挑选最有利的目标，可保证采取合理的威慑行动，对敌实施高、中、低强度的威慑，遏制敌方行动。

我们应看到，海上常规力量不可能完全代替核力量的威慑作用，因为它永远不可能产生与核力量相同的效果。单纯的海上常规威慑不仅在遏制大规模战争方面无法达成核威慑的效果，就连在遏制海上局部战争方面的作用也是有限的。核威慑具有强大的威慑效果，但在遏制海上局部战争方面却作用有限，使用受制因素太多，因而对中小规模的局部战争往往起不到遏制效果。信息威慑具有使用方便、作用广泛的长处，但它只是一种软杀伤，只有与常规威慑和核威慑等硬摧毁相结合才能产生更大的效果。

参考文献

1.《毛泽东军事文集》第1~4卷，人民出版社，1993年12月版。

2.《邓小平论国防建设和军队建设》，军事科学出版社，1992年7月版。

3.《江泽民论国防和军队建设》，解放军出版社，2003年1月版。

4. 陈崇北等:《威慑战略》，军事科学出版社，1989年6月版。

5. 杨旭华、蔡仁照:《威慑论》，国防大学出版社，1990年7月版。

6. 赵锡君主编:《慑战》，国防大学出版社，2003年8月版。

7. 杨旭华、蔡仁照编著:《军事威慑学概论》，书海出版社，1989年12月版。

8.［美］罗杰·斯皮德:《八十年代战略威慑》，战士出版社，1983年12月版。

9.［法］富尔著，钮先钟译:《战略绪论》，内蒙古文化出版社，1997年9月版。

10. 徐光裕:《核战略纵横》，国防大学出版社，1987年7月版。

11. 祁学远编著:《世界有核国家的核力量与核政策》，军事科学出版社，1991年11月版。

12. ［美］尼克松：《1999 不战而胜》，世界知识出版社，1989 年 1 月版。

13. 吴莼思：《威慑理论与导弹防御》，长征出版社，2001 年 11 月版。

14. ［美］吉姆·赫而姆斯、詹姆斯·普里斯特主编：《外交与威慑》，新华出版社，1998 年 8 月版。

15. ［美］哈伦·厄尔曼、詹姆士·韦德等：《震慑与畏惧——迅速制敌之道》，新华出版社，2000 年 8 月版。

16. ［法］皮埃尔·拉科斯特：《海军战略——战争还是威慑》，海军学院军事学术研究部，1986 年 6 月版。

17. 全金富主编：《海军战略学》，海军指挥学院，2001 年 10 月版。

18. 军科战略研究部：《战略学》，军事科学出版社，2001 年 10 月版。

19. 王保存：《世界新军事变革新论》，解放军出版社，2003 年 8 月版。

20. ［美］保罗·肯尼迪：《大国的兴衰》，世界知识出版社，1990 年 8 月版。

21. 张铁牛、高晓星：《中国古代海军史》，八一出版社，1993 年 10 月版。

22. ［美］麦尼尔：《竞逐富强》，学林出版社，1996 年 12 月版。

23. ［美］马汉：《海权论》，中国言实出版社：1997 年 8 月版。

24. 王文荣主编：《战略学》，国防大学出版社，1999 年 5 月版。

25. ［苏］谢·格·戈尔什科夫：《国家海上威力》，海洋出版社，1985 年 5 月版。

26. ［美］波特主编：《海上实力》，海洋出版社，1990 年 8 月版。

27. 美国陆军军事学院编：《军事战略》，军事科学出版社，1986 年 11 月版。

28. 钮先钟：《西方战略思想史》，广西师范大学出版社，2003 年 2 月版。

29. 军事科学院世界军事研究部编：《外刊论军事变革》，军事科学出版社，2004 年 6 月版。

30. 胡鞍钢、门洪华主编：《解读美国大战略》，浙江人民出版社，2003 年 1 月版。

31. ［英］李德·哈特：《第二次世界大战战史》，上海人民出版社，2002 年 8 月版。

32. 刘继贤、徐锡康主编：《海洋战略环境与对策研究》，解放军出版社，1996 年 8 月版。

33. ［美］兹比格纽·布热津斯基：《大棋局：美国的首要地位及其地缘战略》，上海人民出版社，1998 年 2 月版。

34. 李际均：《论战略》，解放军出版社，2002 年 1 月版。

35. 杨国宇主编：《当代中国海军》，中国社会科学出版社，1987 年 10 月版。

36. 潘石英：《现代战略思考》，世界知识出版社，1993 年 7 月版。

37. 军事科学院外国军事研究部中国国防科技信息中心译：《海湾战争》，军事科学出版社，1992 年 8 月版。

38. ［英］F. H. 欣斯利编，中国社会科学院世界历史研究所译：《新编剑桥世界近代史》第 11、12 卷，中国社会科学出版社，1987 年 3 月版。

39. 中国人民革命军事博物馆编：《中国战争发展史》，人民出版社，2001 年 12 月版。

40. ［苏］约·彼·马吉多维奇著，屈瑞、云海译：《世界探险史》，世界知识出版社，1988 年 8 月版。

41. 周鹏、温恩斌：《发展中国特色的战略威慑理论》，《中国军事科学》2004 年第 3 期。

42. 赵锡君：《“不战而屈人之兵”与现代海上威慑战略》，《中国军事科学》2001 年第 5 期。

43. 卢浩衷、张进喜：《孙子与当代核威慑战略》，《中国军事科学》1999 年第 2 期。

44. ［美］陆伯杉：《穿越台湾海峡——威慑、升级控制与中美关系》，《国际政治研究》2004 年第 1 期。

45. 林国炯：《威慑理论及其在实现中国统一过程中的作用》，《国际政治研究》2004 年第 4 期。

46. 李津军、单玉泉：《空间威慑战略刍议》，《中国军事科学》2002 年第 1 期。

47. 袁正领：《试论常规威慑》，《中国军事科学》2001 年第 4 期。

48. 高岩：《中国核战略亟需转变》，《军事文摘》2004 年第 10 期。

49. 陈效卫：《美国实施信息威慑面临诸多困境》，《外国军事学术》2003 年第 3 期。

图书在版编目（CIP）数据

国家海上威慑论/左立平主编. —北京：时事出版社，2012.6
ISBN 978-7-80232-519-7

Ⅰ.①国… Ⅱ.①左… Ⅲ.①海军战略—威慑战略 Ⅳ.①E815

中国版本图书馆 CIP 数据核字（2012）第 103354 号

出 版 发 行：时事出版社
地　　　址：北京市海淀区巨山村 375 号
邮　　　编：100093
发 行 热 线：（010）82546061　82546062
读者服务部：（010）61157595
传　　　真：（010）82546050
电 子 邮 箱：shishichubanshe@ sina. com
网　　　址：www. shishishe. com
印　　　刷：北京百善印刷厂

开本：787×1092　1/16　印张：18.5　字数：240 千字
2012 年 6 月第 1 版　2012 年 10 月第 2 次印刷
定价：46.00 元